丝路研究文库

Maritime Silk Road

History and Future of Ningbo

海上丝绸之路

宁波的历史与未来

张明华 著

ZHEJIANG UNIVERSITY PRESS

浙江大学出版社

总　序

2013年,我国政府提出的"一带一路"倡议具有划时代的历史意义。国家主席习近平在纪念孙中山先生诞辰150周年大会上指出,我们比历史上任何时期都更接近中华民族伟大复兴的目标,比历史上任何时期都更有信心、有能力实现这个目标。

"一带一路"建设深入推进五年来,亚投行、丝路基金、中欧班列和"一带一路"国际合作高峰论坛等一系列的举措,推动着"一带一路"升级为"2.0"版本。杭州G20、APEC、博鳌亚洲论坛等重大合作组织的构建,"一带一路"倡议从国内到国际、从中央到地方、从官员到学者再到老百姓的深度融合,让世界人民切实感受到了"一带一路"倡议取得的成绩与重大意义。"一带一路"建设是构建人类命运共同体的伟大探索和实践,同时也丰富和完善了构建人类命运共同体的理论体系。

推动"一带一路"建设逐渐从理念转化为行动,从愿景转变为现实,这也是地方科研工作者的一份夙愿。推进"一带一路"建设深入发展,要智库先行、学者先行、研究先行。宁波海上丝绸之路研究院(以下简称宁波海丝院)正是为响应国家"一带一路"倡议、中国特色新型智库建设以及浙江省推进教育现代化、实施高等教育强省战略,于2015年由宁波市人民政府与北京外国语大学合作成立的。宁波海丝院致力于服务浙江建设"一带一路"重要枢纽(自由贸易港、宁波"一带一路"建设综合试验区和"16+1"经贸合作示范区、港口经济圈等)的战略目标,开展以问题为导向的咨政咨询研究和以市场需求为导向的市场化运营服务,打造集咨政研究与咨询服务、人才培养、文化传播与交流和数据库平台功能于一体的国际知名、国内一流的"一带一路"地方特色新型高校智库。在2018年夏季达沃斯论坛上,宁波海丝院入选由国家信息中心发布的《"一带一路"大数据报告》中"一带一路"高校十大智库之一。

宁波海丝院立足浙江(宁波),以地方融入"一带一路"建设视角,研究"一带一路"建设实践中的现实问题,探索地方"一带一路"建设的特色之路,通过凝练总结地方经验、地方模式,发挥全国的示范带动作用。宁波海丝院高起点、早谋划、快行动,早在 2015 年,宁波海丝院就开始筹划出版发行地方融入"一带一路"建设的丝路研究文库,力求能够为"一带一路"建设贡献智慧:一方面为国人答疑解惑,诠释"一带一路"倡议;另一方面为更好地推进"一带一路"建设贡献地方学者观点、奉献地方实践经验。宁波海丝院联合北京外国语大学、浙江大学、美国波士顿大学、新加坡国立大学、拉脱维亚国际事务研究所等科研院所的专家学者在浙江大学出版社策划出版了"丝路研究文库"丛书。丛书第一本《"一带一路"战略:宁波的选择与构建》,在社会上引起了强烈反响、广受好评。第一本书的成功,极大地鼓舞了宁波海丝院科研工作者们的研究热情,更加坚定了他们深耕"一带一路"的决心。2018 年,宁波海丝院谋划出版《"一带一路"建设:地方的设计与实践》《争创国家试验区:宁波"一带一路"综合试验区建设研究》和《海上丝绸之路:宁波的历史与未来》三本书。之后,宁波海丝院每年都会将研究成果结集出版。

融战略性、前瞻性、学术性和可读性于一体,是"丝路研究文库"丛书的一大亮点,丛书着重从经贸、法律、人文交流、港口建设及中东欧合作等多领域、多层次和多角度将"一带一路"建设的相关重要问题细致地呈献给读者。我们期望,在新的历史起点上,我们能够很好地为广大读者解答如何推进"一带一路"建设,沿线国家和地区以及我国省市、企业和老百姓等都将迎来哪些机遇与挑战,如何融入"一带一路"建设等重要问题。值得一提的是,本丛书遵循从宏观到微观、从区域到国别、从理论到实践的原则,深入细致、扎扎实实地把握"一带一路"建设的规律,为党政部门、高校、智库、企业和民众提供"一带一路"建设有价值的战略咨询和对策建议。我们相信,本丛书的出版将对"一带一路"建设事业的蓬勃发展起到一定的推动作用。

本丛书作者大多是"一带一路"研究相关领域专家、一线教学的老师、"走出去"的企业管理者和相关政府人员,他们从各自研究、工作经验角度深度剖析"一带一路"相关研究命题,以精益求精的严谨态度,反复修改稿件,使得文稿能够以完美的形式呈现。

　　非常感谢团队成员的精诚合作,他们对本丛书付出了极大的热情和汗水,也特别感谢浙江大学出版社的精心策划,对各个细节的反复推敲和修改,本丛书的顺利出版离不开大家的辛勤劳动。

　　"一带一路"建设在深入推进,新实践、新认识在不断发展,丛书难免存在不足之处,敬请广大专家和读者批评指正!

浙江万里学院副校长

宁波海上丝绸之路研究院院长　　闫国庆教授

宁波中东欧国家合作研究院院长

2018 年 5 月

自　序

一、新时代召唤

进入 21 世纪后,世界各国以海洋为纽带,更加密切地开展市场、技术、信息等方面的交流,一个更加注重国际海洋合作与发展的新时代已经到来。2013 年 10 月,习近平主席在访问印度尼西亚期间提出共同建设"21 世纪海上丝绸之路"倡议,这是我国在新的时代背景下,在国民经济总量跃居世界第二、经济发展进入新常态形势下,为保持经济持续健康发展,树立全球视野,自觉统筹国内国际两个大局,全面谋划全方位对外开放的大布局。

改革开放 40 年来,中国经历了三次重要的历史阶段。第一阶段是邓小平提出的建设经济特区,实施沿海对外开放;第二阶段是加入 WTO,借助 WTO 规则,使得中国全面接入全球产业链体系,成为世界工厂;第三阶段是传承丝路精神,推进"一带一路"建设,这是在前两次基础上更大范围、更高层次、更高水平、更高质量的全方位开放。宁波作为海上丝绸之路的"活化石",在改革开放的第一阶段,充分利用中央首批 14 个沿海开放城市的政策红利,通过"引进来"走在沿海开放城市经济社会发展的前列;在改革开放的第二阶段,宁波通过"引进来"和"走出去",成为全国外贸大市;在新的历史条件下,以出口和招商引资双轮驱动为主导的外向型经济模式已经不能再持续下去了,宁波要通过构建新的机制、搭建新的平台、融入新的要素资源积极参与"21 世纪海上丝绸之路"建设,培育国际合作与竞争的新优势,为地方参与国家战略提供可资借鉴的经验和样本。

二、历史渊源

在世界历史的发展过程中,形成了四种自成体系的文化,即希腊文化、印度文化、伊斯兰文化和中华文化。每种文化产生的背景、渊源、地理位置各不相同又相互交融,但都对人类历史的发展和人类文明的进步产生了重要作用。这四种悠久的文化汇集于蔓延千里的商旅之路,就是著名的丝绸之路。

海上丝绸之路的雏形在我国汉代早已存在,目前已知有关中外海路交流的最早记载来自《汉书·地理志》,当时的中国就与南海诸国已有接触,而有些遗迹实物出土表明中外海上交流或更早于汉代。到了隋唐时,海上通道运送的主要大宗货物仍是丝绸,这标志着海上丝绸之路已经形成。宋元时期,瓷器逐渐成为主要货物,因此又称作"海上陶瓷之路"。直到明清时期,海禁成为当时历史的主基调,直接导致了盛极一时的"海上丝绸之路"的衰落。

古海上丝绸之路是以丝绸附带茶叶和陶瓷等商品贸易为象征的、连接中外海上贸易和文化交流的交通线。从贸易的载体来看,古海上丝绸之路的商品贸易和文化交流是经过海洋完成的;从贸易的对象来看,古海上丝绸之路是以丝绸贸易为主,附带茶叶、瓷器等其他商品;从贸易的主体来看,古海上丝绸之路是东西方各国人民共同开拓的结果,中国人在其中发挥着非常重要的作用;从贸易的性质来看,古海上丝绸之路的贸易是友好的,并非近代中西方之间不平等甚至是掠夺性的贸易。

三、关于本书

本书由七章组成。第一章对海上丝绸之路和"21世纪海上丝绸之路"的内涵进行了界定,并总结其各自的特点,明确建设"21世纪海上丝绸之路"的战略意义。第二章创新性地提出了海上丝绸之路形成和发展的六大要素,包括港口的形成、经济的发展、造船航海技术的提高、东西方文化交流和贸易需求、开放的政策、陆上丝绸之路的阻断等。第三章和第四章通过系统梳理宁波从远古时代开始至近代在海上丝绸之路的历史地位和特点,结合海上丝绸之路遗产及其保护与利用的研究和工作实践,阐明宁波在海上丝绸之路的重要地位及其影响力。第五章至第七章通过运用 SWOT 分析法,深入剖析宁波建设"21世纪海上丝绸之路"的现状基础,提出宁波在"21世纪海上丝绸之路"建设中的发展定位及战略重点,并给出了有针对性的对策建议,包括要建设国际一流的现代化枢纽港、打造国际知名的海丝经贸合作交流中心、打造具有国际影响力的海丝制造业创新高地、推进海丝沿线产业对接平台建设等。

我非常感谢我的团队伙伴们的执着和对我的支持。浙江万里学院、宁波海上丝绸之路研究院(宁波中东欧国家合作研究院)、宁波市文广新局、宁波市教育局、宁波市商务委、宁波市发展和改革委员会、宁波"一带一路"经贸合作协同创新中心、宁波市"一带一路"建设研究基地等单位同志参与了本课题的研究。中国社会科学院欧洲研究所江时学教授、浙江大学西部发展研究院董雪兵教授、宁波大学龚缨晏教授、美国波士顿大学叶敏副教授、波兰中央统计局宏观经济研究部 Katarzyna Golik 女士、北京外国语大学国际商学院院长牛华勇副教授等也对本书提出了许多宝贵意见。同时,本书也引用了专家们的一些研究成果和观点,在此一并致谢!

由于"海上丝绸之路"的研究涉及面广、发展迅速,也因作者水平、时间与精力所限,研究工作中不可避免地存在一些问题和不足,敬请读者批评指正!

张明华

2018 年 7 月

目　录

第一章 绪 论

第一节 "海上丝绸之路"的内涵

一、国内外学者关于"海上丝绸之路"的论述

近年来,国内外学术界关于"海上丝绸之路"的研究不断升温,发表了不少的论著,联合国教科文组织和我国沿海一些港口城市也组织了不少对"海上丝绸之路"的考察或纪念性的活动,这些都大大推进了人们对这一史实的重视与认识。

实际上,海上丝绸之路已有 2000 多年历史,是我国与世界各国和平、友好、平等的经济、文化、政治、外交等交往之路,以丝绸作为文化符号,故名。但海上丝路作为一个专门用语出现,不及 200 年。其最早提出者是德国著名的地质地理学家 F. V. 李希霍芬(1833—1925)。他于 1860 和 1868 年两次来华旅行,途经广州、三水、英德、韶关等地。后出版五卷本《中国亲程旅行记》,其中 1877 年问世的第一卷《中国》,首次使用"丝绸之路"来描述西域到希腊、罗马古代陆路贸易交通线,并详加论述;后在一张地图上提到"海上丝绸之路"的概念,但未做解释。自此,"丝绸之路"被广泛接受,研究成果不绝如缕,但海上丝路研究却十分寥落。1967 年日本学者三杉隆敏出版《探索海上的丝绸之路》一书,成为专论海上丝路的专著。中国最早提出"丝绸之路"的学者是国学大师季羡林先生,他早在 1955 年发表的论文《中国蚕丝输入印度问题的初步研究》中就提出了"横亘欧亚丝路",描述了中国蚕丝传入印度的过程和道路,并将传入道路归纳为 5 条,分别为南海道、缅甸道、安南道等。另一位国学大师

饶宗颐先生,也于1974年在其论文中提及"海道作为丝路运输的航线",该时期,中国正经历"文化大革命",海陆丝路研究陷于中断。直到1985年,北京大学陈炎教授出版了《陆上和海上丝绸之路》和《海上丝绸之路与中外文化交流》两部专著,才开拓了海上丝路研究的新局面。1991年10月,联合国教科文组织发起"海上丝绸之路"综合考察,由30多个国家50多人组成考察队伍,乘坐"和平方舟号",抵达沿途16个国家22个港口,包括广州和泉州,行程2.1万公里。

此后,海上丝路研究、考察接踵而起,牵动学术界、政界和企业界等。这一概念的应用范围也从中西交通史延及宗教史、贸易史、外交史和文化史等,时下方兴未艾。海上丝路所运载物品,除丝绸之外,还有香料、茶叶、陶瓷、铁器等,故海上丝路也称"香料之路""茶叶之路""陶铁之路"等。海上丝路作为连接全球的纽带,深受国际政治、经济格局影响。海上丝路虽古已有之,但世界进入海洋时代以后,不断受到冲击。近年,我国继承丝路传统,提出建设"一带一路"倡议,其中"一路"指"21世纪海上丝绸之路",这一概念的提出既有历史传承又有新背景下的发展,已注入了新时代的气息和内容了。

由孙毓棠、杨建新、荣新江撰写的《中国大百科全书》"丝绸之路"条目写道,丝绸之路是"中国古代经中亚通往南亚、西亚以及欧洲、北非的陆上贸易通道。因大量中国丝绸和丝织品多经此路西运,故称丝绸之路,简称丝路。近年来一些学者更扩大了丝绸之路的概念,认为上述道路只是通过沙漠绿洲的道路,因称之为'绿洲路'。又将通过中国北方游牧民族地区的道路称为'草原路',经中国南方海上西行的道路称为'海上丝绸之路'或'南海道'等等,这些提法虽然对研究中西交通有意义,但已非原来意义上的丝路了"。《辞海》中对于"丝绸之路"的解释是:"古代横贯亚洲的交通道路,亦称丝路。约自公元前第二世纪以后千余年间,大量的中国丝和丝织品皆经此路西运,故称丝绸之路。其他的商品以及东西方各种经济和文化的交流,在整个古代和中世纪时亦多通过此路。丝绸之路的支线,亦有取道今新疆天山北面的通道及伊犁河流域西行者;亦有取道海上者,或自中国南部直接西航,或经由滇、缅通道再自今缅甸南部利用海道西运,或经由中亚转达印度半岛各岛再由海道西运。"

张维华主编的《中国古代对外关系史》一书前言中,关于"海上丝路"写道:

"从古代对外交往的范围来看,陆、海两路是主要的通道。海路的交通开始虽早,真正的繁荣是在隋唐及以后,至明成祖遣郑和下西洋而达于极盛,使通往东南亚、南亚、阿拉伯和非洲东岸国家的海路贸易迅速发展。人们有时也称海上的对外交通为'海上丝路'或'陶瓷之路',可见其具有与陆路交通同等的重要性。"

卢苇在《中外关系史》中指出:"古代中国对外发生关系的途径,不外是经过陆上和海上通道,也就是一般所称的陆上和海上丝绸之路。海上丝路虽稍晚兴起,却越来越具有重要作用:先是东西方开辟了通向印度的航路,不久出现了从中国广州通向阿拉伯帝国的巴格达航线,后来泉州港兴起,又开辟了通向亚历山大港的直航线路;最后是长江下游的宁波、上海等港口兴起,从而与地中海边的威尼斯、热那亚等诸港口城市并列,交相辉映,无比繁荣,从此,海上丝路已成为东西方交往重要途径。"

石源华在《中外关系三百题》中提出:"'丝绸之路'是20世纪初叶以前沟通亚欧非大陆交通路线的通称。自古以来,东西方的一切经济交往都经由这些通道进行传播,由于其中最著名的产品是丝绸,所以便名之曰'丝绸之路'。""广义地说,'丝绸之路'可以分为三类:第三类通道是发自华南,经东南亚、锡兰(今斯里兰卡)、印度而达波斯湾、红海的南海路。这条道路也称'海上丝路',当然,也有学者称之为'陶瓷之路',因为后来中国的陶瓷制品都经海道外销。"

国内较早提出"海上丝绸之路"概念的学者陈炎在其所著《海上丝绸之路与中外文化交流》一书中,将海上丝绸之路的历史划分为形成时期(唐代以前)、发展时期(唐、宋)和极盛时期(元、明、清),并认为除"古代海上丝绸之路"外,近代亦有"海上丝路"。

另一部《海上丝绸之路》专著的作者陈高华等则认为,就海上丝绸之路的历史发展而言,"明代是个转折点,15世纪上半叶的郑和下西洋,是海上丝绸之路发展历史上最光辉的事件。但随着西方殖民者纷纷东来,许多亚洲国家沦为殖民地,中国的海外贸易无论规模或范围都大为缩小,海上丝绸之路也就由盛转衰。到了清代更趋于停滞和没落了"。

日本研究丝绸之路史的著名学者长泽和俊称:"我们一般所说的丝绸之

路,是指太古以来自东亚经中亚及西亚连接欧洲及北非的东西道路的总称。"
"丝绸之路的古代史是以草原路为中心,自古代后期至中世纪是以绿洲路为中心,而近代以后则是以南海路为中心了。由于葡萄牙、西班牙、荷兰、英国、法国的东渐而发展起来的东西贸易,包括非洲及美国,成为近代以后丝绸之路的中心课题。"

从以上引述的这些文字中可以看出,人们对"海上丝绸之路"概念的理解虽有相同之处,但也并非完全一致:相同之处是所有人都承认"海上丝绸之路"乃是历史上相当长时期里曾存在过的东西方之间海上贸易和交通的道路;不同之处是有关这条道路起止的时间(特别是其下限是否延伸到了近代)、涉及的地域范围(是否能够涵盖整个东西方的海上交通)以及其社会属性等,不同学者的解释存在着一定的差异。这些差异使得"海上丝绸之路"概念的含义显得有些模糊不清,此点引起了国内外学术界的质疑。因此,为了研究工作和各种纪念活动的进行,实有必要对"海上丝绸之路"这一概念的含义做出科学的界定。

二、古"海上丝绸之路"内涵

要对古"海上丝绸之路"概念做出一个科学的界定,就必须把握住构成这一概念的一些最基本的要素。

一是"海上",商品贸易和文化交流是经过海洋完成的。

二是"商品贸易"的角度,即以丝绸贸易为主,附带茶叶、瓷器等其他贸易商品。在古代,丝绸曾是中国出口贸易的最主要商品,无论是陆地上由张骞通西域所开辟的经由中国西北新疆地区与中亚、西亚乃至罗马帝国的贸易道路,还是起自中国沿海港口与东亚、东南亚、南亚、西亚乃至东非和欧洲之间的贸易道路,最初的贸易商品皆以丝绸为主,即中国输出的主要是丝绸,外国拿自己的特产同中国贸易换回的主要也是丝绸,"陆上丝绸之路"和"海上丝绸之路"亦因此而得名。所以尽管后来这些贸易道路上的商品结构有所变化,丝绸贸易的比重不一定占据主要的地位,但丝绸始终具有象征性的意义。

三是贸易者。海上丝绸贸易的开辟者是中国,古代海上丝绸贸易的起点和支配方亦是中国。正如有的学者所指出的:"海上丝路与陆上丝路一样,都反映了中国不愧是历史悠久,文化灿烂的文明古国;中华民族不愧是勤劳勇敢的伟大民族。我们的祖先为了通过海洋,走向世界和造福人类不惜自我牺牲,战狂风斗恶浪与大自然搏斗,以大无畏的精神,终于征服了海洋,开拓出一条条海上丝路。这些海上大动脉从中国伸向世界五大洲、三大洋,将中国与世界各地连接在一起,使世界人民在政治、经济、外贸、宗教、文化、艺术各方面的友好往来都发生了密切的联系和相互影响。这是我们中华民族对世界文明所做出的伟大贡献,也是我们所有华夏儿女的光荣和骄傲!"因此,"海上丝绸之路"应专指中国与海外国家及地区之间的贸易和交通道路,不能脱离开中国这个主体,泛化为整个东方世界与西方间的海上贸易道路。与中国无关的东方其他国家和地区之间以及它们同西方的交通道路和贸易关系,不应列入"海上丝绸之路"的范围。

四是贸易的性质。人们通常所说的"海上丝绸之路",不仅是指中外之间海上航行和贸易往来的道路,而且还是指在古代长期存在的特定性质的中外间的贸易和交往关系。这种贸易和交往关系与古代中国的社会状况以及中外关系的性质相联系,可以说是古代中国人对海洋、对海上贸易乃至对整个海外世界的认识与应对方式的体现。这种传统性质的中外贸易与交往模式只存在于中国古代社会,与近现代的中外贸易关系有着性质上的不同。基于上述认识,本书认为,"海上丝绸之路"概念的含义应当界定为:它是以丝绸贸易为象征的、在中国古代曾长期存在的、中外之间的海上交通线及与之相伴随的经济贸易关系。

第二节 "21世纪海上丝绸之路"的内涵

"21世纪海上丝绸之路"不仅承袭了古代丝绸之路"传递和平、互惠互利"的精神,在新的时代背景下也被赋予了新的内涵。现有文献主要从当前中国对外开放国际国内环境,国家经济增长需要及新时代海上丝绸之路的新特点等方面对其进行了解释。全毅、汪洁、刘婉婷通过分析中国对外开放的国内外环境认为"21世纪海上丝绸之路"具有传递和平、共同发展、形成有利于中国的地缘政治经济格局,将中国建设成海洋强国的重要历史责任。陈万灵、何添传认为 21 世纪海上丝绸之路是一个"全球贸易网",并将其定义为"从依托现代运输工具和信息技术连接起来的海上国际货物运输通道或国际贸易网,反映世界各国的经贸合作关系"。周练在谈到"21 世纪海上丝绸之路"新内涵时特别提到这是一个新机制新要求的概念,重点强调了中国—东盟各类合作沟通机制的建设。

　　中国政府之所以倡议共建"21 世纪海上丝绸之路",是因为在可预见的未来,港口基础设施建设以及与之相联系的运输通道的贯通对促进经济增长的潜力巨大,是未来经济增长的发动机。中国的经济发展依然对外贸有很强的依赖性,且中国仍将不可避免地依赖于海洋实现进口,特别是能源进口。古代海上丝绸之路包括东南西三个方向的航线。其中,向东开放的航线,也就是东向航线:由中国东部沿海出发,面向东北亚的东海航线,以及 16 世纪后兴起的横跨太平洋航线,到达墨西哥,以此连接中国到拉美的海上丝绸之路。南向航线主要是从中国沿海港口出发,经过南海到达南太平洋。西向航线是中国西向开放战略的重要组成部分,从中国沿海港口过南海到印度洋,延伸至欧洲。其中,后两条海上航线包含于中国政府公布的《推动共建丝绸之路经济带和 21 世纪海上丝绸之路的愿景与行动》(以下简称《愿景与行动》)文件之中。根据《愿景与行动》,"丝绸之路经济带"主要有三条线,即中国经中亚、俄罗斯至欧洲(波罗的海);中国经中亚、西亚至波斯湾、地中海;中国经东南亚至南亚、印度洋。"21 世纪海上丝绸之路"主要有两条:中国经南海、印度洋至欧洲;中国经南海到南太平洋。其中,中国经南海、印度洋至欧洲的南海西向航线,也是古代海上丝绸之路的经典航线。这条航线从中国东南沿海港口出发,向南过南中国海,经马六甲、龙目和巽他等海峡,以东南亚地区为中枢,连接马六甲海峡以西的印度洋沿岸各国,沿印度洋北部,至波斯湾、红海、亚丁湾等海域及北非沿岸。航线中的重点区域是东南亚,节点国家包括越南、缅甸、柬埔寨、马来西亚、印度尼西亚、新加坡、泰国等。

　　"21 世纪海上丝绸之路"从南海到印度洋之间除了中国以外,有 28 个沿海国家(不包括经苏伊士运河连通的欧洲国家)。其中,东南亚有 9 国,分别是印度尼西亚、马来西亚、缅甸、新加坡、泰国、柬埔寨、越南、菲律宾、文莱;南亚有 5 国,包括孟加拉国、印度、马尔代夫、巴基斯坦和斯里兰卡;从阿拉伯海进入波斯湾的西亚临海国有 9 个,包括伊朗、伊拉克、科威特、阿曼、卡塔尔、沙特阿拉伯、阿联酋、也门、巴林;经亚丁湾进入红海的沿海东部非洲国家有 5 个,分别是埃及、索马里、苏丹、吉布提、厄立特里亚。南海西向航线以中国沿海港口为起点,以东盟及其成员国为主要依托,可带动南亚地区,延伸至中东、东非和欧洲,形成辐射大周边的经济带。

"21 世纪海上丝绸之路"的终点是分散和开放的,且终点的确定将更多地体现并取决于沿海国家的利益诉求以及沿海国家融入海上丝绸之路建设的程度。"21 世纪海上丝绸之路"的基础是海上交通沿线的港口建设,依托是港口以及公路、铁路等基础设施互联互通建设基础上的港口城市产能扩张与产业集聚,重点是通过打造支点而带动支点国家腹地的经济发展,形成双边和多边合作经济带,动力机制是政策沟通基础上的贸易自由化和投资便利化,手段是与沿线国家"共商"基础上进行"共建",目标是打造政治互信、经济融合、文化包容的利益共同体、命运共同体和责任共同体。

从这个角度看,"21 世纪海上丝绸之路"是全球化背景下,相互依赖的经济体之间通过互利合作提升冲突成本、获取合作收益的区域经济合作战略。由于受海权因素、大国因素和安全因素等影响而变得具有地缘政治意义,必须把外交、经济、文化等作为一个有机的整体,与相关国家一起积极、主动地谋划,渐进、谨慎地实施,这也是全球化时代所赋予的特征。

第三节 "21 世纪海上丝绸之路"的意义

"21 世纪海上丝绸之路"构想的提出是中国顺应经济全球化、区域一体化发展的重要举措,也是中国继续深化改革开放构建开放型经济体制的重大布局。在传承古代海上丝绸之路和平友好、互利互惠的价值理念的同时,中国依据世界经济形势的发展为"21 世纪海上丝绸之路"注入新的时代意义。

一、建设"21 世纪海上丝绸之路"有利于我国构建全方位开放新格局

改革开放 40 年来,我国对外开放取得了举世瞩目的伟大成就,但受地理

区位、资源禀赋、发展基础等因素影响,对外开放总体呈现东快西慢、海强陆弱的格局。"一带一路"将构筑新一轮对外开放的"一体两翼",在提升向东开放水平的同时,加快向西开放步伐,助推内陆沿边地区由对外开放的边缘迈向前沿。21世纪海上丝绸之路建设的基本目的,是促进经济要素有序自由流动、资源高效配置和市场深度融合,推动沿线各国实现经济政策协调,开展更大范围、更高水平、更深层次的区域合作,打造开放、包容、均衡、普惠的区域经济合作架构。由此将促进中国适应经济全球化以及区域一体化的新形势、新要求,进一步促进建立和完善互利共赢、多元平衡、安全高效的开放型经济体系,构建高水平的开放型经济新体制。与此同时,21世纪海上丝绸之路的建设将充分发挥国内各地区的比较优势,进一步优化西北、东北、西南、沿海和港澳台、内陆五大区块的定位与布局,加强东中西互动合作,进而形成海陆统筹、东西互济,面向全球的全方位开放新格局。

二、建设"21世纪海上丝绸之路"有利于为中国经济和世界经济提供新动力

"一带一路"建设将欧亚大陆的两端,即发达的欧洲经济圈和最具活力的东亚经济圈更加紧密地连接起来,带动中亚、西亚、南亚、东南亚的发展,促进形成一体化的欧亚大市场,并辐射非洲等区域。从历史上看,"丝绸之路"一直是世界上最重要的贸易通道。而当今世界,全球化进程使各国经济与全球经济更紧密地联系在一起,共建"一带一路",通过发挥沿线各国的资源禀赋,实现优势互补,将大幅提升世界贸易体系的活力。这个过程也正是中国经济与世界经济实现互利共赢的过程。对于中国,"一带一路"建设对于在新常态下促进经济结构转型升级,寻找新的经济增长点,培育打造新的区域增长极,具有重大意义。对于世界,"一带一路"合作项目及其推进措施的实施,必将对沿线国家产生广阔的辐射效应,缩小地区发展差距,加快区域一体化进程。改革开放40年来,中国在国际产业分工调整中抓住有利时机,把中国的市场和劳动力优势与发达国家的资金和技术优势结合起来,承接来自发达经济体的产业转移,实现了经济快速发展。将这些宝贵的实践经验与中国目前的资金优势、产能优势和技术优势结合起来,转化为对外合作优势,全面提升对外开放

和对外合作水平,让"一带一路"共建成果惠及更广泛的区域,外溢效应惠及更多国家,必将为世界经济增长注入新的动力,为世界和平发展增添新的正能量。

三、建设"21世纪海上丝绸之路"有利于打造区域利益共同体和命运共同体

21世纪海上丝绸之路连接亚太和欧洲两大经济圈,是世界上跨度最大、最具发展潜力的经济合作带。沿线国家面临转变发展模式、增强发展动力的共同任务,具有密切经贸联系、扩大经贸合作的共同愿望。建设21世纪海上丝绸之路,将促进区域内基础设施更加完善,贸易投资自由化、便利化水平进一步提高,供应链、产业链、价值链深度融合,人文交流更加顺畅,使泛亚和亚欧区域合作迈上一个新台阶。建设21世纪海上丝绸之路,建立和加强沿线各国互联互通伙伴关系,构建全方位、多层次、复合型的互联互通网络,有利于实现沿线各国的多元、自主、平衡、可持续发展,推动沿线各国发展战略的对接与耦合,发掘区域内市场的潜力。21世纪海上丝绸之路以交通基础设施建设为重点和优先合作领域,切合亚欧大陆的实际需要。尤其是亚洲,许多国家和地区的基础设施亟须升级改造。加强对基础设施建设的投资,不仅本身能够形成新的经济增长点,带动区域内各国经济的发展,而且可以促进投资和消费,创造需求和就业,为区域内各国未来的发展打下坚实的基础。根据基础建设的乘数效应,每投入10亿美元的基础建设投资,将新增3万~8万个就业岗位,国内生产总值增加25亿美元。建设21世纪海上丝绸之路是造福沿途各国人民的大事业,也是为人类发展做出的重大贡献。

四、建设"21世纪海上丝绸之路"有利于优化和创新国际合作与全球治理机制

21世纪海上丝绸之路建设秉持的是共商、共建、共享原则,不是封闭的,而是开放包容的;不是中国一家的独奏,而是沿线国家的合唱;不是要替代现有地区合作机制和倡议,而是要在已有基础上,推动沿线国家实现发展战略相互对接、优势互补。同时,建设21世纪海上丝绸之路的途径是以目标协调、政策

沟通为主,不刻意追求一致性,高度灵活,富有弹性,是多元开放的合作进程。既与其他合作组织或机制有效衔接,又是对新型国际合作和全球治理机制创新的积极探索;既能缓解当今全球治理机制权威性、有效性和及时性难以适应现实需求的困境,又能满足发展中国家尤其是新兴国家期望变革全球治理机制的需求。建设21世纪海上丝绸之路是以合作共赢为核心的新型国际关系的具体实践,既有利于以新的形式使欧亚非各国的联系更加紧密,互利合作迈向新的历史高度,又有助于相关国家携手应对贸易保护、气候变化、贫困问题、极端主义等现实威胁,共同提供新的全球公共产品;既符合国际社会的根本利益,又彰显人类社会的共同理想和美好追求。

第二章　海上丝绸之路形成和发展的要素

古代海上丝绸之路是起始于我国东南沿海地区,连接亚洲、非洲和欧洲的经济贸易和文化交流的一条海上通道。古代海上丝绸之路的形成和发展极大地促进了东西方经贸和文化交流,加速了世界文明进程。无论是古代海上丝绸之路还是"21世纪海上丝绸之路",对促进世界的和平与发展都起到极其重要的作用。

那么,这一重要的海上经贸文化交流通道形成和发展的条件有哪些呢?通过对古代海上丝绸之路和"21世纪海上丝绸之路"的研究我们发现,海上丝绸之路的形成和发展应至少具备以下六个条件:港口的形成、经济的发展、造船航海技术的提高、东西方文化交流和贸易需求、开放的政策和陆上丝绸之路的阻断。港口的形成是海上丝绸之路形成和发展的前提条件;经济的发展是海上丝绸之路形成和发展的物质基础;造船航海技术的提高是海上丝绸之路形成和发展的重要保证;东西方文化交流和贸易需求是海上丝绸之路形成和发展的强大动力;开放的政策是海上丝绸之路形成和发展的制度保障;陆上丝绸之路的阻断是海上丝绸之路形成和发展的促进因素。

将这六个条件重新梳理之后进一步可以划分为两类:必要条件和加速条件。必要条件是海上丝绸之路形成和发展所必需的条件,没有这些条件海上丝绸之路就没法形成,更谈不上发展,包括港口的形成、经济的发展、造船航海技术的提高以及东西方文化交流和贸易需求。没有港口的形成,海上外来的货物和人员就没有集散场所;没有经济的发展,就提供不了交换的产品;没有造船航海技术的提高,商品就无法从海上运输,船舶也无法在茫茫的大海中定位;没有东西方文化交流和贸易需求,产品和文化就不需要进出。离开这些必要条件,海上丝绸之路的形成和发展就成了无本之木、无源之水。加速条件是海上丝绸之路加速形成和发展的重要因素，没有这些条件，海上丝绸之路依然可以形成并且能够发展，但是形成和发展的速度会受到限制，包括开放的政策和陆上丝绸之路的阻断。

这里可以用一个词概括海上丝绸之路形成和发展的条件：四轮两翼。四轮是海上丝绸之路形成和发展的四个必要条件，是海上丝绸之路形成和发展的支撑轮；两翼是海上丝绸之路形成和发展的两个加速条件，是海上丝绸之路形成和发展的飞翔翅。当然，海上丝绸之路的形成和发展除了这些条件之外，也会受到沿线国家的地缘政治等因素的影响。

第一节　港口的形成：前提条件

海上丝绸之路是东西方经贸文化交流的一个通道，这个通道是由一条条海上航线构成，而位于沿海地区的港口就是每一条航线上的一个点，就如一串珍珠，航线就是连接珍珠的穿绳，而港口就是一个个珠粒，航线没有港口犹如珠链没有珠粒，没有港口的形成和繁荣就不可能形成海上丝绸之路。而优良港口的形成需要具备以下 4 个条件。

一、优越的区位条件

区位条件包括气候、水文和地势等条件。区位条件决定了港口的位置，在港口规划布局的时候需要重点考虑港口的区位条件。曾经的世界第一大港口鹿特丹位于荷兰南部莱茵河与马斯河交汇处，是西欧大陆通往北海的重要入海口。新加坡港位于新加坡南部沿海，扼太平洋和印度洋之间的航运要道，西面是马六甲海峡，南面是新加坡海峡。新加坡港水域宽阔、水深适宜，很少受到风暴影响，适合船舶进出和停泊，是世界最大的集装箱港口之一。在我国，香港港位于珠江口外东侧，港湾深阔，屏蔽条件好，港内风平浪静；有 15 个港区，其中维多利亚港区最大，条件最好，平均超过 10 米深的港内航道使大型远洋货轮可随时进入码头和装卸区，为世界各地船舶提供方便而又安全的停泊地。广州港位于珠江三角洲北缘，河网密布，淤积少，海岸线资源非常丰富。宁波港位于亚热带季风气候区，北赤道暖流与北太平洋寒流的背向回流，致使该地每年五六月至十月经常刮东南风、东风和南风,十月至十二月经常刮西北风、西风和北风,这一自然规律为建设宁波港提供了有利的气候条件;同时,宁波港位于东海之滨,有漫长的海岸线、深水港湾,具有建设成为深水港口的有利条件。上海港是长江三角洲上的一个河口港,可以兼作海港,从地形地势角度看,三角洲地势平坦开阔,为港口建筑以及上海市进行合理的平面布置提供了有利条件;另外,上海港地处亚热带季风气候区,属于全年不冻港,便于通航。

综上所述,从地理位置来看,大多数海港都位于江海交汇处,具有港阔水深、淤积少和风浪小的特点,这样既便于船舶进出以及停泊,又便于货物沿江沿河低成本运输到海港再运往海外或者便于货物从港口沿江沿河低成本运输到内陆。从气候来说,大多海港都位于季风气候区,可以利用风向变换的自然规律进行航行,这在古代主要依赖于风力的情况下是远洋航行的必要条件,现在由于机器动力的缘故,对季风气候的依赖性减弱,但充分利用季风气候的规律仍然可以为航行带来便利。从建筑港口的条件来说,大多海港都建于地势比较平坦开阔的区域,有利于货物低成本的集散。如果缺少以上优越的区位条件,港口即使出现暂时的繁荣,也很难长久维持。比如扬州在中国隋唐之际是南北水路交通枢纽和南北货物的集散地,也是各国使节从东南沿海北上西安的必经之地,成为闻名海内外的国际港口。但自唐开成年间之后,因长江江口逐渐东移,扬州离海越来越远,至宋元时期,江口移到上海,扬州作为海港逐渐衰落。

二、发达的交通网络

海港是内陆通往海上的门户,需要能够将货物从内陆转运到海上或者将货物从海上转运到内陆。因此,交通条件对于港口的形成非常重要。从海上丝绸之路的主要港口的形成来看,港口与内陆之间的交通开始是内河运输占主要地位。与陆路运输相比,内河运输具有建设投资少、运费低的优势,但也具有运输的速度慢、时效性不强的弱点,适合运送对时间要求不是很紧的大宗货物,例如盐、茶叶、农作物、矿物和其他各种原料等。19世纪初期,随着交通运输技术的发展,铁路逐渐成为连接海港和内陆的主要纽带,其重要性在20

世纪超过内河运输。与内河运输相比,铁路运输具有运输量大、速度快的优势,但具有建设投资大、运输费用稍高等缺点,适合运送时效性较强的大宗货物。第二次世界大战之后,航空运输和高速公路运输逐步发展起来,使铁路运输在连接海港和内陆之间的重要性有所下降。但是就目前来看,海上丝绸之路的主要港口的货物运输方式大都实现海陆、陆空、海空、海陆空等多式联运。

上海港的交通非常发达。铁路干线有京沪线和沪杭线,港区的开平、北票、张华浜和军工路码头均有铁路专用线;公路通过204、312、318、320国道,分别通往烟台、乌鲁木齐、拉萨和昆明,并与国内其他主要公路干线相通;航空方面,上海的虹桥国际机场和浦东机场都是我国最大的航空枢纽之一,国内航线遍及全国30多个大中城市,国际航线可通往美国、日本、加拿大、法国、新加坡等国家;此外,内河航道共有200多条,海上航线遍及沿海各主要港口。宁波港的交通也非常便捷。铁路运输方面,宁波、镇海和北仑三个港区均有专用铁路通入,并纳入国家铁路网,北仑港区铁路集装箱站已开办海铁集装箱联运业务。公路运输方面,沪杭甬高速公路、甬台温高速公路、甬金高速公路已全线通车,杭州湾跨海大桥也已建成,宁波处于上海大都市圈2小时交通出行圈之内。水路运输方面,海上与大阪、神户、釜山、香港、高雄等港口均在1000海里之内,向内不仅可连接沿海各港口,而且通过江海联运,可沟通长江、京杭大运河,覆盖整个华东地区和经济发达的长江流域。广州港是珠江三角洲水网运输中心和水陆运输枢纽,港口交通便利。在铁路运输方面,有京广、广九、广湛线与全国主干铁路相连,形成铁路运输网。在公路运输方面,与汕头、湛江、深圳等省内重要城市具有干线连接,公路网沟通闽赣湘桂等省区。在水上运输方面,广州港北距汕头200多海里,南距香港70海里,西距湛江200多海里;内河可达珠江水系的东江、西江、北江各港。在航空运输方面,广州白云国际机场已开通航线130多条,来往于我国主要大中城市以及曼谷、新加坡、首尔、东京、迪拜和开罗等国外城市。可以说,四通八达的交通网络是港口形成和发展的命脉所在。

三、强大的城市依托

港口城市是城市的一种特定形式,是港口和城市的有机结合。纵观世界沿海城市的经济发展史可以发现,世界上最发达的城市大都是港口城市,港口的迅速崛起和城市经济的发展息息相关,城以港兴、港城共荣是世界港口城市发展壮大的普遍规律。城市为港口形成和发展提供可容空间,港口城市的规模越大,港口发展的可容空间就越大。城市可以为港口发展提供内在支撑,港口城市的交通、通信和服务设施是港口发挥作用的基础。城市的管理服务功能和良好的文化氛围为港口的形成和发展提供了必要的环境保障。另外,城市的发展可以促进港口功能的提升。

(一)城市是港口的直接腹地与资源提供地

港口的成长与其经济腹地密切相关。历史上港口城市的兴衰表明,港口之间的竞争就是经济腹地的竞争,拥有更大规模经济腹地的港口就能取得更大的发展机会。腹地经济越宽广富庶,对外经济贸易联系越密切,对港口运输需求就会越大,这将会推动港口规模的不断扩大和结构优化演进。作为港口直接经济腹地城市的规模不断膨胀,就会为港口的运输和生产带来源源不断的动力。随着上海经济和长江三角洲经济的快速发展,以上海市作为直接经济腹地的上海港 2017 年集装箱吞吐量达到 4023 万标准箱,从 2010 年开始超过新加坡港,一直保持世界第一位。鹿特丹港之所以能成为世界闻名的港口之一,一个重要的原因就是其广阔富裕的经济腹地。经济实力雄厚的鹿特丹市为鹿特丹港的发展提供了区域经济的支撑,而港口临近的英、法和德等西欧经济强国为港口发展提供了天然的经济腹地,港口 500 公里范围内居住约 2 亿高收入人群对港口的发展起着不可替代的作用。

(二)城市为港口发展提供服务、管理与组织功能

港口城市拥有港口运作发展所必需的各种人力资源条件,并为港口及港航产业的发展提供土地,同时交通体系的建设也是港口城市为港口提供的一项重要服务。港口城市现代服务业的发展为港口运转和贸易营造良好的外部环境,对提高港口的竞争力具有非常重要的作用。比如香港是亚太地区的金融中心、贸易中心和航运中心,具备良好的金融贸易环境和健全的管理体制。香港港口经过多年发展,货柜班轮航线密集,与内地港口相比,在港口服务、金融结算、通关服务等方面具有一定优势,这是形成香港港口核心竞争力的重要因素。

港口的各种对外联系都离不开城市的组织、协调与服务。港口的建设和发展必须先进行规划。要通过规划确定港口的地位、明确港口的发展方向，严格按照规划指导港口的建设和发展。2016年广州市发布的《广州市综合交通发展第十三个五年规划》明确提出：完善港口码头和航道设施以及集疏运体系，提升广州港在世界港口前列的战略地位，为加快国际航运中心、国际物流中心的建设发挥重要作用，实现广州港货物吞吐量6亿吨、集装箱吞吐量2500万标准箱，并在规划中提出了比较具体的实施措施，这对广州港的未来发展将起到指引作用。

（三）城市的发展促进港区功能的提升

城市经济的发展对港口的功能战略、服务范围、生产特点和地位都会产生重要影响。以城市为依托，港口逐渐由人流、物流的单一运输功能逐步拓展为集运输功能、物流业、临港工业和现代服务业等港口配套服务业为一体的复合功能，从而逐步形成面向海洋，以信息化、生态化为主的综合流通枢纽和海洋经济基地。

新加坡港是将功能单一的港口发展成为多功能港口的一个典型。在20世纪60年代之前，新加坡港是东南亚各国与美国、欧洲、日本之间的货物转运中心，功能非常单一。但是20世纪50年代后半期，由于印度尼西亚和马来西亚等国港口的竞争，新加坡港逐渐衰落。从1961年开始，新加坡不得不制订两个十年的工业化计划，采取措施积极吸引外商直接投资，先后发展劳动密集型工业、资本密集型工业和技术密集型工业，形成了包括炼油工业、电子电气工业和海事工业在内的多种工业部门。与此同时，大力发展金融、通信和旅游产业。新加坡经济的发展促使了新加坡港也由原来单一从事中转贸易的港口逐步发展成为一个集运输、通信、贸易、制造和金融等多功能于一体的综合性流通港口。

四、雄厚的产业基础

港口最基本的功能就是货物装卸和运输功能。后来随着商品经济和运输业的发展，商品流通的便捷性促进了港口产业的发展。产业是商品的来源，港口是商品流通的枢纽。随着产业的不断发展，商品流通逐渐频繁，港口成为商品的交易中心,产业和港口的关系逐步密切起来。港口产业的发展将促进港口运输业的繁荣,而物流业的发展也能增强港口对周边城市的辐射能力。同时,金融贸易等产业的发展可以为港口发展提供良好的环境支持。交通运输业的发展可以为港口提供综合物流活动的空间和内陆连接通道。另外,通信、电力等产业也是港口发展的基本保障。

比如欧洲的鹿特丹港已经在新水道沿岸发展一条以炼油、石油化工、船舶修造、港口机械、食品等工业为主的沿河工业带。在这一工业带,化学品和石油化学尤为发达。鹿特丹港是欧洲化学品的主要运输港口,其他地区的原油经海运达到鹿特丹,一部分作为原料提供给炼油厂,其余的输往欧洲其他地区。港口充分利用先进的水利技术和水工建筑技术大力发展水工产品制造业和造船业。在工业带内,还聚集了许多农产品加工基地以及与航运相关的物资补给、废物处理、船舶检测等产业,为该地区十多万人员提供了直接服务于港口的相关产业岗位。此外,在这一带内还存在大量的银行、保险、调查和法律咨询等服务业机构,逐步形成了一个完善的港口服务产业体系,产业成为港口的一个重要组成部分。

新加坡的产业发展同样为港口的发展提供了强有力的支持。20世纪80年代新加坡大力发展资本密集型产业,采取优惠措施大力吸引外资,加强对工业园区、造船修船业和炼油厂的建设,同时将海皇轮船公司、三巴望造船厂等私人企业收归国有,客观上为港口的发展提供了坚实的产业基础。20世纪90年代之后,新加坡大力发展技术密集型产业,金融、交通、商业和咨询等服务业获得了迅速发展,吸引了电脑制造业和石油制造业等产业领域的跨国企业落户,这在很大程度上促进了新加坡港口的快速发展。

第二节　经济的发展:物质基础

恩格斯在《家庭、私有制及国家的起源》中指出:"随着生产分为农业和手工业这两大部门,便出现了直接以交换为目的的生产,即商品生产,随之而来的是贸易,不仅有部落内部和部落边界的贸易,而且还有海外贸易。"可见,农业和手工业的分工所带来的经济发展为海外贸易提供了物质基础。海上丝绸之路首先应该是一条经济贸易交流的通道,这条通道的形成需要经济的发展为其提供可供交易的产品。

中国是世界上最早发明种桑养蚕、缫丝纺织的国家。在新石器晚期,中国劳动人民就会用丝纺织成丝织品。1958年,在浙江吴兴钱山漾遗址里发掘出一批丝织物,其中有绢片、丝带和丝线等,经鉴定发现原料是家蚕丝。钱山漾遗址距今四千七百多年,属于良渚文化。这说明,在殷商之前中国古人植桑养蚕技术已经相当发达。到商朝,丝织业有了一定的发展,甲骨文有了蚕、丝等文字,出土文物中有精美的刺绣品和暗花绸。西周丝织业遍布山东的兖州、青州,江苏的徐州、扬州,湖北的荆州,河南的豫州等地,当时的人们不仅能够纺织地帛,而且还能运用朱砂、石黄等做染料,染制成色彩绚丽的刺绣。在商周时期,商品贸易开始活跃起来,据《易·大有》记载:"大车以载,利有攸往,无咎。"当时贸易的地区已不限于临近的部落,而远至甘肃的河西走廊、新疆和中亚一带。春秋战国时期是中国由奴隶社会向封建社会过渡的阶段,大量出现以小农为主的个体经济,手工业普遍发展起来,而作为手工业重要部门的丝织业得到迅速发展。在黄河流域和长江下游地区的人民普遍植桑养蚕,缫丝纺织成为农业的主要副业。这一时期,丝织品的种类增多,丝绸产量有了较大增加,已经出现丝绸贸易。随着丝织生产的发展,丝织品逐渐流向波斯、印度和德国等,中国被西方人称为"赛里斯国",意为丝之国。在秦朝一统之前,虽然考古学家确认已经存在东西方的丝绸贸易,但由于社会分工很不发达,物质生产和科学技术很落后,这期间的丝绸贸易只是偶然性的、非常不重要的。

秦朝统一六国之后,政治相对稳定,对度量衡进行统一,在客观上促进了经济和贸易的发展。秦朝的商品贸易不局限于本朝的统治区域,其中丝织品经游牧部落贩运并远销到西域和中亚一带。但由于统治的残暴,秦朝很快覆灭。在秦朝基础上建立的西汉王朝吸取了其灭亡的教训,采取了"轻徭薄赋,与民休息"的国策,社会经济逐渐发展起来并日益繁荣,农业和手工业都得到很大的发展。据《史记》记载,到汉武帝时,出现"国家无事,非遇水旱之灾,民则人给家足,都鄙廪庾皆满""太仓之粟,陈陈相因,充溢露积于外,至腐败不可食"的景象。在西汉,丝织、漆器、冶铁等手工业也比前朝有了很大进步。西汉丝织业高度发达,丝织工场规模庞大,《汉书》记载临淄的官营作坊"做工各数千人,一岁费钱巨万",京师长安的东西织室,所需费用高达数千万之多,而丝织品产量非常丰富。与春秋末年相比,漆器制作更加精细,种类更加多样。铁器制造达到一个新的水平,冶铁高炉体积增大,出现了水力鼓风机。另外,在炼铁中开始使用石灰石做熔剂,使铁的质量大大提高。西汉王朝经济的发展为汉武帝派出船队出海贸易奠定了基础。

唐朝的统治者在汲取隋朝迅速灭亡的教训基础上,非常重视吏治,轻徭薄赋,采取均田制、租庸调制、两税法及检括户口等措施缓和阶级矛盾,抑制土地兼并,减轻农民负担,促使了农业生产的恢复、人口的增加和耕地的扩大,为唐王朝积累了极大的物质财富。据《通典》记载,唐天宝八年(749)仅粮食库储量"凡天下诸色米都九千六百六万二千二百二十石"。唐朝的手工业也非常发达,较为突出的行业有丝织业、矿冶业、制茶业和制瓷业等。唐朝的丝织业水平远超两汉时期,高级丝织品花纹数目繁多,美不胜收,并且丝绸品种也增加到数十种。唐朝已能利用水力熔铜铸币,铸造器物,天元钱和天宝钱在丝绸之路风行,据钱币考古发现,开元钱已具备丝绸之路的通用货币的功能,流通近百年。唐朝产茶区遍布南方,制茶业呈现规模化、专业化和商品化。制瓷业在隋唐获得技术突破,陆羽在《茶经》中写道:"刑瓷类银,越瓷类玉;刑瓷类雪,越瓷类冰;刑瓷白而茶色丹,越瓷青而茶色绿。"唐朝的越瓷形成一个庞大的体系,闻名世界。农业和手工业的发展极大活跃了商品经济,为海上贸易的开展提供了物质基础。唐朝通过海上丝绸之路将丝绸、瓷器和茶叶等源源不断地运输到东南亚、南亚和东非诸国。

宋朝采取了一系列促进经济发展的措施,经济有了一定程度的发展。在农业方面,宋朝采取"轻徭薄赋"的措施,减轻了农民负担,提高了农民的地位,增强了农民的生产兴趣。宋朝南渡之后,大量的中原人南迁,给江南地区带来了比较先进的生产技术和生产工具,大大提高了农作物的产量,给商品经济的发展创造了条件。另外,宋朝的手工业也发展迅速,特别是丝织业和制瓷业等相当发达。在宋朝,丝绸生产是国家财政收入的重要来源,也是对周边少数民族贸易的主要商品之一。东南沿海的制瓷业有很大进步,冲破了唐朝"南青北白"的格局,在民族性和艺术性方面达到很高的水平,闻名中外的越窑、龙泉窑和官窑都分布在东南沿海一带。在宋朝,随着经济重心从北方向南方的转移,江南地区的经济繁荣更加便于海上贸易的开展。

元朝大一统的局面促进了经济的发展,无论是农业还是手工业都发展较快。在农业方面,随着农业生产工具和技术的改良,加之政府重视农田水利建设,农业耕地面积不断扩大,粮食产量不断增加,稻和麦成为出口物资。在元朝,手工业技术先进,产量非常丰富,纺织业、制瓷业和矿冶业等均有较大发展。官办的手工业局、院组织完善,规模空前,民间手工业除了家庭手工业之外,还有手工业作坊。在纺织业中,丝织业最为重要,据《马可·波罗游记》记载:每天运入大都(今北京)供织造用的丝多达千车。由此可见,大都的丝织业非常繁荣。在制瓷业上,无论是胎质、釉料,还是制作技术都有了很大进步,瓷器品种多样,制造工艺精湛,《马可·波罗游记》记载道:福建德化制造碗和瓷器,既多且美。在矿冶业上,产量可观,金、银、铜、铁及其制品成为重要的出口商品,深受东南亚人的喜欢。元朝经济的恢复与发展为海上丝绸之路的繁荣奠定了物质基础。

第三节　造船航海技术的提高:重要保证

海上丝绸之路的形成和发展与造船航海技术的提高密切相关,造船航海技术的提高为海上丝绸之路形成和发展提供了技术保证。

一、造船技术的提高

早在远古时期,人类就开始在海边活动。古籍《物源》记载:"燧人氏以抛(葫芦)济水,伏羲氏始乘俘(筏)。"这说明旧石器时代我国先人已经开始探索海洋,当时所使用的工具可能是用植物茎蔓所绑定的树干或竹子,只能进行短距离的漂浮;后来经过长时间的改进,出现了"浮筏",这类划撑工具的出现能使人类更好地在水上活动,能对更远的水域进行探索。到了新石器时代,经过不断的实验,造出了独木舟,完全解放了人类的手脚,为早期人类进行海上运输提供了重要的工具,但独木舟的运载能力和抗风浪能力都较为低下,且主要靠人力驱动,很难完成大规模的远洋海上运输。在石器时代,由于航海工具简陋、航海技能落后,人类只能在近海或者临近岛屿进行短途航海活动。中国进入奴隶社会之后,生产力得到提升,手工业从农业中分离出来,更加细微分工的出现使得独木舟进化为木帆船。与独木舟相比,木帆船具有运载量较大、抗风浪能力比较强的特点,且能够借助自然界的风力进行较远距离的海上航行。到了秦汉时期,造船技术进一步提高,出现结构先进、推进操纵设备齐全和船体高大的船舶。《史记》记载:"楼船高十余丈,旗帜加其上,甚壮。"汉代大的船舶已经采取横隔舱的结构,使船舶强度及抗风浪能力大大提高,为远洋航行提供了可能。

在唐朝,采用水密隔舱设置、利用铁钉和石灰桐油接合、创制舷侧板和人力推动的轮机等,这些技术的发明和创造增加了船舶的抗沉性、坚固性和稳定性,唐人已经可以制造出当时世界上最为先进的船舶。由于技术的进步,造出的船舶具有载重量大、结构坚固和抵御风浪能力强等特点。宋朝的造船业发展迅速,以明州(今宁波)、温州和杭州最为突出,同时造船技术也有很大的进步。在船舶的腹部两舷侧绑竹囊以拒浪和减缓船只的左右摇摆,增强了船舶的稳定性;将船舶的形体设计为"V"字形,并充分利用各种不同形式的风帆,极大地加快了船舶的航行速度。在元朝,造船基地主要分布在扬州、泉州、明州和广州等地,造船数量可观,船舶体积庞大,载重量十分大。

二、航海技术的进步

在远洋航行中,船舶的方位是至关重要的,而航海技术的进步为船舶准确定位提供了技术保证。

在石器时代,由于航海技术和相关知识的缺乏,在那时的航海中,航海人员是不会让视野离开陆地的,只是在海岸线附近进行短途的航行。进入夏商周时期,航海技术有所发展,开始有文字记载。在海上导航方面,出现了多种导航定位方式,以陆地为目标进行定位和定向仍然是最主要的方式;在天文定向技术方面,商朝先民已经能够通过观察太阳在白天运行时的相对方位来确定大概时辰,并利用原始的"表"或者"圭"通过测影的方法来确定方位;在计时技术方面,夏朝出现"天干记日法",商朝将"天干记日法"和"十二地支"结合,形成"六十干支记日法",周朝发明了"水漏计时器";在航海气象方面也有初步的发展,懂得判断风向以及利用旗子判断风的等级,并能够对不同的天气情况进行划分。在春秋战国时期,人们对潮汐运动的认识日趋明确,逐渐理解了潮汐、海洋与航海之间的关系,并形成了"二十八宿体系",对于夜间航行定向作用很大。到秦汉时期,航海技术得到进一步发展,主要表现在以下两个方面:第一,已经初步掌握了利用季风航海的技术,从而使依赖风力驱动的帆船有了更强大的动力;第二,对潮汐的了解更加深入,东汉的王充在《论衡》中提出了相对系统完整的潮汐理论,并提出"涛之起也,随月盛衰"的科学假说,第一次将潮汐形成与月球运动联系起来。这些航海技术和航海知识的积累发展为此后的海上航行做了充分的准备。

随着东西方海上贸易的日益繁荣,唐朝的航海技术获得了进一步发展。季风航海技术已经趋于成熟,将定期而来与航海有关的季风命名为"信风",对当时北起日本海、南至南海的季风规律有了清晰正确的认识,成功应用于航海活动中。出现了一些记载航海指南的史料,并能使用数学工具测量海岸,能利用岛和山峰作为导航目标。另外,还对海洋潮汐有了进一步的认识,窦叔蒙的《海涛志》较全面地分析了潮汐随月球运动的变化规律。宋朝后期将指南针广泛应用于航海,出现了航海罗盘,南宋时期出现的水浮式罗盘——针盘,成为当时主要的导航工具。吴自牧的《梦粱录》记载:"风雨晦冥时,唯凭针盘而行,乃火长掌之,毫厘不敢差误,盖一舟人命所系也。"指南针在航海中的应用,对古代航海业起到巨大的推动作用。随着针盘的广泛应用,元朝掌握了从一地航行到另一地的转向针位点技术,将许多针位点连接起来成为针路,成为当时海上导航的重要依据。

到明朝郑和下西洋时,指南针已发展到指向 48 方向的水罗经,使用专门的航海天文仪器"牵星板"用来观察天文,这些航海技术的进步为郑和船队准确测定方位提供了很大的帮助。郑和船队下西洋时对航行途中与航海有关的信息进行标识和记录,并绘制《郑和航海图》,促进了明初海上贸易的发展。

第四节　东西方文化交流和贸易需求:强大动力

海上丝绸之路是东西方海上经贸文化交流的一条通道,它不仅仅是中国商品、科技和文化的输出通道,也是中国从亚洲其他国家、非洲和欧洲诸国输入香料、药材和宗教等的通道。在海上丝绸之路形成和发展的过程中,无论地处东方的中国人、日本人和印度人,还是地处西方的阿拉伯人和欧洲人都对这条通道的维护和发展做出了自己独特的贡献。东西方文化交流和贸易需求是海上丝绸之路形成和发展的动力,而海上丝绸之路是东西方人共同开拓的结果。

一、东方人的贡献

中国西汉中期,为了进一步扩大汉王朝的政治影响,并获取海外的奇珍异宝,汉武帝派出船队驶往印度洋,携带大批丝绸到海外购买珍珠、宝石及各种奇珍异物,开辟了海上丝绸之路的南海航线。南海航路的通畅,沟通了太平洋和印度洋,中国开始与东南亚、南亚诸国进行经常性海上贸易。三国时期的吴国为了寻求更多的战略资源,与朝鲜和东南亚诸国开展海上贸易,大规模的航海人次达到4万人左右。中国两宋时期由于与北方少数民族经常征战,军费开支非常庞大,为了增长财政收入,政府非常重视海上贸易。这一时期,中国船舶远航到波斯湾和红海沿岸港口。明朝郑和七次率领船队下西洋,深入了解沿途各国的风俗习惯,同时向沿途各国民众介绍中国文化,对中国与亚非诸国的文化交往产生了重要的影响。

唐朝时期的中国经济文化空前繁荣发达,声名远扬,对东亚的日本产生了强大的吸引力。日本通过海路不断派大批遣唐使和留学生、学问僧到中国,大规模地和全面地学习唐朝的物质文明和精神文明,从典章制度、土地制度、官制、学制、思想意识、宗教信仰,乃至建筑、工艺、绘画、文学、书法等方面,无不加以仿学。例如宗教方面,在唐朝,佛教的六个宗派三论宗、法相宗、华严宗、律宗、成实宗和俱舍宗通过朝鲜半岛和中日僧人往来传播到日本,流行于上流社会,形成奈良六宗。日本学问僧荣睿和普照等随遣唐使来唐,为在日本树立正规受戒制度先后邀请道璿和鉴真渡海赴日。遣唐使、留学生和学问僧对促进日本社会进步和中日之间的文化交流起到了非常重要的作用。

从两汉到唐朝初年,印度人都是东西方海上贸易的重要参与者。魏晋南北朝时期,佛教在中国兴起,中印两国僧侣来往频繁。东晋高僧法显前往印度取经,回程取道海路。唐朝中期,由于阿拉伯帝国兴起,加之陆上丝绸之路由于"安史之乱"日趋衰落,东西方海上交通日益繁荣。阿拉伯帝国的波斯湾、红海沿岸港口成为航海活动的中心,由此中心可以直接航行到中国的广州、福州、泉州和扬州,且随着国力的增强阿拉伯人将罗马人、印度人排斥在外,与波斯人共同垄断并控制东西方海上贸易。

二、西方人的探索

在两汉时代,中国精美的丝绸辗转落到罗马人手中,很快富庶的罗马成为丝绸的主要消费国。然而,汉朝与罗马相距甚远,进行贸易需要中转,在陆路的居间者主要是安息(今伊朗),在海路的居间者是阿拉伯人。在1世纪中叶之前,罗马商人沿海岸曲折航行前往印度,在阿拉伯半岛受到阿拉伯商人的阻拦。由于是中转贸易,丝绸到达罗马之后价格非常昂贵。据白里内在《博物志》中记载:罗马每年为购买中国丝绸而流入阿拉伯半岛、印度和中国的金钱不下一亿罗马币。罗马为了减少丝绸中转降低交易成本,试图与中国直接进行贸易,但一直受到阻拦。到了东汉,由于航海技术的进步,罗马与汉朝的贸易有了进一步发展。1世纪中叶,罗马人掌握了利用季风航行的自然规律,从此脱离海岸航行,直接越过阿拉伯海,避过阿拉伯商人的盘剥,可以与中国直接进行贸易。罗马商人频繁往来于扶南(今柬埔寨)、日南(今越南中部)和交趾(今越南北部)等港口,从罗马运来金银、玻璃、葡萄酒制品等及从东南亚和南亚运输香料和宝石等到中国,回程从中国、印度和东南亚运回大量丝绸、香料和宝石等。

由于《马可·波罗游记》对中国和印度富丽堂皇的描述,使欧洲人认为东方遍地都是珠宝和黄金。但长期以来阿拉伯人控制着印度洋到东方的航道,欧洲诸国很难与东方诸国通过海路进行直接贸易,迫使这些国家不断寻求通往东方的新航道。1487—1488年葡萄牙人迪亚士率领船队到达非洲南端的好望角,成为探寻通往东方新航道的一次重要突破,这为达·伽马开辟印欧航线奠定了基础。1497年葡萄牙人达·伽马从里斯本出发,绕过好望角,沿非洲东海岸北上,横渡印度洋,于1498年到达印度西海岸,开辟了绕非洲南端好望角到达印度洋的海上通道,这是欧洲人第一次成功从非洲绕行到印度。1519年葡萄牙人麦哲伦率领探险队从巴罗斯港(今塞维利亚)出发,横渡大西洋,1521

年探险队到达菲律宾群岛,后继续航行到达香料群岛(今马鲁古群岛),经小巽他群岛穿过印度洋,绕过好望角返回西班牙,完成了人类历史上第一次环球航行。新航路的开辟打破了长期以来阿拉伯人对东西方航道的垄断,打破了各国相对隔绝的状况,客观地促进了东西方经贸文化交流,为世界市场的形成创造了条件。

从上可以看出,海上丝绸之路的形成过程中,东西方文化交流和贸易需求起到了强大的推动作用,这条通道的形成凝聚着各国人民的共同努力。

第五节　开放的政策:制度保障

从海上丝绸之路的形成和发展历程来看,国家的对外政策起到了非常重要的作用。开放的对外政策将对海上丝绸之路的形成和发展起到助推作用,而封闭的国家政策将对丝绸之路的形成和发展起到限制作用。在中国漫长的封建时代,对外政策是开放还是封闭,对于东南沿海港口的发展以及海上丝绸之路的形成和发展是至关重要的。

在汉代之前,由于生产力低下,航海造船技术也很落后,虽然已经开展海上活动,海外贸易也有发生,限于科技经济状况,此时的海上贸易还是零星的、偶然的,对国家和社会经济影响不大,国家既没有制定针对海外贸易的相关政策,也没有设立管理海外贸易的相关机构。在西汉时,汉武帝极为重视海上航行,曾多次出海巡游,并在其统治期间打通了海上丝绸之路的南海航线。据《汉书》记载:汉武帝曾派使臣、贸易官员和商人水手,从广东出发,到达都元国(现苏门答腊岛)、邑卢没国(今缅甸勃固附近)、黄支国(今印度马德拉斯附近)、已程不国(今斯里兰卡)等国家和地区进行海外贸易,从这里可以看出汉代已经初步具备远洋航海的能力,并且政府非常重视海外贸易。在魏晋南北朝时期,世家大族占据统治地位,政治上凭借门第享受高官厚禄,经济上肆意圈占土地,生活上奢侈无度,对海外的奇珍异宝竞相追逐,多次派遣大规模船队出海开展海外贸易,对来自海外的商人热情接待并使用武力扫清海上贸易的障碍。这一时期,海上丝绸之路由于统治者实行比较开放的对外政策得到发展。

唐朝政府推行开放的对外政策，积极招徕海外诸国来唐，主要体现在以下几个方面：对进行官方贸易的外国来使热情接待，礼遇周到；在交易过程中，政府高价收购海外商人货物；政府不时发布禁止对海外商人滥征各种杂税的规定；对海外商人遗产进行保护；奖惩馆员以招徕海外商人；设置市舶使管理海外贸易。这些开放性对外政策的实施给唐朝的海外贸易带来了巨大的活力，有力地促进了海上丝绸之路的发展。到了两宋时期，政府实行比唐朝更加开放的对外政策，体现在：增加设立市舶结构的港口，重视对市舶官吏的选拔，根据海外贸易的贡献对市舶官吏进行奖惩；采取各种积极措施招徕海外商人前来进行贸易，对海外商人给予保护和照顾，并聘用善于经营的海外人员任市舶官员；采取措施扶植港口的正常运转。可以看到，两宋对海外贸易非常重视并采取了有力的对外政策，海上丝绸之路更加蓬勃发展。元朝统治者十分重视海外贸易，采取比宋朝更加开放的对外政策，投入巨大的人力、物力和财力以国家力量组织海外贸易，甚至对拒绝前来贸易的国家进行军事讨伐，这些措施都非常有力地促进了海外贸易，海上丝绸之路达到鼎盛。

明清两朝大部分时间都采取海禁政策，对外开放的仅仅只有几个沿海港口，甚至清朝中期之后只开放了广州一个港口，极大地限制了海外贸易。整个明清两朝，除了明成祖时期的郑和七次下西洋带来的朝贡贸易虚假繁荣之外，其他时期的海外贸易不复宋元时的繁荣，海上丝绸之路日趋衰落。鸦片战争之后，中国被迫开放通商口岸，在一定程度上促进了海外贸易的发展。

中华人民共和国成立之后，由于政治经济原因，在相当长的一段时间内实行封闭的对外政策，海外贸易曲折发展。自改革开放以来，中国实施对外开放的国策，在东南沿海地区先后设立经济特区、沿海开放城市、经济技术开发区、出口加工区、物流园区、保税区和自由贸易区等，在发展对外贸易的同时积极吸引外商直接投资，近年来重点实施"走出去"和"一带一路"倡议。开放政策的实施对沿海地区经济的发展有巨大的推动作用，使沿海地区成为中国经济最为活跃的地方，从而促使海上丝绸之路得以复兴。

国家的政策也对港口的形成和发展非常重要。这里以宁波为例来说明。唐朝实行比较开放的贸易政策，宁波港由于江南地区的经济发展和造船航海技术的进步一跃成为全国性的大港。两宋时代由于实行更加开放的对外贸易政策,加之陆上丝绸之路受到阻塞,宁波港的对外贸易从依附于政治、外交、文化交流的地位演变为追求经济利益为主导的地位,港口地位得到大幅提升。元朝实行比两宋更为开放的对外贸易政策,宁波港继续保持为国内三大港口之一。而到了明清两代多次实施海禁政策,这种对港口"通"和"禁"的政策反复变化,导致宁波港对外贸易呈现萎缩状态。中华人民共和国成立以后至改革开放这一段时间,由于实行自力更生的政策,加之外国的经济封锁,宁波港不属于五大对外通商港口,其港口和城市发展比较曲折。改革开放以后,国家在宁波先后设立经济技术开发区、保税区和出口加工区,优化宁波的经营环境。这一系列开放政策的实施加快了宁波经济的发展,给宁波港的发展带来了莫大的机遇。2017年,宁波—舟山港完成货物吞吐量10.1亿吨,同比增长9.5%,成为全球首个货物吞吐量超10亿吨的大港,连续9年位居世界第一;完成集装箱吞吐量2460.7万标准箱,同比增长14.1%,稳居全球第四,全球前20名的集装箱班轮公司均已登陆宁波,宁波—舟山港已是名副其实的世界级大港。

综上所述,国家的政策对港口的形成和发展产生重要影响,从而对海上丝绸之路的形成和发展至关重要。开放的对外政策为海上丝绸之路提供了强大的活力,是海上丝绸之路形成和发展的制度保障。

第六节　陆上丝绸之路的阻断:促进因素

陆上丝绸之路形成于中国历史上的秦汉时期,是一条古代和中世纪从黄河流域和长江流域出发,经印度、中亚、西亚连接北非和欧洲,以丝绸贸易为主要媒介的经贸文化交流之路。公元前138年和公元前119年,汉武帝两次派张骞出使西域,打通了长安(今西安)经河西走廊到西域的通道,这条通道就是陆上丝绸之路。在相当长的一段时间内对沟通东西方经贸文化交流都起到非常重要的作用。陆上丝绸之路所经过的欧亚大陆,主要是中国和欧洲之间的内陆地区。这一地区的地理特点是气候异常干燥,降水量极其稀少。在丝绸之路的中部地带,山脉绵延起伏,戈壁沙漠遍布,道路异常,难以行走,通过陆路进行对外贸易,所花费的时间非常长。另外,陆上丝绸之路从中国长安(今西安)出发,沿途经过丝路的很多国家,经常会由于国家之间以及国家内部的战争导致道路不通,陆上丝绸之路在历史上多次中断。这就刺激人类不断寻求能够取代陆上丝绸之路的通道,海上丝绸之路就逐步形成并发展起来。

西汉末年,王莽时期对西域采取不当的政策,一改西汉对匈奴及西域诸国的优惠政策。废除汉宣帝和匈奴之间的"自长城以南天子有之,长城以北单于有之,有犯塞,辄以状闻;有降者,不得受"①的约定,规定汉人、乌孙、乌桓人及西域诸国配汉印绶降匈奴者,匈奴一律不得收留。对西域诸国采取"贬易侯王"的政策,把西汉封西域诸国的"王"改为"侯",以此贬低西域诸国的地位。王莽新朝对西域的错误政策,导致"西域怨叛,与中国遂绝,并复役属匈奴"②,匈奴乘虚而入,河西走廊被匈奴控制,西域诸国在匈奴的操纵下不时相互攻伐,河西走廊和陇右一带羌族经常阻断西域与中原的联系,陆上丝绸之路中断。到东汉初年,汉明帝派兵击败匈奴。为巩固汉军在西域取得的胜利,东汉政府在伊吾卢(今新疆哈密市)设置宜禾都尉,进行屯田戍守。为进一步加强东汉与西域的政治联系,东汉政府派班超等出使西域。经班超等艰苦卓绝的斗争,大大削弱了匈奴对西域的控制。东汉政府设立西域都护府,再次打通了陆上丝绸之路。隋末唐初,中国西北的西突厥势力日益强盛,自玉门关以西丝绸之路的所有道路均已被其控制,所有的绿洲城邦国家都是其属国。作为游牧民族的西突厥既不是丝绸之路贸易的商品生产国,也不是贸易的集散地,仅仅是东西方贸易的中转地,依靠榨取绿洲诸国和贸易商队的财富来养活自己,非常不利于陆上丝绸之路的贸易文化交流。西突厥不仅阻断了中西商路,而且与吐蕃勾结,屡次攻掠安西四镇,成为唐朝经略丝绸之路的心腹大患。至7世纪中期,唐朝在伊丽河(今伊犁河)、碎叶水(今中亚细亚楚河)间彻底击败西突厥,将其本部划为昆陵、濛池两个都护府,下设八个都督府。至此,陆上丝绸之路再度兴盛。到了唐朝中后期,由于内乱,唐朝国力下降失去对西域的控制,陆上丝绸之路再次中断。到了两宋时期,北方先后被辽、西夏和金所占据,陆上丝绸之路一直受阻。元朝通过强大的军事实力扫除了东西方贸易通道上

---

① 《汉书·匈奴传》。
② 《后汉书·西域传》。

的障碍,陆上丝绸之路又恢复盛唐时的繁荣。

从历史上来看,每次陆上丝绸之路的中断受阻都会促进海上丝绸之路的加速发展。在唐朝之前,虽然海上丝绸之路已经形成,但只是陆上丝绸之路的一个补充。唐朝中后期由于战乱加之中国经济中心从北方转移至南方,海上丝绸之路逐渐取代陆上丝绸之路成为东西方经贸文化交流的主要通道。在宋元时期,海上丝绸之路达到鼎盛。

第三章　宁波在海上丝绸之路的
历史地位和特点

第一节　宁波在"海上丝绸之路"的历史地位

宁波位于中国大陆海岸线的中段,兼得江河湖海之利。"南则闽广,东则倭人,北则高句丽,商舶往来,物货丰衍",向北、向东可到朝鲜半岛、日本列岛,向南经闽广沿海可远航到南洋、西洋等地区。独特的自然地理条件,使宁波成为中国古代通过海上对外交往的主要港口,而宁波也伴随着海上丝绸之路的发展逐步走向辉煌。宁波是人类从事浅海活动的最早地区之一。河姆渡原始寄泊点出土的独木舟、木桨和陶船模型说明:宁波先民早在7000年前,就来往于江河湖海之上,从事水上生产活动。春秋时期,越王勾践建设句章港,制造战船,兴办水师,同时吸引前来贸易的"海人",宁波那时已经成为具有军事和商贸双重功能的重要港口。

河姆渡文化是宁波海上丝绸之路的源头,句章港是其发展的历史基础,汉代遗址出土的为数甚多的舶来品,上林湖古窑址生产的大量外销陶瓷,则树起了一座新的里程碑,这标志着宁波的海洋文化已经进入一个以东西文明对话为核心的时代。三江区域经济经过自秦至晋六个多世纪的开发建设,贸易渐盛,文化交流向海内外拓展。成熟青瓷的创烧与制品的外输成为区域经济的一大产业;吴地铸镜工匠通过句章港东渡日本,同时也带去了高超的制镜技术;印度高僧那罗延通过水道到当时称为句章五磊山"结庐静修";在对外输出的同时,许多海外的舶来品也通过宁波输入中国;三江口成为早期海外商品贸易集散地和文化传播地。

唐开元二十六年(738)明州设州,并于唐长庆元年(821)迁治三江口。明州也依托港口优势,扩建州城,兴建港口,设置官办船场,拓展腹地,并逐渐成为我国港口和造船业最发达的地区之一。明州商帮(团)将唐代宗教用品、香料、药品、丝绸、陶瓷、书籍等大量运销日本、新罗及东南亚等地。鉴真大师等经明州东渡日本传教,日本僧最澄等随遣唐使入明州等地求法回国弘布。而本地区最为主要的贸易品越窑青瓷更是大量远销亚洲各国。

宋元时期,宁波海上丝绸之路在唐代长足发展的基础上达到鼎盛。宋淳化三年(992)在明州设市舶司,管理海外贸易事务,成为"三司"之一。在与日本的交往方面,明州是中日贸易的枢纽港,两国商人往来频繁,明州向日本输出的商品主要有钱币、瓷器、香药、书籍、字画、丝织品等,日本运来的货物主要有黄金、木材和硫黄等。在与朝鲜半岛的交往上,明州则是宋元时期中国与高丽贸易的重要港口,仅北宋中后期,明州商人航行到高丽经商的就有120次,运往高丽的货物有茶叶、瓷器、丝织品等,进口的商品有人参、麝香、红花等,宋熙宁七年(1074),明州正式取代登州,成为北宋指定通往高丽的主要出入口岸,宋政和七年(1117),朝廷在明州专门兴建高丽使馆(高丽行使馆),以接待往来明州的高丽使者、商贾。在与东南亚、西亚的交往方面,北宋神宗时朝廷增加了明州可通航东南亚诸国的签证权,明州与东南亚、南亚、西亚诸国贸易日益频繁,明州建有专门接待阿拉伯商人的波斯馆,阿拉伯人在明州还建造了清真寺。

通过海上丝绸之路,明州积极承担着文化、技术交流的重要职能。10世纪的前半叶,越窑的制瓷技术被传授到朝鲜半岛,朝鲜半岛因此烧制出了"制作工巧、色泽尤佳"的"翡色"瓷器,并且迅速发展成为青瓷的输出国。日本僧人千光荣西、永平道元,高丽僧人义通、高丽王朝文宗第四子义天,都曾在明州学习佛法,回国后成为当地佛教高僧。而兰溪道隆、无学祖元等高僧则东渡日本传播佛法,极大地促进了日本佛教的发展。南宋时期,浙东佛教建筑被直接移植到日本,成为镰仓时代建筑风格"天竺样式"(或称"大佛样式");南宋时期的伊行末等明州工匠东渡日本时,将中国的木雕、石刻艺术直接传播到日本,促进了日本镰仓时代雕刻艺术、石结构建筑与石刻艺术的发展;宋元明州(庆元)车轿街、石板巷一带,画坊林立,职业画家陆信忠、金大受、陆仲渊等佛画作品,被日本舶商和僧侣争相购买携往日本,成为日本寺院的收藏品和临摹的范本。

明清时期海禁成为历史的主基调,这直接导致了盛极一时的海上丝绸之路的衰落。"在寸板不许下海"的严厉海禁下,宁波依然承担着重要的作用。勘合贸易制度的确立与实施,宁波成为朝廷接待日本"贡船"的唯一口岸,并设置"四明驿"以安置和启送日本赴京人员,设立"宁波市舶提举司"限定宁波港只准接纳日本勘合贸易的"贡船"。宁波在明朝与日本的邦交中发挥过独特的作用。勘合贸易"夹带"的中日之间文化交流,使宁波承唐宋之风成为日本僧侣文化人向往之地。日本画圣雪舟等杨、日僧策彦周良、宁波大儒朱之瑜等成为当时中日文化交往的代表人物。

中国古代海上丝绸之路随着郑和下西洋这一最后的辉煌最终衰落,而鸦片战争则开启了中国近现代历史的进程。孕育了中国海洋文明的宁波伴随着历史的车轮实现着现代化转型。如今,宁波海洋经济的发展、宁波港口的腾飞,既得益于以宁波为始发港之一的中国古代海上丝绸之路长久以来不断沉淀的海洋文化,也得益于几千年来形成并不断发展的海洋意识和海洋精神。这些宝贵的海洋文化、海洋意识、海洋精神也将成为宁波这艘"东方神舟"永久的动力,引领宁波书写 21 世纪海上丝绸之路新的历史。

一、海上丝绸之路萌芽时期宁波的地位

在我国海洋文化中,传播范围最广、影响最大的有两大文化系统:一是北方滨海地区的龙山文化,二是南方滨海地区的百越文化。龙山文化以古登州为主要起点,跨越渤海,传播至辽东半岛、朝鲜半岛和日本列岛。百越文化以河姆渡文化为母系,形成了覆盖现浙江、福建、广东等地的百越文化,并跨越广袤的太平洋影响着菲律宾乃至太平洋众多岛屿的文明进程,它不仅代表了长江流域的文化起源,也展现了华夏大地海洋活动的曙光。可以说,河姆渡文化是海上丝绸之路的萌芽。

据史料记载,百越先民"以船为车,以楫为马,往若飘风,去则难从"。7000年前,地处沿海的河姆渡先民已经开始走向海洋,开始了对海洋的探索。

在河姆渡遗址出土了完整的陶舟和六支木桨,以及一只独木舟残骸。出土的"夹炭黑陶舟"形状为半月形,两头尖,呈现梭状,可以说基本上保持了后世出土的独木舟的形状,应该是当时现实生活中所造独木舟的写照。而出土的独木舟残骸中间挖空,横断面呈弧形,一端为收敛的尖圆形。与独木舟相对应的则是有段石锛。有段石锛是新石器时期"刳木为舟"、专用于独木舟制造的先进生产工具,是河姆渡文化的典型器物。有段石锛的出土表明了河姆渡先民开始用这一工具制作海上活动的工具,出土的独木舟就是河姆渡人利用有段石锛制作的产物。更为重要的是,以河姆渡为源头的有段石锛还进一步向外传播,并逐步传播到浙江沿海、舟山群岛、台湾地区、日本群岛乃至遥远的太平洋岛屿。

有了有段石锛及其产物独木舟的支持,河姆渡人初步掌握了驾驭水的能力,并勇敢地借助舟楫涉足海上,向海洋索取生活资料,在遗址中就曾发现大量来自海洋的鲸鱼、鲨鱼等大型鱼类的鱼骨。既而,在冒险开拓的海洋精神激励下,河姆渡人的稻作文化、制陶文化、建筑文化等诸多首创也借助海洋实现了对外的传播。我国著名考古学家安志敏先生指出:"以河姆渡及后续者为代表的长江中下游新石器文化的若干因素,影响到史前日本。如绳文时代玉玦、漆器以及稻作的萌芽,弥生时代及其以后的干栏式建筑,都可从长江下游找到渊源关系。河姆渡遗址发现的木桨和陶船模型,同时沿海的舟山群岛也有同类遗址的分布,至少证实当时具有一定的航海能力。特别是结合绳文时代的玉玦、漆器和稻作萌芽,似乎已与长江下游的新时期文化有所联系。"周南泉先生则依据中日两国发现的玉玦对比研究,认为河姆渡至良渚文化之间,有一支"江南人"曾从海路迁移到了日本。游修龄先生认为,日本的水稻品种可能是由中国的长江口传到日本。而王心喜先生更是进一步断言:"水稻只能从江南地区由海路输入日本,除此别无他路。"此外,更有日本学者指出,日本民族由铁制、骑马和稻作三大集团构成,其中稻作集团就是来自中国浙东。河姆渡稻作文化往北越海传到了朝鲜半岛与日本,往南传到东南亚的泰国、越南、缅甸等地。同时据专家考证,作为人类建筑史上的破天荒创举,河姆渡干栏式建筑往后曾影响到东南亚、日本乃至南太平洋、澳洲等地。

就河姆渡文化而言,遗址中发现的独木舟、有段石锛、稻谷等诸多文物已经充分反映了当时的海上活动,这些海上活动虽然不是完全意义上的以海上贸易和海上人员往来为目的的海上丝绸之路,甚至在很多情况下是下意识乃至被迫的海上活动,但其中却蕴含了创新、开拓、团结等诸多内在的"海上丝绸之路精神"。这一"海丝精神"也如同生活在地中海沿岸的人群一样创造出了海洋文明,而这又与原生于中原地区的陆地文明相互影响,相互融合,从而产生了具有华夏印记的、独特的华夏蓝色海洋文明。在"海丝精神"的激励下,在华夏海洋文化的孕育下,宁波产生了王阳明、黄宗羲这样的思想巨匠以及以他们为代表的浙东文化,也产生了至今依然影响着世界的宁波帮以及宁波商帮文化。

二、海上丝绸之路初步形成时期宁波的地位

进入春秋战国时期,中国由奴隶制社会向封建社会转化,这意味着新石器时代远古航海活动的终结和中国古代航海事业新的发展阶段的开端,主要体现在以下几个方面:

第一,生产力的发展为航运事业的初创提供了经济基础。春秋时期,生产力得到了进一步发展和提升,生产关系实现了大的变革,生产技术也得到了更快发展。生活在当地的吴越民族开始有意识地走向海洋,利用海洋进行运输、贸易和对外交往,促使了宁波海上丝绸之路的逐步形成。

越王勾践修建了第一座真正意义上的港口城市句章。根据《嘉靖宁波府志》记载:"句章城在今慈溪(现慈城)城山渡之东,春秋时越王勾践所筑,其曰城山,以句章之城在此山也。"而编修于宋代《宝庆四明志》也记载,"在今县南十五里面江为邑,城基尚存",这说明到了南宋句章的遗址尚且存在。当然,当时的句章港主要还是作为军港而存在的。清代胡亦堂有《城山渡怀古诗》:"闻昔句章县,江城面水限,如何鸡犬地,一望尽蒿莱,潮汐无时歇,风帆此道开,当年戍守者,凭吊有余哀。"但也正是从句章港开始,有了大规模、远距离的航海活动,它为以后明州港的建立和发展创造了条件。

1976年,鄞县云龙镇甲村石秃山出土了一件战国时期的铜钺,金黄色,高9.8厘米,刃宽12.1厘米,锋利如新。器身一面素面而无纹,另一面铸有一边框,框内上方为龙纹,双龙昂首相向,前肢弯曲,尾向内卷。下部以弧形边框线为舟,上坐四人成一排,四人皆头戴羽毛冠,双手持桨,奋力划船。

此件铜钺最后被命名为"羽人竞渡",其所展现的宁波战国时期水上活动

以及所蕴含的拼搏、开拓的精神内涵使这一件"羽人竞渡"铜钺成为宁波海洋文化和海上丝绸之路的标志。

第二，诸侯国争霸为航海事业的初创提供了政治基础。春秋战国时期，诸侯国争霸加剧，各大国，特别是濒江的国家，为发展经济、增强实力、巩固统治、扩展版图、争夺霸权，对航海（包括水上航行）活动的需要急剧增加。他们为了加强军事优势、攻占敌国或保护本国，必须建立起强大的海军，进行水上作战；为了运输大宗货物，集结众多兵力，必须发展水上航运业，建立相应的航运管理制度；为了扩大自己的势力与影响，满足上层统治者骄淫奢侈的物质与精神生活，必须进行较长距离的外交、贸易航线，并开展远洋探险活动。所有这一切，都对中国古代航海事业的形成，提供了强大的时代动力，从而使航海业成为当时整个社会进行政治、经济、军事、外交活动所不可缺少的重要行业。

第三，造船水平的提高及航海知识的积累为航海事业初创提供了技术基础。在社会生产力大发展的背景下，春秋战国时期的造船水平有了大幅度的提高，主要表现为：造船数量增多、规模增大，吴越等国还出现专门的造船工场和专事管理造船的船官；木板船结构逐渐趋向复杂，船体更为坚固；船舶吨位日益加重，趋向于重甲板、大型化；船舶种类趋于多样化，战船与商船分道扬镳。

此外，这一时期，远古时代的航海技术经过长期的实践与积累，已在天文定向、地文定位、海洋气象、海上导航等方面初具雏形。

第四，广泛的民间人文交流为宁波海上丝绸之路的开辟提供了社会基础。汉代遗址出土的为数甚多的舶来品，上林湖古窑址生产的大量外销陶瓷，东汉三国时期佛教的传人等，这些都标志着宁波的海洋文化已经进入以东西文明对话为核心的时代。

东汉时期，成熟青瓷的创烧与制品的外输成为区域经济的一大产业，而日本列岛、朝鲜半岛以及东南亚地区墓葬和出土的早期越窑青瓷表明，早期越窑青瓷，最迟在东晋时已通过海上丝绸之路输往日本列岛、朝鲜半岛及东南亚国家，成为当时从宁波出发远航海船上的主要贸易品之一。

三国东吴时期，吴地铸镜工匠通过句章港东渡日本，同时也带去了高超的制镜技术，铸造出具有吴地特色的日本三角缘神兽镜。

在输出的同时也不乏输入。东汉三国时期，随着南方交州、广州地区"海上丝绸之路"的兴盛，许多胡人番商也不断北上，或陆路或海行来到宁波地区，随之而来的是舶来品的输入和佛教在宁波地区的传播。玻璃珠、琉璃填等来自南方的诸多舶来品已经在东汉的宁波地区陆续出现，而三国东吴时期的堆塑罐上出现了胡人的形象，这无疑反映了当时宁波地区对外商品贸易、人员往来和文化交流的盛况。而在佛教方面，东吴太子太傅、都乡侯阚泽在句章的书堂(现在江北慈城)后来成为普济寺；相传印度僧人那罗延则在五磊山结庐静修，此为五磊寺的前生；西晋武帝太康三年(282)慧达求得舍利宝塔，遂于其地结庐守护，此为阿育王寺之创始；西晋永康元年(300)，僧义兴结茅庵于太白山麓东谷，称"太白精舍"，这是天童寺的创始。

从春秋时期到魏晋南北朝，从句章故港、羽人竞渡到佛教的滥觞，宁波的海上丝绸之路和对外交流虽然不像广州那样被载入官方的史书，但也在逐步发展、逐步酝酿，羽人竞渡的拼搏、海洋意识的开拓和创新一直是这一地区永恒的精神内核，并激励着宁波人不断走向海洋。而这也为宁波在唐代建州、宋元及其以后成为海上丝绸之路主要始发港和登陆港提供了厚重的历史传承，奠定了浓厚的文化积淀。

专栏3.1　大运河南端出海口

浙东运河最早可上溯至春秋晚期越国开凿的"山阴古水"。根据《越绝书》记载："山阴故水道，出东郭，从郡阳春亭，去县五十里。"西晋惠帝时期，会稽内史贺循主持修建了从钱塘江东岸的西兴至会稽城的西兴运河，并与上虞以东运河以及姚江、甬江的自然水道一起形成了浙东运河，从而沟通了姚江和萧绍平原河道的联系，以渠化天然河道为主的运河体系初步形成。隋炀帝在开凿京杭大运河时，也对浙东运河做了整治，使它与京杭运河的沟通更加畅通。唐代中叶，随着江南运河(京杭大运河南段)沿线航运的日益繁忙，浙东地方官员多次主持对浙东运河进行疏通、深挖和修筑，并对两岸平原沟渠进行整治。北宋时期，自萧山至宁波的连续水道全线贯通，并被正式称为"浙东运河"，浙东运河成为北宋王朝交通海外国家的重要通道。南宋局限于东南一隅，失去了长江以北大片疆土，也使得京杭大运河北部与江左联系中断,从而使得以临安为连接点的浙东运河和浙西运河成为南宋运输的主要水系。同时,南宋江海外贸易作为其财政的重要来源之一,而庆元港又是浙东运河的出海口,因此南宋重视并多次对浙东运河进行整治。而在整个南宋时期,浙东运河经过近一个世纪的大规模疏浚和整治,航运条件大为改善。元明时期,官方对浙东运河的修缮和维护仍然在进行,使得浙东运河的航运一直不废,但已不如南宋时的繁华。清康熙年间,在浙东运河上大规模修筑了运道和河堤,方便了运河沿线的水陆交通。清末至民国时期浙东运河作为宁波港的重要内河航道,仍然发挥着沟通江南经济腹地的重要作用。

作为海上丝绸之路始发港的宁波,凭借着浙东运河,成为中国大运河的出海口,始发港和出海口在此合二为一。由于杭州湾和长江口的浅滩和潮汐影响,来自中国海外的远洋大帆船大多在宁波卸货,转驳给能通航运河及其他内陆航道的小轮船或小帆船,这些小船沿着浙东运河北上,最终进入中国内陆水运网络。同时,中国内陆的货物也通过各自的水系最终通过浙东运河汇集到宁波港,再转运到海船销往海外。宁波港和浙东运河,实际上为中国大运河提供了河海联运、接轨内外贸易的优良水道与港埠,而浙东运河更是为宁波港提供了广阔的内陆腹地。这些都在位于宁波三江口附近的永丰库遗址中得到了充分的体现。

永丰库是一个元代大型仓库。元代宁波地方志《至正四明续志》记载:"永丰库,在西北隅,明远楼(即原奉国门)里东首,原系宋常平仓基,至元十三年(1276)盖库,差设官攒,收纳各名项断没脏罚钞及诸色课程每季解省。"自1997年起,宁波陆续对永丰库进行了多次考古发掘,出土了历代各类完整或可复原文物800余件,其中出土的瓷器涵盖了越窑、龙泉窑的青瓷,景德镇窑系的影青瓷、仿定器、枢府瓷,福建产的影青瓷、白瓷、德化窑白瓷,定窑的白瓷、紫定,建窑的黑釉盏、兔毫盏,以及磁州窑、仿钧窑、磁灶窑和吉州窑等江南和中原地区宋元时期著名窑系的产品。另外还发现了珍贵的唐代波斯釉陶片,这是继福州、扬州发现波斯孔雀蓝釉陶器后又一次重大发现。以上这些瓷器的出土表明,宋元时期全国各大窑口的瓷器正是通过连接国内航运水系的浙东运河源源不断地汇集到宁波,并从宁波装船销往海外,展现了宁波"海上丝绸之路"河海联运的独特优势。

专栏 3.2　沟通日韩、东南亚、南亚、阿拉伯各国商贸与文化的交通要道

宁波与韩国、日本隔海相望,海上交往的历史可以上溯到遥远的史前时代。8世纪,出现了从宁波出发,直接横渡东海到达日本列岛南部的新航线。唐代,一些日本遣唐使及僧人到过宁波。宋代,宁波是中国与韩国、日本交往的主要港口。韩国沿海发现的元代新安沉船,就是从宁波出发的。宁波城里发现的元代高丽青瓷,则是宁波与朝鲜半岛海上交往的明证。明朝政府更是把宁波指定为对日本进入交往的唯一港口。在清代前往日本的商船中,多数来自宁波。虽然古代宁波海外交往的对象主要是韩国和日本,但与东南亚及更远的地区也有一定的往来。宁波一带生产的越窑青瓷,一直远销到东南亚、印度洋地区及非洲。宁波城中就出土过波斯所产的绿釉陶器残片,时代为唐朝晚期。现在天一广场一带的"波斯巷",宋代曾是阿拉伯人的聚居区。

宁波通过海上丝绸之路与世界上许多地区建立了联系,并且以博大的胸怀吸收了众多的外来文化。3世纪,发源于印度的佛教传入宁波地区。宋朝,阿拉伯商人把伊斯兰教引入宁波,并且建立起他们的礼拜堂,俗称"回回堂"。波斯人摩尼(约216—277)创立的摩尼教,在宋代的宁波也曾兴盛过。明朝末年,天主教开始传入宁波。现在宁波天一广场的天主教堂,最早是在康熙年间创建的。鸦片战争后,基督新教(耶稣教)又大规模地在宁波地区传播。绚丽多姿的外来文化,使宁波更具活力、更加精彩。

(资料来源:宁波文化遗产保护网)

三、海上丝绸之路繁荣时期宁波的地位

(一)唐代

6世纪,隋朝统一了全国,隋炀帝继位之后,发展了海外贸易,并与途经国

家和地区友好往来,但朝代历时较短,没有更加深入的发展。

唐朝延续了隋朝前期发展的兴旺之势,国势昌盛,生产发展、海外贸易空前发达。朝廷特别设置了"市舶司"专门负责管理海外贸易的相关事宜,如征收航海相关的税款,设立仓库,保护外商的正当权益,制裁违法官员,等等。在这种政府保护的刺激之下,南海和印度洋上,商船来往,络绎不绝,广州、泉州、宁波、扬州更成为当时的国际四大贸易港。相比之前中原王朝"海上丝绸之路"航线的规模,唐代的"海上丝绸之路"航线更加繁盛兴旺,在当时被称为"广州通海夷道",亦足见当时海上贸易的繁荣。贾耽(730—805)在《皇华四达记》中对唐代这条海上丝绸之路亦有所记载,将从我国广州至大食国的巴士拉港称为"海上丝绸之路"的东航路,航路经过的国家为今天的越南、马来西亚、印度尼西亚、斯里兰卡、印度、巴基斯坦、伊拉克等;将我国广州至阿拉伯半岛及亚丁湾、东非、红海的航道称为"海上丝绸之路"的西航路,乌剌(奥波拉)是东、西两条航路的交会点。贾耽详细地记录了这两条航线的途次、航期等,这条"广州通海夷道"成为当时世界上最长的远洋航线。

随着海上交通的不断发展以及海外贸易的扩展,广州商舶逐渐增多,我国出口的丝绸、陶瓷、漆器等商品和进口的海外奇珍异宝及香料都会在广州进行集散。而宁波"海上丝绸之路"也得到了长足发展。浙东郎县(港),由县级建置提升为州级行政机构,从越州划出,建立明州府,经过 80 多年的建设,到唐长庆元年(821),正式建成了港口城市明州城,迅速发展后与交州(现越南地)、广州、扬州一起成为唐代的四大名港。该时期的主要特点是:

第一,明州港是一个不淤的深水良港,由于港口地理位置优越,有海流和季风的配合,形成了一条从朝鲜半岛南端至明州港(包括舟山),或经日本列岛到明州的自然航线,即"南路航线"。自京杭大运河与浙东运河连通后,明州港的腹地延伸到了京杭大运河的两岸,"三江口"成为大唐东南沿海的一个主要物资集散地和外国船舶出入口岸。由于沿岸的绍兴、杭州、南京和扬州等城市都是贸易活跃的城市,所以各国使节、商旅都从明州入口岸,通过明州官府呈报朝廷,待批准后,人和物可通过大运河直达京都。浙江省内的国清寺、天童禅寺、阿育王寺等也成了学问僧留学的重点寺院。

第二,当"海上丝绸之路"发展到一定阶段,以大唐、新罗、日本三国为主体,在"朝贡"贸易发展到"商团贸易"的过程中逐步形成了东亚贸易圈。唐明州港、朝鲜半岛莞岛港(清海镇)、日本博多港(博多津)是东亚贸易圈中三大贸易港,以新罗张保皋商团和明州李邻德、李延孝、张友(支)信等海运商团为主,沟通三国贸易。在日本的博多港(博多津)与值嘉岛港还保存了张友(支)信驻地的城堡、祭祀堂、水井、码头等遗址、遗迹。在博多鸿胪馆遗址有遣唐使船舶的舶寄地碑刻、古航塔,以及遣唐使、商旅使用的井和张友(支)信商团打造的大型海船、经营海运活动的遗迹等,在遗址中还出土了大量从明州运去的唐代越窑青瓷和长沙窑彩瓷。

第三,明州港在汉文化圈形成的过程中作用独特,是汉文化输出的主要通道。唐时的明州港经济繁荣,文化发达,已成为浙东政治、经济、军事、文化的中心。仅在老城区就有唐国宁寺等 13 处寺庙,加之市郊天童寺、阿育王寺等全国著名的寺院,都是国内外高僧敬仰的圣地。而入唐八大家之一的日本遣唐使最澄,唐贞元二十年(804)入明州,去天台山留学后,归国时还从明州带去了一批经书文物,在日本比氪山(延历寺)创建天台宗,成为日本天台宗的发源地。

遣唐使停止后,日本官方入唐以头陀亲王入唐为典型。亲王不但要明州著名造船师张友(支)信亲自打造大海船,而且还要这位大唐著名航海家亲自驾航。在"南路航线"中快速、安全地航行到达目的地后,还得到明州官府的热情接待。

在汉文化圈形成的过程中,新罗国商人沿着张保皋所开拓的足迹,通过明州港在浙东留下了新罗礁(航标)、新罗村(象山)、新罗园(国清寺)、新罗山(葬地)等许多文物史迹,这些是两国人民在开拓发展"海上丝绸之路"中的历史见证。

在通商贸易中,典型的越窑青瓷,不但大量销往亚洲各国,而且远达非洲埃及的古都福斯塔特。除陶瓷外,还有典籍、茶叶、丝绸等也通过明州港输出海外。

(二)宋元时期

宁波"海上丝绸之路"在唐代长足发展的基础上,到了两宋和元代臻于繁盛。朝廷实行了全方位的开放,推动了与周边诸国经济、文化的进一步交往,主要表现在设置市舶司以促进通商贸易的繁荣、推行友好的"航海外交"、输出科学技术、传播佛教文化等几个方面。

第一，设置市舶司使市舶商贸活跃。宋元时期，为了增加国家的财政收入，朝廷在明州（庆元）设置了市舶司，对舶商贸易的控制权进一步增强。北宋明州为"三司"（广州、杭州、明州）之一，南宋属户部管理，元代为"三司"（广州、泉州、庆元）之一。市舶的活跃，促进了东亚贸易圈的兴旺发达。

北宋时明州市舶司签发给商舶的"公凭"，不但记录舶商船主从明州港出运的各类货物，还载明必须遵守的法规。宋熙宁九年（1076），神宗令杭州、明州、广州三司共议，并令修改明州和广州市舶条例，这说明了在北宋时"三司"的并列地位。到了1085年，朝廷下令"诸非杭、明、广州而辄发过南海船舶者，以违引论"。元至元三十年（1293），元廷下令"并温州舶司入庆元"，来往于温州港的海商也须赴庆元办理进出关手续，庆元市舶司管理海域扩大。成宗大德三年（1299），元政府"又并橄浦、上海入庆元市舶提举司，直隶中书省"，不但庆元的辖区、权利扩大，而且海外贸易被置于朝廷直接控制下。

至此，全国港口设立市舶司的只剩下庆元、广州、泉州三处，庆元又取得了宋两浙路市舶司的地位。北宋明州孙忠、朱仁聪商团17人，从熙宁五年（1072）到元丰五年（1082）的10年中（5年侨居日本），先后6次来往于明州与日本之间进行海运贸易，明州商人陈亮和台州商人陈维绩商团147人与高丽国进行海运贸易。据统计，到北宋末5年中，明州商团到高丽经商有文献记载的就达120多次，南宋时明州进口货物160余种。明州（庆元）海外贸易之盛居两浙路之首。

迄今为止发现的最大商船是元代从庆元启航的贸易船，该船行驶到高丽西南岸木浦港不幸沉没。

20世纪70年代开始，经过10年水下考古，出土的仅陶瓷器一项就达20661件，包括浙江龙泉窑外销瓷1万多件。其中的"使司帅府公用"铭文碗，是元代"浙东道宣尉使司帅府"治庆元府时官署衙门的公用器物，为龙泉窑定烧之物，"使司帅府公用"是上述官署名的缩写。船上还有"庆元路"铭文的铜权、钱币28吨等。出土器物之多、品种之丰富，是世界考古史上的一大奇迹，不仅反映了庆元港是"海上丝绸之路"的始发港，而且证实了当时庆元港贸易的繁荣盛况。

明州与东南亚交往也相当频繁。在宋代,明州港与南洋阁婆(爪哇)、占城(越南)、暹罗(泰国)、勃泥(加里曼丹)、三佛齐(苏门答腊)以及大食(今中东地区)等都有贸易往来。宋代阿拉伯、波斯商人寓居明州,并驻有"波斯团"。城内从宋代开始至清光绪时,尚存阿拉伯、波斯商人聚居的"波斯巷",并建立起他们信仰的"回回堂"(清真寺)。元代,朝廷派周达观于1295年从庆元出使真腊(今柬埔寨),带去了庆元著名的草席,翌年返回庆元,著有《真腊风土记》。

第二,北宋朝廷为了睦邻友好,积极推行"航海外交",促进海上丝绸之路畅通与发展。如宋与高丽国关系史中,朝廷批准在明州建造高丽使馆,同时朝廷还两次命明州打造万斛神舟出使高丽国。第一次于宋神宗元丰元年(1078)命安熹、陈睦两学士出使高丽国,当时明州造万斛船两只,赐号为"凌虚致远安济神舟"和"灵飞顺济神舟"。第二次在宋徽宗宣和年间,派使者路允迪等出使高丽国,又诏明州打造两只神舟,一为"鼎新利涉怀远康济神舟",另一为"循流安逸通济神舟",巍然如山,浮动海上,锦帆镐首,屈服蛟蜍。

第三,约10世纪中叶,浙东越窑制瓷技术全盘移植到朝鲜半岛,为明州"海上丝绸之路"先进科学技术向外传播的重要标志。建筑(雕刻艺术)传入日本,对促进和推动日本建筑的发展产生了深远的影响。

朝鲜半岛的高丽国,在五代北宋时期直接引进人才,全盘移植浙江越窑制瓷技术。考古学研究表明,韩国康津等地区的窑场,在窑炉结构、装烧工艺、产品造型乃至装饰纹样等都受到以上林湖为代表的越窑的深刻影响。以龙窑为例,底部铺沙,使用匣钵烧制,一直到制品的纹饰中采用的鹦鹉纹、莲瓣纹等均如出一人之手。在国与国之间交往中,科学技术交流,包括引进技术、人才,属于深层次的交往,直接推动生产力的发展。浙东制瓷技术东传就是一例,所以在五代北宋时高丽就能烧成真正的高丽青瓷瓷器,比日本要早几个世纪,高丽从陶瓷的输入国一跃成为陶瓷的输出国。

保国寺大殿为我国江南唯一保存完整的北宋殿宇,比《营造法式》[①]还要早90年,《营造法式》中的做法在保国寺可找到实例。到南宋时,日本的高僧不但

---

① 《营造法式》是中国第一本详细论述建筑工程做法的官方著作,对于古建筑研究,唐宋建筑的发展,考察宋及以后的建筑形制、工程装修做法、当时的施工组织管理,具有无可估量的作用。书中规范了各种建筑做法,详细规定了各种建筑施工设计、用料、结构、比例等方面的要求。

留学学禅,而且专攻建筑,如日本高僧荣西、重源大师,对移植宋式建筑、推动日本建筑的发展做出了贡献。

1167年重源入宋学习"天竺式"建筑,后又两次入宋,助建明州阿育王舍利殿作为实践。回国后,邀请明州著名建筑师陈和卿,在陈的直接指导下,以《营造法式》有关的形制和制作工艺,于1181年担当日本重建东大寺重任。东大寺南大门就是陈和卿主持重建的,南大门木柱为陈与重源大师亲自到山口县德地山中挑选的木材。东大寺大佛殿也是陈和卿参与重建的。陈和卿不但是浙东著名建筑师,而且也是雕刻艺术名家。东大寺南大门石刻狮子,系1196年陈和卿等将明州鄞县梅园石运去后雕刻而成。上述建筑、石刻现均为日本国宝,列入世界文化遗产保护名单。南宋明州与陈和卿一起赴日的伊行末建筑师不但参与东大寺南大门、大佛殿重建工作,定居日本博多津后,从事石作业,般若寺十三重石塔也为其所建。伊派石作集团,成为南宋明州赴日匠师中影响最大的一支队伍。

东大寺大佛俗称奈良大佛,仅次于中国西藏扎什伦布寺"未来佛"的世界第二大佛,系1185年由陈和卿指导铸成。陈和卿由于成功地铸成东大寺大佛而名震亚洲。铜铸阿弥如来坐像,为日本第二大佛,又称"镰仓大佛",系1252年由南宋工匠采用陈和卿的铸造技术铸成。这些建筑、雕刻艺术的直接移植传授,对推动日本建筑、雕刻艺术的发展起了很大的作用。

第四,佛教文化的传播与交融。日本佛教源于中国。12至14世纪日本创建和发展的禅宗诸派,如日本临济宗建仁寺派、临济宗建长寺派、日本曹洞宗、"大觉派"及1282年庆元府(宁波)鄞县人、天童首座高僧无学祖元创立的最有影响的禅派"佛光派"等,都是以明州的天童寺、阿育王寺为东传的中心。

高丽国王派高僧36人受法于天台高僧德韶(891—972),回国后创立法眼宗;高丽高僧义通,留学于天台山,后于968年起在明州城内弘扬天台宗教义20年,由一名外国僧人成为著名的天台宗第十六祖;高丽王文宗第四子义天率弟子寿介入宋,回国时带去教典经书千余卷,并在1096年创立了天台宗。

随着佛教东传,宋元明州(庆元)车桥街、石板巷一带职业画师陆信忠、金大受、陆仲渊等创作绘制的佛画作品,通过僧侣与商人大量携入日本。这些画如《十王图》《十六罗汉像》《释迦三尊像》《骑狮文殊图》等一部分传入寺院,一部分成为当时日本佛画作品的样本。目前,不但原作成为日本国宝,而且后人以那些佛画为蓝本创作的作品也都被作为国宝收藏。

(三)明朝(郑和下西洋达到顶峰)

在我国历史上,明朝曾多次由政府组织庞大船队往返于海上丝绸之路,对海上丝绸之路沿线的国家和地区进行友好访问与通商贸易活动。明朝的造船业与前代相比发达很多,在各地出现了很多著名的造船厂,例如当时极负盛名的"宝船厂"。

明成祖永乐三年(1405)到宣宗宣德八年(1433),是明王朝庞大的船队在海上丝绸之路上最为活跃的时期。郑和先后七次率领庞大船队(船只五六十艘,各种专业人员和官校、士卒等 2 万多人)装载着馈赠礼物和商品,巡航、访问海上丝绸之路沿线 37 个以上的国家和地区。郑和船队中的船只被称为"宝船",每船可载五六百人,最大的"宝船"9 桅、12 帆。"修四十丈、一十八丈者六十二。"(《明史·郑和传》)据考证,船长 40 丈合公制近 60 米,宽 18 丈合公制27 米,排水量 1200 吨左右。

当时郑和船队以海上为贸易基地,派出船队分赴各地进行贸易。《明史·外国传》记载:阿拉伯半岛东南沿海的商港祖法儿(今佐法尔),郑和在"七下西洋"中,曾于永乐十九年(1421)及宣德五年(1430),先后两至其地。"其王偏谕国人,尽出乳香、血竭、芦荟、没药、苏合油、安息香诸物,与华人交易。"由华人方面换回的是"中国瓷器、拧丝"(《皇明世法录》,卷 82)。

明廷实行"海禁",除禁止本国人民出洋贸易外,对外国来华的船只也严加限制,仅允许与明朝以朝贡形式来华进行贸易。如在《唐船进港回掉录》中记有明景泰四年(1453)四月,第二期第三次的 10 艘日本勘合贸易船到达宁波普陀山,在莲花洋停泊时,明朝官府派出彩船百艘去欢迎,向贡船送酒、水和粮食。抵沈家门后,又有画船 50 余艘,吹角打鼓迎接,接至定海(镇海)进入宁波港,入城中嘉宾馆。

由于国家明令禁止私人出海贸易,故迅速发展的民间海上贸易实际上是"非法"的走私贸易。据王世祯《弇州史料》《明通鉴》和葡萄牙人品笃的《远游论》等记叙,明代中期,当时结集走私贸易基地双屿港内常有中外商人万余,停靠船舶千余艘。后来明廷派了大批水军,一举把这个走私贸易基地夷为平地。

17世纪时,许多中国(宁波)商人去日本贸易,大多泊宿于长崎,"唐人屋敷"就是在这样的背景下形成的。

在明代"海禁"下,日本国海上与明朝互派使节进行外交活动,文化交流仍在继续,其中雪舟、策彦与宁波关系特别密切。雪舟为了探求中国文化真谛,千方百计找机会入明,在日本西海岸等了整整4年,明成化三年(1467)作为日本使团成员入宁波,在天童寺修禅,后升为"天童山第一座"。这位日本"画圣"不但在宁波走访了四明大地,创作了以宁波港为题材的许多作品,而且广交徐琏等著名人物。他的足迹在浙东大地留下了深深的印痕。

策彦于明嘉靖十八年(1539)任日本副使入明,嘉靖二十年(1541)归国;嘉靖二十六年(1547)任正使入明,住3年后归国。策彦均由宁波港出入,与宁波文人交情甚深,关系密切。例如策彦的《城西联句序》,由明州书法家、藏书家丰坊为之题词,还为他作《谦斋记》;明宁波书画家柯雨窗为其题《衣锦荣归图》等。这些作品都成为日本珍宝,目前均为日本妙智院收藏,作为重要的文化载体广为流传。

被誉为"世界第三、亚洲第一"的宁波天一阁藏书楼自明代起就开始收集藏书,书楼也仍保持原貌。其主人范钦不仅藏书而且亲自刻书流传,通过海道传入日本,目前在日本就收藏了"范氏奇书"多种,天一阁也收藏了日本学者著作的汉文书籍。

(四)清前期四大海关之一:浙江海关所在地

清廷于康熙二十四年(1685)实行开放政策,正式在宁波设立浙海关。此后,宁波与日本的通商贸易获得了很大发展,促进了"海上丝绸之路"的发展。主要表现为:

第一,长崎港与宁波港对口贸易发展迅猛。长崎港是日本锁国时唯一的通商口岸。《唐船方日记并配铜帐》还详细记载了宁波商船活动的详细情况。大批商人、工匠赴日,把宁波的建筑技术也全盘移植到长崎。如长崎的崇福寺,系专门供奉航海保护神妈祖的寺庙,就是承唐宋之传统,把建筑成套地输出的典型实例。寺内大殿、护法堂、钟楼、鼓楼都是明末清初的"宁波式"典型建筑。其中崇福寺"第一峰"山门为宁波建筑师在宁波完成构件全套制作后,于清康熙三十六年(1697)海运至崇福寺并组装完成的。现存的"第一峰"山门为日本国宝。

第二,在日本的名人为宁波"海上丝绸之路"的后续发展做出了不可磨灭的贡献。如爱国华侨杰出代表吴锦堂,宁波慈溪人,清末在日本大阪、神户定居经商,以海运创业,后成为日本豪富,排名第十三位。由于吴锦堂对日本政府和人民做出了很大贡献,所以多次受到日本天皇的嘉奖,成为中日通商贸易的友好使者。又如明末鸿儒朱舜水(名之瑜,字鲁屿,号舜水,宁波余姚人)1659年流寓日本,在长崎、江户讲学达2年,被水户藩主德川光国尊为国师。他积极传播中国传统文化,倡导"实理实学",为日本江户时代儒学的传播与文教事业的发展做出了极大的贡献。其学说对日本水户学派影响很大,朱舜水被日本学术界奉为一代宗师,并被尊称为日本的"孔夫子"。

四、"海上丝绸之路"的衰落时期宁波的地位

(一)鸦片战争后宁波港的逐渐衰落与经济重心的转移

宁波港在开埠之前,凭借其优越的自然条件,成为我国著名的贸易港口。对外其贸易可以远通日本、高丽、南海诸国;对内可北至关东、南到闽广,其间的贸易往来十分频繁。从明朝中后期开始,宁波港这种优越的贸易条件吸引了大批西方商人来此贸易。他们希望开辟宁波港为正式的通商口岸,试图以此获取更大的经济利益。五口通商之后,宁波港被迫对外正式开放,并开始走向了一条跌宕起伏、坎坷的近代之路。开埠之初,宁波港的贸易额就由于上海港开埠而出现了大幅度下降。19世纪中后期由于浙江省内温州、杭州两港的开埠,宁波港的贸易又再次出现了一个平坡期。此后宁波港贸易一直萎靡不振,直到抗日战争爆发,宁波港贸易才出现了一次短暂的繁荣。导致近代宁波港贸易出现这种状况的原因有很多,诸如政治、军事、经济、腹地状况等等,然而本文认为腹地是否广阔、腹地经济是否繁荣才是宁波港贸易是否能长久繁荣的决定性因素。

1843年《五口通商章程》签订之后,宁波港成为近代中国首批开埠通商的口岸之一。此后不久,西方商人便迫不及待地来此开辟这片他们眼中的沃土,以图谋取他们所期望的巨大的经济利益。最先驶至宁波港的是英国驻宁波的第一任领事罗伯聘,他于道光二十三年(1843)"十月二十八日乘坐大小火轮各

一只,夷兵船一只,驶至宁波港",并随之迫不及待地经营起了其在宁波港的贸易。随着西方商人的大量涌入,宁波港贸易量在其开埠的第一年,即道光二十四年(1844)就猛增到了 108342 英镑。然而好景仅仅维持了一年,1845 年宁波港的贸易量便开始下降,到了 1849 年其贸易额仅剩下了 1844 年的十分之一左右(见表 3-1)。

表 3-1　1844—1849 年宁波、上海港贸易货值统计表　　单位:英镑

地区	1844	1845	1846	1847	1848	1849
宁波	108342	27893	9317	12409	1090	10834
上海	487528	2571000	2593000	2526000	2112000	—

资料来源:根据姚贤镐:《中国近代对外贸易史资料》第 2 册,中华书局,1962 年,第 565 页;郑绍昌:《宁波港史》,人民交通出版社,1989 年,第 148 页;德庇时:《战时与缔和后的中国》,《太平天国史译丛》第 2 辑,中华书局,1983 年,第 239 页中的统计数字和文字资料计算而得。

宁波港的贸易量在开埠初期持续走跌,是位于同一港口体系之中并仅相距 134 海里的上海港开埠造成的。上海港凭借其优越的地理位置及交通条件,在开埠后迅速发展壮大,并逐渐吞噬了宁波港的海向腹地及部分陆向腹地,从而导致上海港的贸易额大幅度提高,而宁波港的贸易额大幅度下降。随着上海港的日益壮大,它将宁波的一切资源都吸引到了它那边,这使得宁波港逐渐失去了其直接对外贸易的优势,演变为了上海港的支线港、辅助港。在 1880—1896 年的 17 年中,除了 1890、1895 年这两年以外,宁波港的自外洋直接进口的货值占其进口总值的百分比都小于 5,且其数值都保持在极低的位置。直接向外洋出口的货值情况就更加不乐观,在 1867—1896 年这 30 年中,除了 1869、1870 年这两年外,直接向外洋出口货值占其出口总货值的百分比都小于 1,且在 1887—1889 年、1895 年这几年中是不存在直接出口的情况的(见表 3-2)。

表 3-2　宁波港直接从外洋进出口贸易货值表　　单位:海关两

年份	直接从外洋进口货值	占本港进口总值百分比	直接向外洋出口货值	占本港土货出口总值百分比
1867	675445	14	5117	0.088
1688	537870	11	29921	0.5

年份	直接从外洋进口货值	占本港进口总值百分比	直接向外洋出口货值	占本港土货出口总值百分比
1869	401988	8	336065	4.6
1870	765900	13.6	136193	1.86
1871	579363	11	7903	0.088
1872	1225147	20	18987	0.18
1873	1786875	28	2627	0.034
1874	1979925	32.9	6396	0.09
1875	1902759	30.7	5543	0.1
1876	2106626	36.5	22378	0.4
1877	634522	10.6	18668	0.4
1878	1556416	24.0	21260	0.5
1879	872766	13.6	19878	0.4
1880	73252	1.2	10448	0.2
1881	259170	3.7	16002	0.35
1882	204672	3.3	28355	0.75
1883	163720	2.8	12709	0.35
1884	64899	1.2	17846	0.37
1885	57032	1.0	17336	0.34
1886	85954	1.3	7645	0.15
1887	18256	0.4	0	0
1888	21392	0.3	0	0
1889	128853	2.2	0	0
1890	372951	6.0	3651	0.07
1891	269647	4.3	26165	0.53
1892	137085	2.0	11620	0.24
1893	304820	4.3	35118	0.56
1894	133238	1.8	11002	0.2
1895	19070	12.0	0	0
1896	434375	4.8	41221	0.06

资料来源:姚贤镐:《中国近代对外贸易史资料》,中华书局,1962年,第1614—1623页;杭州海关编译:《近代浙江通商口岸经济社会概况——浙海关、瓯海关、杭州关贸易报告集成》,浙江人民出版社,2002年,第289、294、296页。

然而宁波港的遭遇并未止于此,到了 19 世纪中后期,温州、杭州的开埠使原本进出于宁波港的货物再次分流。宁波港口腹地进一步萎缩。这显然是对宁波港贸易的进一步打击。在 1875—1891 年温州开埠之初的这 17 年中,宁波港的各类贸易值均处于一个平坡期,其年平均贸易总额为 1246 万海关两,这与 1865—1874 年的平均贸易总额 1420 万两相比,减少了 174 万两之多(见表 3-3)。虽然从 1892 年开始,宁波港的贸易总额随着其洋货进口净值的增长而开始慢慢回升,但直到 1896 年其贸易总额也没有超过 1872 年。

表 3-3　1865—1874 年宁波港进出口贸易货值表　　　单位:海关两

年份	洋货进口净值	土货进口净值	土货出口值	贸易总额
1865	3947270	2242363	5081457	11271090
1866	3891446	2262419	6432297	12586162
1867	4746215	1984714	5832585	12563514
1868	4720063	1808661	6070712	12599436
1869	4965140	2051169	7267416	14283725
1870	5618493	1698964	7296576	14614033
1871	5190789	1847821	8975484	16014094
1872	5922646	1635503	10351148	17909297
1873	5998926	1618714	7721672	15339312
1874	6312646	1533539	7013845	14860030

资料来源:根据郑绍昌:《宁波港史》,人民交通出版社,1989 年,第 162 页中的统计数字计算而得。

注:本表格中所指的贸易总额是由洋货进口净值、土货进口净值、土货出口值三项相加所得,可以反映出宁波及其腹地通过宁波港与国内外其他港口的贸易量。

(二)抗日战争时期宁波港的畸形发展与地方经济的衰败

1937 年七七事变,日本侵略者全面入侵中国。1937 年 8 月 13 日,日军进攻上海。11 月至 12 月,上海和杭州相继沦陷,国内一片战火。由于交通梗阻,上海不再成为转运中心。而此时宁波尚未陷于敌手,因此从 1937 年抗战全面爆发至 1941 年 4 月 20 日被日军占领前的几年中,宁波又成了内地各省货物和战区军用物资的转运口岸。大量物资通过宁波港集散,宁波港顿时呈现一片短暂而又畸形的繁荣景象。

上海港沦陷初期,宁波港成了上海物资运往内地的主要通道,因此沪甬线仍有华商船只往来。但这些船只均改挂与日本有同盟关系的国家,如德、意、葡等国旗帜,使货物免受日军查扣。例如宁绍轮船公司的"新宁绍"改名为德商礼和洋行经营的"谋福号"(Molenhorff),三北轮埠公司的"宁兴"轮改为中意轮船公司的"德平号"(Tembien)等。再有如"恩德"(Enderta)、"棠贝"(Donpedro)、"棠赛"(Donjose)等轮,也航行于宁波、温州、海门间,满装内运货物。此时,沪甬间轮船往来频繁,大大小小共有20余艘。此外尚有远东轮船公司的"常德"轮(600总吨)、"江定"轮(500总吨)以及民生公司的"凯司登"轮(1500总吨)、"瑞泰"轮(1600总吨)和"万吉"轮(约1100总吨)。英商太古轮船公司的"新北京"轮,开始因英日之间尚未宣战,尚能维持沪甬线,随着英日间关系日趋紧张,不久即告停航。这时从宁波港进出的各条航线每天进出口货物约在几千吨之数,多时一天甚至达万吨以上。

1936年,宁波进出口轮船数为2068艘,总吨位近300万总吨,占全国比例为2.06%。到1937年,宁波进出口轮船减少到1502艘,计220万总吨,但占同年全国各口岸进出口船只总数的2.44%(如果仅以往来国内各港口的轮船统计,这个比例达到2.99%),另有近29000只沙船从宁波港进出。可见抗战全面爆发后,进出宁波港的船只相对来说增加了很多。到1940年前后,日军势力逐渐南侵,国民党政府执行消极抗日政策,宁波实行封港,20余艘大小船只沉于甬江航道(详见后),使原来进出宁波港十分频繁的船只无法开进港内,只能停泊于镇海口外装卸和上下客,进出客货都得用小轮船或驳船往来驳运,迫使有些轮船转泊象山石浦等地再转运宁波。随着日军加强对宁波口外洋面的封锁,除了挂外国旗的部分船只仍往来沪甬外,许多商船只得偷运于上海与宁波沿海小港口之间。这些偷运航线主要有以下几条:第一条线是上海至石浦。如"高登"轮、"谋福"轮虽曾一度挂外国旗,但随着日军逼近宁波和宁波港实行封锁,所以在1940年9月前后在这条航线只开过几个航次。进口货主要是供军用的布匹,旅客约两三百人,出口货更少。客货从石浦由陆路运到宁波。第二条航线是上海至定海岑港。有"汉平"轮等三艘小轮往来。进口货甚缺,只有零星小件,客百余人;出口货基本没有。客货由岑港用帆船在夜间偷运至镇海大樹,再经宝幢抵宁波。第三条是上海至岱山岛秀山。有"海宜"轮等船只。主要搭旅客,每次约两百人左右。货甚少,出口货不详。然后由秀山搭帆船至大榭,再转宝幢到宁波。但由于秀山离大榭较远,因此偷运时危险性较大,行驶该航线的船只不多。第四条航线是上海经乍浦至余姚庵东(今属慈溪市)。每次载客十余人,货物不多。乍浦至上海陆路须经沦陷区,水路时有帆船直达上海。庵东至余姚70里左右,陆路或内河水路均通,由余姚再转宁波。除以上这几条航线外,尚有上海—乍浦—绍兴新埠头—宁波线、上海—沥港—宁波线,多数是小轮船或沙帆船。

　　总之,在宁波港沦陷前,尽管宁波实行封港,宁波港口外日军时而封锁,时而半封锁,但毕竟还未沦于敌手,故成了上海物资运往内地和战区的主要通道,各种船只云集镇海口外和沿海小港。从海关贸易统计数字也可见。以1937年为例,这一年日军进攻上海,宁波工商界见战事发生,一面拼命将手中货物、产品尽量脱售,免因战事影响而积存下来,另一面又大量进口工业原料或日用品以事囤积,准备在战时牟取暴利。与1936年相比,糖从37105公担增加到49750公担;煤油从549103公升猛增到6446236公升,增加十倍还多;汽油也从454570公升增至1550478公升,增加将近四倍。其他各种货物均有不同程度的增加。这一年的进出口贸易值从1936年的3480万元增至4143万元。这就可以看出,抗战全面爆发与上海沦陷,不仅没有影响宁波港的进出口贸易,相反由于上海沦陷,宁波港成为内地和战区物资主要通道,进出口贸易因而有所增加。即使到1941年4月宁波港沦陷前夕,沪甬间贸易尚属可观。当时进口货物以化工染料、药品、橡胶和汽油、煤油为主;出口货物则以茶、丝、桐油、纸、瓷器等为主。直到宁波为日军占领前,宁波港一片繁荣景象,各种船只拥挤宁波港内外。从1937年到1941年4月,宁波港的进出口贸易与海关税收均逐年增加(见表3-4)。

表3-4　宁波港进出口贸易与海关税收情况表(1936—1941年4月)　单位:万元

各值	1936	1937	1938	1939	1940	1941(1—4月)
直接对外贸易总值	185	215	598	1148	5662	
转口土货总值	3291	3994	5605	7896	15199	
海关税课	191	255	353	372	566	291

但是这种繁荣是畸形而又短暂的,随着日军侵华势力逐步达到宁波港,这种繁荣顿时消失,宁波港也随之遭到一场大的破坏。

(三)计划经济时期宁波港与经济的停滞

1949年5月25日,宁波解放。5月28日宁波市军事管制委员会成立,当天宣布接管浙海关,结束了近百年来洋人管理浙海关的历史。6月13日,接管招商局宁波分公司。6月26日,接管上海航政局宁波办事处,清理航务管理工作。接着,就进行恢复宁波港航运工作。那时港口可供运输船只奇缺,还经常遭到盘踞在舟山的国民党军队海空袭击,从1949年5月至1950年5月的一年间,行驶于宁波港的轮船被炸沉11艘,复航工作困难重重。宁波港的沿海航线直到1950年5月17日舟山解放后方才开始畅通。

1950年10月,为3000吨级客货轮复航准备条件,成立了镇海生产打捞组,打捞抗日战争时期封锁宁波港时凿沉的21艘船只和解放初被国民党军队炸沉的11艘船只。1952年年初,打捞任务完成,基本上清除了主航道的障碍物。1954年4月1日正式开始宁波港历史上第一次大规模挖泥工程,于1955年完成疏浚航道的工作。在进行港口基本建设的同时,也进行了港口体制改革。

1953年1月,成立了统一管理宁波港一切港务事宜的上海区港务局宁波分局。改变了港口管理上多头领导、各自为政的局面。又于1954年9月正式成立客运站,管理宁波港客运业务,结束了过去以航代港分散经营所产生的混乱状况。

经过三年恢复、四年建设,到了1956年,宁波港客运量达到79万人次,货运量达到58万吨。与此同时,还完成了私营轮船业的改造,95%以上的民船走上集体化道路,使港口生产面貌发生了深刻变化,为宁波港进一步发展奠定了深厚的物质、思想、组织基础。

(四)海上丝绸之路复兴时期宁波的地位

中共十一届三中全会之前,由于工作失误和"文革"的干扰,宁波港发展缓慢。中共十一届三中全会以后,宁波港进入高速发展阶段。其具体表现如下:

1978年竣工,1983年5月通过国家鉴定,正式投入生产的镇海煤码头,使宁波港从河岸港转为河口港,从3000吨级港口提高到万吨级港口,为宁波港奠定了由中小型港口过渡到大型港口的基础。

1979 年 1 月动工、1982 年 12 月竣工的 10 万吨级北仑矿石中转码头,使宁波港转为海峡港,成为我国现时最大的矿石中转码头。

1985 年 9 月,建成的年吞吐功能为 400 万吨的北仑号驳油平台泊,是中国第一个海上最大的驳油平台,1986 年 6 月建成的年吞吐能力为 20 万吨的镇海液体化工专用的泊位,是我国当前第一座 5000 吨级液体化工专用泊位。

1980 年设立深圳、珠海、汕头和厦门四个经济特区,1984 年开放大连、秦皇岛、天津、烟台、青岛、连云港、南通、上海、宁波、温州、福州、广州、湛江和北海等十四个沿海港口城市,1985 年将长江三角洲、珠江三角洲和闽南三角区划为沿海经济开放区,1988 年决定将辽东半岛和山东半岛全部对外开放,进入 20 世纪 90 年代以后外开放的步伐逐步由沿海向沿江及内陆和沿边城市延伸,2001 年加入世界贸易组织之后,由试点性的政策性开放转变为在法律框架下的制度下开放。2013 年,习近平主席提出"21 世纪海上丝绸之路"的倡议构想,古老的海上丝绸之路将再次复兴。20 世纪 80 年代以来,随着对外开放的政策实施,我国进出口总额和外商直接投资额迅速增长,分别从 1983 年的 436 亿美元和 9.2 亿美元增长到 2014 年的 43015 亿美元和 1196 亿美元,年均增长率分别为 16% 和 17%,远远高于同期的经济增长速度。

改革开放近 40 年来,宁波港凭借独特的港口资源和政府的政策支持,逐渐发展起来并再次取得了辉煌的成就。1979 年国务院批复宁波对外开放,宁波港的对外开放和建设开始拓展;1984 年宁波成为十四个沿海开放城市之一并设立小港经济技术开发区;1985 年宁波港货物吞吐量首次超过 1000 万吨,挤入大型港口之列;1995 年国务院批准宁波为区港联动试点城市;2006 年,宁波港和舟山港合并成立宁波—舟山港,加速了宁波经济发展;2017 年宁波—舟山港累计完成集装箱吞吐量 2460.7 万标准箱,同比增长 14.1%,增幅位居全球前五大港口之首。宁波—舟山港成为全球首个 10 亿吨大港,连续九年保持全球第一。截至 2017 年 5 月,宁波—舟山港已与 100 多个国家和地区的 600 多个港口架起贸易通道,开辟航线 236 条,其中远洋干线 114 条,勾勒出港通天下的航线网络。

五、宁波在"海上丝绸之路"历史地位的总结

从唐代至今,宁波绝大部分时间都是我国海上丝绸之路的重要港口城市,持续繁荣千年而不衰,这在中国历史上并不多见。其原因是多方面的,得天独厚的自然条件和优越的地理位置是宁波持续繁荣的前提条件,四通八达的交通运输网是宁波持续繁荣的命脉所在,富庶广阔的经济腹地是宁波持续繁荣的保障基础,而政府的政策支持可能是宁波持续繁荣最为重要的因素。漫长的千年,宁波的兴衰与海上丝绸之路的兴衰息息相关,主要体现在以下几个方面:

(一)宁波是"海上丝绸之路"重要的对外贸易城市

宁波是副省级市、计划单列市,有制定地方性法规权限的较大的市,首批沿海开放城市,中国海滨城市,中国综合竞争力前 20 强城市,长三角五大区域中心之一,长三角南翼经济中心,浙江省经济中心,现代化国际港口城市,国家历史文化名城,连续四次蝉联全国文明城市,中国著名的院士之乡。2017 年宁波市完成口岸进出口总额 13839.5 亿元,比上年增长 18.5%。全年完成外贸自营进出口总额 7600.1 亿元,比上年增长 21.3%,其中出口 4984.2 亿元,比上年增长 14.3%;进口 2616.0 亿元,比上年增长 37.3%。外贸出口占全国比重为 3.25%,全市累计实际利用外资达到 500.1 亿美元。

(二)宁波是"海上丝绸之路"对外人文交流的重要门户

宁波人文积淀丰厚,历史文化悠久,属于典型的江南水乡兼海港城市,是中国大运河南端出海口、"海上丝绸之路"东方始发港。宁波在历史上一直是我国对外交流的门户,也是东亚各国文化交融的枢纽,以宁波为始发点的中国先进文化的外输曾对东亚各国传统文化的演进产生过重大影响,而这种影响亦带有很深的宁波地域文化的印记。

(三)宁波是"海上丝绸之路"重要的河海枢纽

宁波地处"长江经济带"与沿海东部海岸线的交汇处,是南北航道与长江黄金水道的"T"形交汇节点;紧邻亚太国际主航道要冲,是亚太地区的重要门户区;交通网络直通全国各地,背靠中西部广阔腹地,腹地可延伸的范围广阔,区位条件突出。

宁波港对内不仅可以连接沿海各个港口,而且通过江海联运,可沟通长

江、京杭大运河,直接覆盖整个华东地区以及长江沿岸经济带,对外直接面向东南亚以及整个环太平洋地区,是中国沿海向美洲、大洋洲、南美洲等地区港口远洋运输辐射的理想集散地。

第二节　宁波在"海上丝绸之路"形成与发展 过程中呈现的特点

除了宁波以外,还有许多海上丝绸之路城市,如登州(古代蓬莱)、扬州、南京、福州、泉州、漳州、广州、北海(古代合浦)、澳门等。这些城市各具优势、各有特色,犹如镶嵌在中国漫长海岸线上的五彩珍珠,交相辉映,在海上丝绸之路的不同历史时期都发挥过各自的作用。

根据各时段的港口布局特点和主要规律,划分发展阶段是港口研究的重要内容。关于发展阶段的划分,以鸦片战争和1949年为时间点,分为古代、近代和现代三个历史阶段。①古代阶段:主要指先秦时期至鸦片战争前夕,该时期又分秦汉至南北朝、隋唐至南宋、元朝至明中叶和明中叶至鸦片战争前夕等阶段,其中运河走向和沿海主要港口的布局成为各阶段的区别标志。②近代阶段:指鸦片战争至1949年,港口发展动力和布局均发生剧变和历史性转折。③现代阶段:该阶段又分为计划经济和改革开放至今两个时期,港口发展的驱动机制和分布格局发生明显变化。各时期中国各大港口体系的主要发展特征和基本规律(见表3-5)。

(1)中国港口布局经历了"秦汉至南北朝→隋唐至南宋→元朝至明中叶→明中叶至鸦片战争前夕→鸦片战争至1949年→1949年至今"等发展阶段,各阶段呈现不同布局特征。

(2)经济发展和产业布局演变,是两千多年来港口不断发展的根本原因;政治中心区和经济中心区的分离决定了以漕粮为主的南北运河运输,这是促使古代港口尤其是河港发展的主要原因;而国际贸易则是海港兴起并演变的重要驱动。

(3)鸦片战争后,西方入侵刺激了近代港口的畸形发展,港口为西方所控制;而现代交通的发展则促使海港兴起和河港尤其是运河港逐渐衰落。

表 3-5　中国港口体系的发展脉络

历史时期		繁盛程度	重点区域	重要港口	首要港口
古代时期	秦汉至南北朝	河港与海港逐步兴起	华南沿海关中—中原地区	广州、洛阳、定陶、长安	广州、洛阳
	隋唐至南宋	河港与海港兴盛时期	东南沿海关中—中原、长江三角洲	广州、泉州、扬州、明州、登州、莱州、洛阳、开封、长安	广州、洛阳
	元朝至明中叶	海港鼎盛，运河港兴起	东南沿海、环渤海与京杭运河沿线	广州、泉州、杭州、明州、密州、淮安、济宁、临清	泉州、广州
	明中叶至鸦片战争前夕	河港鼎盛，海港衰弱	京杭运河沿线与东南沿海	广州、厦门、宁波、天津、济宁、淮安、德州、临清	淮安、广州
近代时期	鸦片战争至 20 世纪 40 年代	河港衰弱，长江港崛起，海港逐步复兴	东南沿海与长江流域	广州、上海、天津、厦门、青岛、大连、香港	上海
现代时期	20 世纪 50 年代至 20 世纪 70 年代	海港与长江港并举	东南沿海、辽宁半岛与长江流域	香港、广州、上海、天津、大连	上海、香港
	20 世纪 80 年代至今	沿海港口崛起	东部沿海地区	香港、上海、深圳、广州、宁波、高雄、青岛、天津、厦门、大连	上海、香港

(4)港口布局大致呈由内陆向沿海推进的轨迹,形成"河港主导→河港与海港并举→河港主导→海港主导→海港与河港并举→海港主导"等阶段。

(5)大小港口经过两千多年的开发,区位几乎全部选定;主要港口的宏观区位相对稳定,但微观地域的具体布局呈不稳定性。

(6)秦汉至鸦片战争和 1949 年至今为自主型港口发展时期,中国内部需求和基于主权下的国际贸易是港口发展的主要驱动;鸦片战争至 1949 年,港口被动发展,外部力量为主要驱动。

不同时期,港口具有不同开放性,经历了"开放→封闭→开放→相对封闭→开放"的轨迹。宁波与中国其他海上丝绸之路城市相比,宁波表现出以下几个方面的特点①。

---

① 此部分内容主要参考了龚缨晏教授的相关成果。

一、历史源远流长

宁波所处的宁绍平原，史前文化悠久而发达，是中国海洋文化的主要发源地。中国最早的独木舟（8000 年前），就是在宁绍平原的跨湖桥文化中发现的；在随后的河姆渡文化（前 5000—前 3300）时期，人们已经在积极利用海洋了；更加重要的是，河姆渡文化还传播到了周边的舟山等岛屿；发源于河姆渡文化的有段石锛，则一直传播到整个西太平洋地区；公元前 5 世纪，越国国王勾践在甬江边建立了"句章"城（现在宁波江北区慈城镇王家坝村一带），这也是宁波最早的城市，宁波的港口优势开始显现。如此深厚的远古海洋文化，为后来宁波海上丝绸之路的出现奠定了坚实的文化基础。

二、经济持续繁荣

在中国古代海上丝绸之路城市中，合浦、登州、扬州等城市兴起得比较早，在汉唐时代就已经十分繁荣了，但由于自然淤塞的原因，到今天已经不再重要，有的甚至不再是个港口了。漳州在明代才作为外贸港口而兴盛过。只有广州自秦汉时期开始直到今天，始终保持外贸港口的地位。宁波海上丝绸之路自唐代开始出现后，同样没有中断过。特别重要的是，在 1959 年姚江大闸建成之前，宁波城外的宁波港一直是便利、畅通的天然深水良港，3000 吨级轮船可以畅通航行，从而有力地支撑了宁波海上丝绸之路的发展。宁波海上丝绸之路的持续发展，还可以从宁波所发现的古代沉船上得到印证。迄今为止，宁波共发现 6 条沉船，分别是：和义路唐代龙舟（1973 年发现）、东门口北宋木船（1978 年发现）、和义路南宋木船（2003 年发现）、潮塘江元代沉船（2014 年发现）、象山县明代木船（1994 年发现）和小白礁清代沉船（2008 年发现）。这样，从唐朝至清代的沉船在宁波都有发现。中国其他海上丝绸之路城市也陆续发现过一些沉船，但没有像宁波那样构成一个连续完整的沉船系列。这个从唐至清、前后相续的沉船系列，从一个侧面印证了宁波海上丝绸之路的持续性。

三、运输通河达海

早在越王勾践时代，宁绍平原上的浙东运河就已经出现了。7 世纪初，隋炀帝集全国之人力物力,开凿了贯通中国南北的大运河。许多人曾认为,中国大运河的南端终点是杭州。其实,这个观点是错误的。因为在杭州与宁波城之间,还有一条浙东运河。宁波城才是大运河的南端终点。2014 年 6 月 22 日,在卡塔尔首都多哈举行的第 38 届世界遗产大会上,中国"大运河"成功入选《世界遗产名录》。这条已经成为世界文化遗产的中国"大运河",就是由隋唐大运河、京杭大运河和浙东运河组成的。通过运河系统,宁波城就与全国的交通主干网络连接起来,从而大大扩展了宁波港的辐射范围,为宁波海上丝绸之路的繁荣提供了丰富的货物来源和广阔的内地市场。宁波城是中国唯一一个既是大运河出海口、又是海上丝绸之路始发港的城市。

四、突出重点区域

宁波与日本及朝鲜半岛隔海相望,洋流、季风等自然因素也有利于海上航行。在木帆船时代,如果顺风顺水的话,从宁波沿海到日本五岛列岛,最快只要 6～10 天的航行时间。从宁波沿海至朝鲜半岛,最快的航行时间也是在十天左右。由于宁波城在东亚海域中处于比较优越的位置,所以在历史上曾经是中国连接朝鲜半岛及日本的枢纽。明朝将宁波城指定为对日交往的唯一口岸。日本的丰臣秀吉(1536—1598)则梦想,一旦他以武力征服中国、朝鲜半岛之后,就将日本天皇安置在北京,而他自己则定居宁波城,以控制整个东亚海域。宁波除了是古代中国与朝鲜半岛及日本列岛相互往来的主要窗口之外,还通过海上丝绸之路而与东南亚及印度洋地区发生联系,宋元时期出现在宁波城内的阿拉伯人聚居区就是明证。不过,相对于日本及朝鲜半岛而言,宁波与东南亚及印度洋地区的贸易关系则是次要的,而且往往是间接的。在中国古代海上丝绸之路城市中,与东南亚及印度洋地区联系最为密切的是广州、泉州,与日本联系最为密切的是宁波。

五、转型艰难漫长

进入清朝,由于政府的压制,宁波海上丝绸之路一直举步维艰,停滞不前。1840 年爆发的中英鸦片战争,打碎了清政府"天朝上国"的迷梦。1842 年,在英国侵略军的炮口下,清政府签订了《南京条约》,被迫开放广州、福州、厦门、宁波、上海五个城市作为通商口岸。1844年元旦(道光二十三年十一月十二)，宁波正式开埠，宁波城外的江北岸被辟为外国人居留区。从此，宁波的海上丝绸之路开始向近代国际航线转型。在这个无奈、屈辱、痛苦的转型过程中，愚昧而狂妄的清政府始终闭目塞听、自欺欺人，根本无视全球化浪潮的猛烈冲击，顽固地拒绝走向世界，一再错失迈向现代化的良机，最终葬身于辛亥革命的炮火之中。与之不同的是，宁波人在这个转型过程中并没有逆历史潮流而动，而是以开放的心态积极学习西方先进技术，以博大的胸怀勇敢地接纳西方先进文化，以踏踏实实的步伐奋力追赶世界潮流，在一次又一次血与火的洗礼中不断地获得新生。咸丰四年(1854)，宁波商人集资购买了一艘以蒸汽为动力的外国轮船"宝顺轮"，这也是中国引进的第一艘轮船，由此揭开了中国海运现代化的序幕。

在这个转型过程中，一批批宁波人背井离乡，远赴上海、香港等地，投身于海运事业，并且造就了包玉刚、董浩云等一批卓越的国际海运企业家。

第四章 宁波海上丝绸之路的遗产

宁波是古海上丝绸之路的活化石,是古海上丝绸之路的发祥地之一,宁波港在相当长的历史时期是海上丝绸之路的重要港口城市之一。因此,在宁波境内保存有大量与海上丝绸之路相关的文化遗产,包括宁波海上丝绸之路物质文化遗产和宁波海上丝绸之路非物质文化遗产。这些文化遗产反映了昔日海上丝绸之路贸易繁荣、不同文化文明交往与互融的历史;这些文化遗产也从另一个角度说明了宁波在海上丝绸之路的重要地位,对这些文化遗产的保护与利用也有利于宁波更好地参与 21 世纪海上丝绸之路建设。

第一节 宁波海上丝绸之路遗产界定和分类

目前在学术界对宁波海丝遗产尚没有明确界定。从总体来看,宁波海丝遗产是文化遗产的一部分,因此可以考虑从文化遗产的角度界定宁波海丝遗产。1972 年,联合国教科文组织在《保护世界文化和自然遗产公约》中对文化遗产进行了界定。以下各项为文化遗产:纪念地,即从历史、艺术或科学角度看具有突出的普遍价值的建筑物、碑雕和碑画、考古物体的成分或结构、铭文、窟洞以及联合体;建筑群,即从历史、艺术或科学角度看,在建筑式样、分布或与环境景色结合方面,具有突出的普遍价值的单立或连接的建筑群;遗址,即从历史、审美、人种学或人类学角度看具有突出的普遍价值的人类工程或自然与人联合工程以及考古遗址等地方。2005 年 12 月,国务院发布《关于加强文化遗产保护的通知》指出:文化遗产包括物质文化遗产和非物质文化遗产。物质文化遗产是具有历史、艺术和科学价值的文物,包括古遗址、古墓葬、古建筑、石窟寺、石刻、壁画、近代现代重要史迹及代表性建筑等不可移动文物,历史上各时代的重要实物、艺术品、文献、手稿、图书资料等可移动文物;以及在建筑式样、分布均匀或与环境景色结合方面具有突出普遍价值的历史文化名城(街区、村镇)。非物质文化遗产是指各种以非物质形态存在的与群众生活密切相关、世代相承的传统文化表现形式,包括口头传统、传统表演艺术、民俗活动和礼仪与节庆、有关自然界和宇宙的民间传统知识和实践、传统手工艺技能等以及与上述传统文化表现形式相关的文化空间。从联合国和国务院发布的文件可以看出,文化遗产是物质文化遗产和非物质文化遗产的总称,物质文化遗产即文物必须具有历史、艺术和科学价值,非物质文化遗产是一个族群世代相传的、反映其特殊生活方式的传统文化表现形式。

据此,可以认为,宁波海丝遗产是指在近代以前宁波境内存在的各类与海上丝绸之路有关的物质文化遗产和非物质文化遗产,包括古遗址、古建筑、艺术品、历史文化名城、街区和村镇、传统艺术表演、民俗、礼仪、传统手工艺等等。根据 2005 年国务院发布的关于加强文化遗产保护的通知,宁波海丝遗产可以分为宁波海丝物质文化遗产和宁波海丝非物质文化遗产。根据现行的《文物保护法》分类标准,可以将宁波海丝物质文化遗产按照文化存在的形态分为可移动海丝文物和不可移动海丝文物。可移动海丝文物是指可以通过外力移动且不会改变价值和性能的海丝文物,主要包括海丝艺术品、海丝工艺美术品、海丝手稿和图书资料等。而不可移动海丝文物是指不可通过外力移动且移动后会影响价值和性能的海丝文物,包括海丝遗址、海丝古建筑、海丝名城名镇名村、石刻等。宁波海丝非物质文化遗产主要包括:宁波海丝有关的口头传说、宁波海丝有关的表演艺术、宁波海丝有关的风俗礼仪节庆、宁波海丝有关的手工艺技能等。

第二节　宁波海上丝绸之路遗产现状

一、宁波海上丝绸之路物质文化遗产

宁波先民在海上丝绸之路形成和发展过程中,留下了宝贵的海丝物质文化遗产。虽然自民国以来由于城市改造宁波海丝遗址遗迹被毁坏了一些,但

从总体上来看,宁波海丝遗产保留得还算比较完整,个性比较鲜明、内涵比较深刻,可以较好地反映宁波在古海上丝绸之路的发展水平和影响力。据不完全统计,宁波境内至今还保存着从东汉晚期至清朝中期的海上丝绸之路遗址遗迹120多处。这些遗址遗迹主要分布在以三江口为中心的沿海沿江区域。宁波海丝物质文化遗产数量之多、分布之密、内涵之丰,在古代港口城市之中并不多见。宁波海丝物质文化遗产从历史功能角度来看,可以分为与港口贸易、城市建设、文化建筑、海防设施等有关的遗址。

港口贸易类遗址承载着宁波与海上丝绸之路沿线国家和地区贸易的相关信息。保存完好并具有代表性的港口贸易类遗迹遗址主要有永丰库、渔浦门码头、安庆会馆遗址等。永丰库遗址是全国重点文物保护单位,是国内首次发现的一个元朝大型官方仓库,在当时主要储存用于海外贸易的瓷器,在此遗址出土了大量的著名窑系的贸易瓷,为确定宁波在元代海上丝绸之路的地位提供重要的依据。渔浦门码头遗址位于宁波市海曙区姚江南岸和义路东段,2006年的考古发掘过程中,在该码头遗迹出土的南宋龙泉窑瓷片和越窑瓷片,从釉色和胎质来看皆属南宋遗物,该遗址的发现为研究唐宋以来宁波港城发展和海上丝绸之路提供了重要的实物例证。安庆会馆遗址位于宁波市区三江口东岸,始建于清道光三十年(1850),既是祭祀妈祖的神殿,也是甬埠行使北洋舶商航工聚会娱乐的重要场所。咸丰四年(1854),宁波集资购买引进西方先进技术的轮船"宝顺轮",对南北洋海盗进行武力清扫,保障了海上丝绸之路的通畅。安庆会馆是我国现存的宫馆合一的实例,也是浙江省唯一保存完整的一处会馆建筑群。安庆会馆遗址是研究妈祖文化和中国古代海上交通贸易史的重要实物例证。

宁波城市建设随着宁波在海上丝绸之路的地位提升不断发展,现存的、与海丝有关的城市建设类遗址有20多处。保存完好并具有代表性的城市建设类遗址主要有明州城遗存、它山堰遗址等。明州城遗存位于海曙区,包括鼓楼、天宁寺塔、天封塔、和义门瓮城遗址。明州城遗址为研究宁波在唐宋元时期的城市建设、对外开放以及宁波在古海上丝绸之路地位提供了大量的实物资料。它山堰遗址位于宁波市鄞州区鄞江镇它山旁,是世界灌溉工程遗产。唐太和年间,政府为解决鄞江的水害问题而修建它山堰,在宋明清时期地方政府都对该水利工程进行维修。它山堰的修建对唐宋明清时期宁波的城市发展起到非常重要的作用。

文化建筑类遗址体现了宁波在海上丝绸之路形成和发展过程中与海上丝绸之路沿线国家和地区的文化交流，特别是和东亚国家的文化交流。保存完好并具有代表性的文化建筑类遗址主要有保国寺、阿育王寺、天童寺和天一阁等。保国寺位于宁波市江北区洪塘镇，始建于东汉世祖时期，多次被毁多次重建。保国寺遗址主要由大雄宝殿、藏经楼、观音殿、鼓楼、钟楼、汉代骠骑井、净土池、天王殿、唐代经幢等遗址构成。保国寺是中国古代佛教木结构建筑的典范，对东亚地区特别是日本高丽等国的寺庙建筑有重要影响。阿育王寺位于宁波市鄞州区太白山麓下，创建于西晋太康三年（282），名列佛教"中华五山"，是释迦牟尼的真身舍利珍藏处和国内现存唯一为印度阿育王命名的千年寺庙，包括天王殿、大雄宝殿、舍利殿、舍利塔、藏经楼等遗址，寺内比较完整地保存着历代碑碣、石刻、匾额以及经藏古籍等文物。唐代高僧鉴真第三次东渡日本失败后，曾在阿育王寺居住。阿育王寺遗址对研究中国佛教史以及中日文化交流史有非常重要的作用。天童寺位于宁波市鄞州区的太白山麓，始建于西晋永康元年（300），几度兴毁，寺内保存着较多的碑刻、牌匾等。天童禅风远播海外，在东亚日本和东南亚有很大影响，日本的曹洞宗祖师道元禅师、临济宗始祖千光荣西都曾在该寺参禅参学，此后时有日本僧人来此参禅。天一阁自明朝以来，其藏书和刻书在国内外产生重要的影响，是"海上书籍之路"的重要传播之地。

宁波海防设施遗址主要体现宁波先民为保家卫国以及维护海上丝绸之路的通畅而进行的努力，宁波现存的各类海防设施遗址包括明清时期卫所、烽火台、城墙等遗址，反映了宁波军民对倭寇骚扰和西方殖民侵略的抗击信息。保存完整并具有代表性的海防设施类遗址是镇海口海防遗址。镇海口海防遗址主要包括威远城、明清碑刻、月城、安远炮台、吴公纪功碑亭、俞大猷生祠碑记、泮池（裕谦殉难处）、吴杰故居、戚家山营垒、靖远炮台、平远炮台、宏远炮台、镇远炮台等。

二、宁波海丝非物质文化遗产

在海上丝绸之路形成和发展的漫长历史时期,宁波形成了地域特色鲜明、区域影响力显著的精神文化——海丝非物质文化遗产,主要包括各种民间传说、民间音乐、传统戏剧、传统体育、传统曲艺、传统美术、传统舞蹈、传统手工技艺、传统医药和民俗等。在 2011 年 1 月宁波市发布的《关于公布非物质文化遗产名录的通知》中有不少与海丝文化息息相关。在民间传说中上林湖的传说、徐福东渡传说等,民间音乐中越窑青瓷欧乐、象山渔民号子等,传统美术中陆埠佛雕、咸祥彩船、越窑青瓷烧制技艺等,传统舞蹈中蟹浦船鼓等,传统手工艺中船模、石浦鱼灯等,民俗中海洋捕捞习俗、富冈如意信俗、象山渔民开洋谢洋节等都与海丝文化有密切关系。还有很多未在这份通知中公布、与海洋和海上丝绸之路有关的非物质文化遗产,比如镇海口海防历史故事、布袋和尚传说、绿茶制造工艺、梅山狮舞、保国寺修缮技艺、天一阁古籍修复技艺等。这些与海上丝绸之路相关的非物质文化遗产是宁波先民在长期的海洋活动中所形成的与人们生活密切相关的传统文化,反映了宁波先民探索海洋以及维护海上丝绸之路的畅通而进行的不懈努力。

第三节　宁波海上丝绸之路遗产保护和利用

自中华人民共和国成立以来,随着文化保护事业的发展,宁波海丝遗产也得到了一定程度的保护。但在"文革"期间,宁波文物保护受到了较大冲击,海丝遗产也遭到了一定破坏。改革开放后,宁波文化保护获得了政府的高度重视,海丝遗产也得到更好的保护,特别是参加海丝申遗之后,宁波海丝遗产受到高度重视,政府投入大量的资金和人员整理、维修与维护海丝遗产。宁波在海丝遗产保护和利用方面已做了一定的工作,总结起来主要包括以下几点:

一是开展海丝遗产大普查。海丝遗产大普查是海丝遗产保护的前提和基础。海丝遗产普查工作并不是单独开展的,而是在对全市文物大普查的过程中进行的,比如对宁波明清海防制造的调研普查工作。

二是积极参与海丝申遗工作。2001 年宁波举办了"海上丝绸之路"文化周活动,会上通过了《宁波共识》,确立宁波在海上丝绸之路的历史地位、作用及其影响。2003 年,上林湖越窑遗址正式启动申报世界文化遗产预备名单工作。2006 年 12 月,国家文物局公布的《中国世界文化遗产预备名单》中有 2 项宁波遗产:上林湖越窑遗址和丝绸之路中国段。2016 年,国家文物局发布《关于进一步加快海上丝绸之路保护和申遗工作的通知》中确定保国寺、天童寺、永丰库遗址和上林湖越窑遗址等一起列入我国 2018 年申遗推荐项目"海上丝绸之路:中国史迹"的首批名单。这些都说明宁波海丝遗产是世界文化遗产中的瑰宝,也促进了宁波对海丝遗产的保护。

三是制定保护海丝遗产相关法律法规。为了保护文物,宁波市先后出台了一系列法律法规,例如《宁波市文物市场管理办法》《宁波市文物保护管理条例》等,对促进宁波海丝遗产保护起到一定的作用。

四是注重采用技术手段修复海丝遗产。宁波市文保机构注重使用现代科学技术修复海丝遗产。例如,天封塔地宫出土金银文物修复、天一阁古籍修复、保国寺传统建筑修缮、南宋古船修复、明州碑林修复等。

五是积极推动文物保护信息化。为有效整合宁波文物保护管理相关资源,推动文保机构的合作,掌握文化保护的最新动态,宁波市文物保护管理所建立"宁波文化遗产保护网""宁波历史文化遗产数据库"等网站,宁波市文化馆建立"宁波市非物质文化遗产网"。这些网站的建立有利于宁波对海丝遗产保护的宣传,也有利于对海丝遗产保护相关舆论的控制。

第四节　宁波海丝遗产保护和利用存在的问题

宁波在海丝遗产保护和利用方面已经做了不少工作,取得了很好的成果。海丝遗产保护和利用是宁波建设名城名都的一个重要组成方面,但目前的保护和利用程度与宁波建设名城名都的要求还存在一定的差距,存在不少问题亟须解决。

一是对海丝遗产的保护和利用宣传教育力度不足,民众参与海丝遗产保护和利用的有效机制尚未建立。根据相关的调研发现,宁波市民对于海洋文化遗迹不清楚或者毫无了解达到 50% 以上,不少市民表示除了安庆会馆、镇海海防遗址之外大多不知道其他海洋文化遗迹,就连有些老宁波人也对此不甚了解。另外,宁波海丝遗产在对外宣传推广方面力度也不强,在国内外的影响力也不大。

二是海丝遗产保护相关的法律法规建设滞后。虽然宁波出台了包括《宁波市文物保护管理体例》等文物保护相关的法律法规,但是大多是宏观条文或原则性说明,针对海丝遗产保护的可操作性不强,且缺少特殊情况下强制措施的规定,导致海丝遗产保护部门在执法过程中缺乏执法依据,执法力比较弱,往往需要工商管理部门和公安部门协助。

三是海丝遗产修复、维护和科研经费紧张。虽然市里每年都会拨出相应的经费用于海丝遗产的修复、维护和科研,但由于海丝遗产较多、损毁比较严重、需要研究的课题较多,导致相关的经费比较紧张。政府所拨经费只能保证海丝遗产保护工作人员的基本工资和对濒临损毁的海丝遗产进行抢救性修复,无法顺利开展征集、开发、科研等工作,严重影响海丝遗产科研管理和保护利用工作的进程。

四是海丝遗产保护和维护人员短缺。海丝遗产保护队伍人员配备偏少,缺乏考古、历史、海丝遗迹重建等专业人才。受经费和编制等因素制约,具有海丝遗产保护和维护专业知识的人员进入不到海丝遗产保护和维护单位,造成海丝遗产保护和维护单位缺乏强劲的力量构成,削弱了海丝遗产保护和维护力量。另外,很少有在甬高校开设博物馆、海丝遗产保护等专业,导致海丝遗产保护和维护后继力量不足。

第五章　宁波在"21世纪海上丝绸之路"建设中的SWOT分析

宁波参与"21世纪海上丝绸之路"建设,首先要认识自身的优势和劣势,以及面临的外部机会和威胁,而后立足现实,扬长补短,方能在"21世纪海上丝绸之路"建设中有所作为。

第一节　优势分析

一、复合型的区位优势和国际化港口优势

(一)处于"一带一路"交汇处

宁波位于中国大陆海岸线中段,长三角和大运河的出海口,长江经济带和大陆沿海东部海岸线的交汇处,"海上丝绸之路"的始发港之一,是连接"丝绸之路经济带"和"21世纪海上丝绸之路"的枢纽,处在"一带一路"交汇处。向西通过"长江经济带"连接"丝绸之路经济带",辐射中西部,以海铁联运的"无缝对接"实现中西部地区"借船出海",同时宁波也是亚太经济区、太平洋西岸的中心,拥有极为优越的港口和海上交通条件。宁波处于环太平洋国际运输主航道上,以宁波港为原点,画一个1000海里的辐射圈,香港、高雄、新加坡、釜山、大阪等环太平洋重量级港口尽在圈中。向东与"21世纪海上丝绸之路"沿线地区和国家互联互通。

(二)拥有国际级深水大港

宁波港与舟山港合并之后,宁波—舟山港的国际竞争力大大加强。宁波—舟山港是世界少有的深水良港,通航条件优越,凭借其深水优势接靠国际超大型船舶。港口全年可作业天数达350天以上,30万吨级巨轮可自由进出

港,40 万吨级以上的巨轮可候潮进出,是中国进出 10 万吨级以上巨轮最多的港口。宁波—舟山港分别承担了长江经济带 45% 的铁矿石、90% 以上的油品中转量、1/3 的国际航线集装箱运输量,以及全国约 40% 的油品、30% 的铁矿石、20% 的煤炭储备量,是全国重要的大宗商品储运基地。宁波大宗商品交易所、舟山大宗商品交易中心两大交易平台交易品种不断丰富,2015 年交易总额超 2 万亿元①。作为中国主要的集装箱、粮食等散杂货中转和储存基地,宁波—舟山港同时也是中国超大型船舶最大集散港和全球为数不多的远洋运输节点港。相比周边其他城市而言,具有很大的发展潜力。

截至 2017 年 5 月,宁波—舟山港已与 100 多个国家和地区的 600 多个港口架起贸易通道,开辟航线 236 条,其中远洋干线 114 条。向西延伸至我国经济发展水平最高、最具活力的长江经济带和最具潜力的西部地区,向东辐射东亚及整个环太平洋地区,向北、向南辐射我国沿海经济带,勾勒出港通天下的航线网。拥有至印尼、马来西亚、越南等 7 个国家 20 个港口的集装箱直航航线和数十条经停航线。拥有发达的江海联运、海铁联运网络。2017 年宁波—舟山港累计完成集装箱吞吐量 2460.7 万标准箱,同比增长 14.1%,增幅位居全球前五大港口之首。宁波—舟山港成为全球首个 10 亿吨大港,连续九年保持全球第一。表 5-1 和表 5-2 是 2008—2017 年货物吞吐量和集装箱量在全球排名前五的港口。

表 5-1　2008—2017 年主要港口货物吞吐量　　　　单位:亿吨

港口	2008	2009	2010	2011	2012	2013	2014	2015	2016	2017
上海港	5.82	5.92	6.53	7.28	7.36	7.76	7.55	7.17	7.01	7.05
新加坡港	—	4.69	5.27	5.37	5.38	5.58	5.76	5.47	5.93	—
深圳港	2.10	1.94	1.77	2.23	2.28	2.34	2.23	2.17	2.15	2.41
宁波—舟山港	5.20	5.77	6.33	6.94	7.44	8.10	8.73	8.89	9.18	10.07
香港港	2.59	2.43	2.68	2.77	2.60	2.76	2.97	2.57	2.57	2.81

数据来源:互联网收集整理。

---

① 资料来源:宁波—舟山港网,网址 http://www.portnbzs.com/Introduction/overview。

表 5-2　2008—2017 年主要港口集装箱量　　　　单位:万 TEU

港口	2008	2009	2010	2011	2012	2013	2014	2015	2016	2017
上海港	2800	2500	2906	3173	3252	3362	3528	3653	3713	4030
新加坡港	2990	2587	2843	2994	3160	3260	3390	3090	3653	3370
深圳港	2141	1825	2250	2257	2294	2327	2403	2420	2397	2520
宁波—舟山港	1084	1042	1300	1451	1567	1677	1870	2063	2156	2597
香港港	2409	2104	2000	2438	2309	2240	2011	2010	1963	2076

二、门类较全的产业优势和网络全球化的商贸优势

(一)产业门类齐全

宁波是全国最大的石化产业基地、九大工业之都、四大家电生产区和三大服装产业基地之一。宁波已形成工业门类众多、特色明显的三大优势产业板块。一是以石化、电力、钢铁、造纸、汽车、修造船为重点的临港型工业;二是以电子信息、新材料、生物医药为重点的高新技术产业;三是以纺织服装、日用家电、输变电、注塑机、模具、金属制品及汽车零部件等为主的传统优势产业。宁波以临港工业为核心的依存产业已基本形成一条绵延 20 多公里的沿海临港工业带。从分布区域看,临港工业呈"北化南船"态势,重化工业主要分布在北仑、镇海、大榭三大港区,并在产业构成上各具特色。临港工业集中在南部的象山港和奉化莼湖、松岙两镇,为宁波市重点船舶生产基地。宁波临港工业按其行业门类分为石化、能源、钢铁、造纸、交通设备制造、装备制造六大类。

制造业是宁波工业经济的支柱,也是国民经济增长的重要驱动力。2015年,宁波实现工业总产值 16700 亿元,其中规模以上工业总产值 13757 亿元,位居浙江省首位。在经济进入新常态后,宁波制造加快向"智造"转身。2016年 8 月 18 日,宁波获批全国首个"中国制造 2025"试点示范城市。这既是对宁波长期以来致力发展先进制造业的肯定,也是对宁波近年来切实推动产业转型升级、落实制造强国战略的鼓励。

(二)覆盖全球的商贸网络体系

宁波是浙江首个、全国第 8 个进出口总额超千亿美元的城市。人均外贸额达到或接近日本、意大利等发达国家水平。据宁波海关统计,2017 年宁波口

岸进出口总值达 1.38 万亿元,与上年同期相比(下同)增长 18.5%,其中,出口 9895.9 亿元,增长 12.4%;进口 3943.6 亿元,增长 37.1%。12 月单月进出口 1320 亿元,同比、环比分别增长 10.7%、3.1%,其中,出口 926.3 亿元,增长 4.9%,进口 393.7 亿元,增长 27%。全年新增对外贸易经营备案登记企业 3891 家,累计达 29858 家;全年有进出口实绩企业 15587 家。2017 年,全市新批境外投资企业和机构 220 家;核准中方投资额 39.1 亿美元,比上年增长 11.3%。

(三)境外三大基地建设初具规模

宁波在 2012 年全面开展"走出去"调研基础上,提出了境外"三大基地"概念,又称境外投资创业基地。所谓境外"三大基地",是指由宁波市企业在境外投资建设的产业定位明确、基础设施比较完善、带动进出口贸易和促进产业转型升级成效明显、具有集聚和辐射效应的境外生产制造基地、境外贸易营销基地和境外资源开发基地。宁波的境外资源开发基地主要涉及农产品种植、奶牛养殖、原木开采、公海捕捞和矿产开采,项目主要分布在坦桑尼亚、澳大利亚、巴布亚新几内亚、墨西哥和太平洋公海。

据统计,2017 年,全市累计批准外商投资项目数 555 个,比上年(下同)增加 97 个;合同利用外资 62.1 亿美元,下降 22.3%;实际利用外资 40.3 亿美元,下降 10.7%,全市累计实际利用外资达到 500.1 亿美元。第三产业新批项目 411 个,实际利用外资 21.4 亿美元,增长 2.8%。2017 年,全市新批境外投资企业和机构 220 家;核准中方投资额 39.1 亿美元,比上年增长 11.3%;全年完成境外承包工程劳务合作营业额 20.7 亿美元,增长 1.7%;全年承接服务外包执行额 290.8 亿元,其中承接离岸服务外包执行额 135.6 亿元。2017 年年末,全市服务外包企业 1407 家,从业人员 5.4 万人。在度过自身发展瓶颈期的同时,也帮助当地解决了就业问题,从长远来看,境外"三大基地"的建设无疑是积极的。

宁波在"21 世纪海上丝绸之路"建设中实施"走出去",可以凭借"三大基地"的优势,开展在海丝沿线国家的投资。

三、多元化的文化优势和遍布全世界的宁波帮人脉优势

(1)商业文化。宁波是一座江海交融的港口城市,是一座经济发达、风景

迷人的旅游城市,也是一座有着浓厚商业气息的历史文化名城。宁波是古代"海上丝绸之路"的重要发源地之一,是7000多年河姆渡文化的发源地。宁波有着对外贸易的历史渊源和传统。靠海的地理位置为宁波人走出宁波,放眼中国,睁眼看世界提供了便利的区位条件,也为宁波人商业活动提供了极佳的运输条件。长年的商业活动,使得宁波人具有较强的商业意识,也为宁波营造了浓厚的商业氛围,因此有了"无宁不成市"之说。

(2)人文文化。宁波作为人文荟萃之地,曾出现了虞世南、高则诚、王阳明、朱舜水、黄宗羲、万斯同、全祖望、张煌言等一批文化名人,以及四明学派、阳明学派、浙东学派等诸多学派,对后世影响深远。其中浙东学术不但在国内占有显要位置,而且对国外包括东亚的日本、朝鲜都有很大影响。

(3)藏书文化。宁波的藏书浩如烟海,涌现过一大批藏书数万卷的藏书名楼。天一阁是国内现存最古老的藏书楼,已有400多年的历史,它是中国藏书文化的代表之作,也是宁波的文化地标之一。正因如此,才有"书藏古今"之美誉。

除这些之外,宁波还具有中外港口贸易文化、青瓷文化、浙东文化、佛教文化、建筑文化以及丰富多彩的民间文化等。宁波的文化本身是一种多元的、包容的文化。宁波在"古海上丝绸之路"的发展历史中,早就与不同文化相互交融,形成了兼容并蓄、丰富多彩、底蕴深厚的特有宁波文化。宁波的传统文化无论是在广度,还是在厚度上面,都在全国占有重要位置。

同时,宁波有着很广泛的海外联系,是著名的侨乡。宁波人富有商业天赋和经商才干。"宁波帮"是相续百年、最为成功且古老而常新的商帮。20世纪以来,有40多万宁波籍人士旅居在世界60多个国家和地区。其中工商巨头、科技名人、社团首领和社会名流有800多人。

"海上丝绸之路"是宁波城市发展的主脉,不仅造就了独具宁波特色的"海上丝绸之路"文化,也为今天的宁波提供开拓、创新的"海上丝绸之路"精神。在中华人民共和国成立以来,尤其是改革开放初期,以包玉刚为代表的宁波帮人士为宁波经济、社会的发展,发挥了不可磨灭的作用。如今"宁波帮"已成为联结宁波与世界各地的重要桥梁和纽带。宁波如今有着非常完整的产业基础和良好的投资环境,为世界各地的宁波帮人士回乡发展提供了良好的条件,逐渐形成了"宁波帮帮宁波的良好氛围"。

四、灵活的经济运行机制和较高的经济发展水平

作为我国首批对外开放的 14 个沿海城市之一,宁波市机制体制改革走在全国前列,为经济社会的持续快速发展营造了良好的环境。现代企业制度建设稳步推进,多种所有制经济共存共荣、蓬勃发展;完善的要素市场体系初步建立,资金、人才等要素资源流转顺畅、供应充足。投资体制改革、审批制度改革等顺利推进,企业投资的市场主体地位已经形成,政府投资得到进一步规范。市场信用建设不断加强,经济秩序得到进一步整治。政府机构改革纵深推进,机关作风转变取得明显成效,服务意识有了明显增强。法制建设成效显著,城乡居民的法律意识明显增强,依法行政、依法管理已成为人们的共识。比较灵活的经济运行机制,为宁波参与建设"21 世纪海上丝绸之路"创造了良好的内部环境。

就经济发展水平而言,2017 年宁波 GDP 比上年增长 7.8%,人均 GDP 达到 124012 元,财政总收入突破 2415.8 亿元,一般公共预算收入突破 1410.6 亿元,较上年增长 9.4%。从 2012—2017 年宁波市 GDP 趋势(见图 5-1)可以看出,宁波经济一直持续增长,在 2008 年全球金融危机的背景之下,依旧保持较快增长,10 年间增长接近 3 倍。

图 5-1　2012—2017 年宁波市 GDP 趋势

数据来源:宁波市国民经济和社会发展统计公报。

据宁波海关统计,2017 年宁波市外贸进出口总额 7600 亿元,比上年同期(下同)增长 21.3%。其中,进口 2616 亿元,增长 37.3%,出口 4984 亿元,增长 14.3%。进出口、进口、出口三项指标分别优于全国 7.1 个百分点、18.6 个百分点和 3.5 个百分点。欧盟、美国和东盟分别为宁波市前三大贸易伙伴。2017 年,宁波市对欧盟、美国和东盟进出口分别为 1564.3 亿元、1378.9 亿元和 634.8 亿元,增长 15.9%、20.8% 和 18.3%,三者合计占同期宁波市进出口总额的 47.1%。此外,对国家重点战略区域进出口也取得进展,2017 年宁波市对中东欧国家进出口 197.9 亿元,增长 26.8%;对"一带一路"沿线国家和地区进出口 2010.4 亿元,增长 19.9%。城市经济的高水平发展为宁波企业参与"21 世纪海上丝绸之路"建设奠定了强大的经济实力与基础。

五、经久不衰的海洋资源优势

宁波市海域面积 9758 平方公里,超过陆域面积近 400 平方公里;拥有大陆海岸线和海岛岸线 1562 公里,占全省海岸线总长的 24%。"港、渔、涂、岛"四大海洋资源优势得天独厚。港湾航道资源具有全球性意义,北仑、大榭岛、穿山半岛、梅山岛等可利用的岸线长达 121 公里,其中深水岸线 47.1 公里,可建深水泊位约 150 个。宁波市的多个海域是全国的重要渔场,具有全国性意义的渔业资源。滩涂资源优势非常明显,总面积 940.04 平方公里,占全省总量的 34%,居全省首位;宁波市拥有面积在 500 平方米以上的海岛 531 个①。沿海岛屿既具有近岸、近港口航道、近经济技术开发区或口岸、近渔场等区位优势,又具有相对隔离、便于特殊开发的管理优势。丰富的海洋资源优势,使得宁波建设海洋强市具备了"先天之利",同时也为宁波在"21 世纪海上丝绸之路"建设中创造了有利条件。

---

① 数据来源:宁波市海洋经济发展规划(2006—2010)。

第二节 劣势分析

一、高端产业及相关龙头企业匮乏,产业结构亟待优化

"一带一路"倡议的主要意图为解决各地区发展不平衡问题,地区不平衡问题主要包括经济不平衡、建设资金需求缺口大、对能源的高度依赖、进出口总额比重小、进口贸易结构不合理等。宁波机电产品进口比重明显下降,高新技术产品的进口比重总体在下降等,高端产业的匮乏容易让这一问题再严重化,"一带一路"的发展高度依赖能源也让我们意识到充实高端产业的必要性;同时另一方面,相关龙头企业匮乏,基础设施体系结构不够完善,滞后于经济增长,建设资金需求缺口大,进口贸易增幅表现不稳定,经济发展不平衡导致可持续发展目标实现困难。

在新的重要机遇期,经济发展原有优势逐渐削弱,劳动力价格逐渐上升,产业结构性矛盾进一步凸显。根据内生经济增长理论,技术进步是经济增长的重要源泉之一,科技发展显得尤为重要。但与上海和杭州相比,宁波在技术进步上还存在问题,主要表现在科技资源相对较少,高新技术产业总体处于价值链的低端,贡献较大的主要还是传统优势产业,附加值比较高的临港工业和高新技术产业比重仍然偏低,同时缺乏龙头企业或行业产业集群。技术竞争力较低,使宁波外贸经济很难形成较大的竞争优势,科技创新能力不足成为经济发展重要制约因素。科技人才较少,科研投入不足,既影响科技成果的质量与数量,也影响了科技成果的转化。① 2017 年,宁波专利申请量和授权量分别为 62104 件和 36993 件,其中发明专利申请量、授权量分别为 18497 件、5382件。每万人发明专利拥有量达 25.9 件,高于全国、全省平均水平,发明专利占授权专利的比率为 14.5%。2017 年,宁波市共获国家专利优秀奖 11 项,浙江省专利金奖 2 项、优秀奖 4 项,宁波中车"超级电容器的制备方法"获国家专利金奖。宁波市现有国家知识产权优势企业 52 家,比 2016 年新增 12 家。发展

---

① 数据来源:2015 年国民经济和社会发展统计公报。

"一带一路"对能源的高度依赖,高新技术产品的进口比重总体下降,机电产品的进口比重明显下降,区域的竞争优势不明显。

二、大型跨境电商平台欠缺,国际化商品交易市场有待完善

近年来,跨境电商快速崛起,给中国及世界的传统贸易带来了强烈的冲击,成为外贸新的增长点。自 2015 年 9 月开展跨境电商试点以来,2017 宁波市实现跨境电商进出口额 636.4 亿元(93.9 亿美元),同比增长 136%,占全市进出口 8.4%,比重上升 4.4 个百分点。其中,进口额 80.3 亿元(11.8 亿美元),出口额 556.1 亿元(82 亿美元)。2013 年,泉州建设了中兴海丝路跨境电商服务平台。2014 年年初,国家发改委发布同意泉州创建国家电子商务示范城的通知[①],至 2016 年上半年泉州口岸已实现跨境电子商务零售出口额 1966万元,业务量为全国第七,仅次于广州、沈阳、长沙、南京、大连和西安关区。杭州在 2015 年被国务院批准设为全国首个跨境电子商务综合试验区[②],至 2015年底,杭州跨境电子商务交易规模已增至 34.64 亿美元,在阿里巴巴国际站上经营的杭州企业数已超过 3500 家,新增实绩企业也超过 1500 家。[③] 尽管宁波培育了正正电商、宁兴优贝、淘淘羊等一批宁波本土跨境电商,但是与泉州的中兴海丝路跨境电商服务平台、杭州的阿里巴巴国际站相比,缺乏与之匹敌的大型跨境电商平台。

近年来,宁波的商品交易市场面临巨大的压力,传统专业市场的短板也越来越明显。尽管宁波也在积极地寻求转型升级,但仍然收效甚微。2011 年,国务院正式批复《浙江省义乌市国际贸易综合改革试点总体方案》,这是浙江第一个国家级综合改革试点,也是全国首个由国务院批准的县级市综合改革试点。2015年,国务院办公厅同意在上海市、南京市、郑州市、广州市、成都市、厦门市、青岛市、黄石市和义乌市 9 个城市开展国内贸易流通体制改革发展综合试点。

以上作为试点的城市,建立了创新驱动的流通发展机制,建设了法制化的商业环境,也已初步建立起了流通基础设施发展模式,逐渐形成了健全高效的

---

① 刘倩.跨境电商出口再提速[N].泉州晚报,2016-07-19.
② 刘乐平,陈佳莹,刘伟.跨境电商"杭州经验"要向更大范围推广[N].浙江日报,2016-02-02.
③ 郁伟年.推动宁波保税区跨境电商产业创新发展[J].宁波经济,2016(3).

流通管理体制,形成可在全国复制推广的改革经验。

从浙江省全省的角度看,宁波之外兴起了三个超大型商品市场:义乌国际小商品市场、绍兴柯桥纺织品批发市场、台州五金批发市场。这三个商品市场形成了一个大三角形,强烈地吸附宁波的商品去那里上市交易,使宁波反而要依赖周边地区。因此,宁波到目前为止不像上海、义乌等城市一样具有国际化商品市场,无法形成可以媲美义乌等城市的国际化经营市场,造成了宁波国际化商品交易市场发展的短板。

三、港口大而不强,立体化集疏运网络有待完善

"21世纪海上丝绸之路"的建设,离不开以港口为龙头的重要通道作为支撑。宁波是全国港口物流枢纽城市,具有多元化的保税物流体系和水公铁空集疏运体系。2017年,宁波—舟山港完成货物吞吐量10.1亿吨,同比增长9.5%,成为全球首个货物吞吐量超10亿吨的大港,连续9年位居世界第一;完成集装箱吞吐量2460.7万标准箱,同比增长14.1%,稳居全球第四;全球前20名的集装箱班轮公司均已登陆宁波,宁波—舟山港已是名副其实的世界级大港。但是,宁波陆上货运体系与港口体系不匹配而且不衔接。"公铁水""陆海空"多式联运比例失调,集疏运结构失衡严重,港航服务业发展相对滞后,包括航运、内陆水运、陆运和航空运输等各种运输方式的交通运输走廊尚未形成联动和集聚效应,这些问题严重困扰着宁波—舟山港向国际强港冲刺,港口大而不强。

以水运为例,近20年来航道上闸坝多、监管不足,航道长期缺少必要维护与治理等自然和人为原因,导致千万航道不通畅,内河航运条件日渐退化,严重阻碍了内河水运的发展,使得运河的纽带作用不能很好地发挥。海运只是单一地依靠港口优势,没有与航空运输、公路运输、铁路运输、内河水路运输等形成合力,立体化的交通网络尚未成熟。因此,如何让宁波港成为功能全、效率高、货量大、模式新、影响力强的商贸物流港,成为宁波参与"21世纪海上丝绸之路"建设面临的重大问题。

四、中小企业面临生存困难,发展亟待转型升级

2015年,广东等沿海省份制造企业普通工人的月平均工资约为600美元,

是部分东南亚国家的 2 倍以上。东南亚、南亚等新兴经济体承接出口加工产能转移,劳动密集型制造业能力提升,在发达国家市场对中国产品形成竞争和替代。在这种情况下,中小企业都面临着转型升级。

然而,中小企业要转型升级成功,还存在巨大的困难。大部分中小企业对转型升级的迫切性认识不足,或者认识存在较大偏差;有的认为转型升级就是改行,从传统产业转到高科技新兴产业,而自己没有实力转型升级。

宁波大部分工业企业依然是劳动密集型和资源密集型,原材料价格和劳动力价格上涨挤压企业利润,比如奉化从事针织服装制造的企业当前利润率低于 5%。在融资方面,企业存在融资难、融资贵等问题。这些问题,都对宁波中小企业转型升级形成了制约。

五、城市国际综合竞争力不足,发展水平有待提高

国际化大都市评判的基本标准,人均 GDP 在 10000 美元以上,第三产业占 GDP 比重的 75% 以上,外贸依存度在 30% 以上。2017 年,宁波市人均 GDP 为 124017 元,按年平均汇率折合 18368 美元,第三产业占 GDP 比重的 44.96%。同年,上海人均 GDP 为 124600 元,折合为 18454 美元,第三产业占 GDP 比重的 69.0%;杭州人均 GDP 为 134607 元,折合为 19936 美元,第三产业占 GDP 比重的 62.6%(见图 5-2)。宁波人均 GDP 自 2008 年首次超过 10000 美元后,始终保持在这之上。尽管目前宁波的人均 GDP 已经能够达到国际化大都市的水准,但是除了 2008 年超过上海,2009 年超过杭州,在其余的几年里,宁波的人均 GDP 都始终低于上海和杭州(见图 5-3)。单从这一点我们就不难发现宁波的城市国际化水平还不能够和上海、杭州相比。

在 2015 年"中国城市竞争力排行榜"中(城市竞争力指标体系,详见专栏 5.1),在综合竞争力方面,上海、香港仍居一、二位,北京被深圳超越,而宁波综合竞争力位列 17。在 2015 年中国 60 强城市排行榜中,宁波仅算是一个二线城市。在世界强市排行榜中,上海是一线 8 个强市之一(其他 7 个分别是芝加哥、巴黎、迪拜、香港、东京、新加坡、悉尼),而宁波则无缘世界排行榜。

杭州在 G20 峰会时大放异彩,全球目光也都聚焦到这座城市,城市国际化水平进一步加深。相比之下,宁波的国际化水平还有待加强。综合上述城市

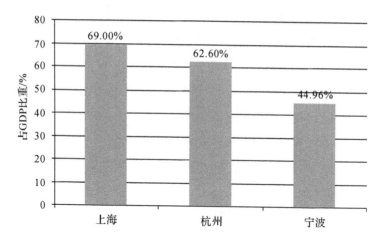

图 5-2　2017 年上海、杭州、宁波第三产业占 GDP 比重

数据来源:各城市国民经济和社会发展统计公报。

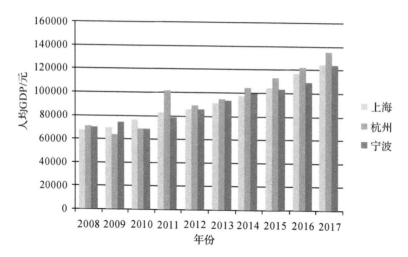

图 5-3　2008—2017 年宁波与上海、杭州人均 GDP 比较

数据来源:各城市各年国民经济和社会发展统计公报。

排行榜可见,宁波的城市国际化水平和综合城市竞争力远远落后于同样处于长三角区域的上海和杭州。

第三节　机遇分析

一、国家宏观战略提供政策保障

2013年9月，国家主席习近平在哈萨克斯坦纳扎尔巴耶夫大学发表演讲，首次提出共同建设"丝绸之路经济带"的倡议，此后，中共十八届三中全会通过的《中共中央关于全面深化改革若干重大问题的决定》进一步明确提出，加快沿边开放步伐，加快同周边国家和区域基础设施互联互通建设，推进丝绸之路经济带、海上丝绸之路建设，形成全方位开放新格局。国家从发展战略高度上全面深入地认识到建设"21世纪海上丝绸之路"对促进我国与中亚、西亚、欧洲各国之间的关系，提升我国对外开放水平的重要性。

在建设"21世纪海上丝绸之路"作为国家宏观政策布局的情况下，国家各方面政策也为宁波参与海上丝绸之路建设提供了保障。"一带一路"倡议的实施，为我国第四轮开放提供了核心动力，宁波作为深度参与"21世纪海上丝绸之路"的主要区域，更利于掌握主动权和话语权，带动效应更为突出。这为宁波各方面发展抢占先机，为开创开放新格局提供有力保障。

国家发改委、外交部、商务部发布的《推动共建丝绸之路经济带和21世纪海上丝绸之路的愿景与行动》指出，"一带一路"建设以"政策沟通、设施联通、贸易畅通、资金融通、民心相通"这"五通"为主要内容。"五通"的提出为宁波未来的发展指明了道路，使宁波更有针对性地发挥自己的力量。

二、"海丝"沿线发展需求为企业"走出去"提供动力源泉

近年来，海上丝绸之路沿线国的进出口需求也随着国际需求的格局悄然变动，尤其在货物贸易进出口需求上，"21世纪海上丝绸之路"沿线国家的进口需求不断扩大。据联合国商品贸易部统计数据显示，2017年6月，中国与海上丝路沿线国家进出口贸易环比出现小幅回调，同比增速仍达两位数；1—6月中国与海上丝路沿线国家进出口贸易额同比增长16.28%，季节性回调不影响回稳向好大趋势。宁波航运交易所（www.nbse.net.cn）发布的海上丝路贸易指

数(STI)显示:进出口贸易指数报收于 121.40 点,环比下跌 4.63%,同比上涨 10.68%;出口贸易指数报收于 133.33 点,环比下跌 6.62%,同比上涨 5.53%;进口贸易指数报收于 107.35 点,环比下跌 1.58%,同比上涨 19.18%。另外,中国与海丝沿线主要区域进出口贸易中,除红海进口贸易指数环比有所上升外,其余指数环比皆有所回调,但明显好于去年同期。

"21 世纪海上丝绸之路"沿途国有相当一部分国家属于经济欠发达地区,一方面迫切需要引进外资来发展本国经济,另一方面它们大多资源丰富,而经济总量较小,拥有强大的潜在购买力和市场。宁波与它们在自然资源、产业和贸易结构等方面存在较强的互补性,宁波作为国内为数不多的一个经济发达的沿海城市,有着独特的经济和地理交通优势。宁波与上海、杭州、广州等地相比,以钢铁、汽车制造业和电力、造纸生产行业为主的临港型工业,以塑料模具、纺织服装行业为主的轻工业具有比较优势,这些产业都是丝路沿线国家的投资热点。

随着全球经济自由化、一体化的推进,中国与亚洲、拉美、非洲等地区贸易往来密切,成为一些发展中国家的外资来源地。通过"21 世纪海上丝绸之路",宁波可以在满足沿线国家经济需求的情况下,同时逐步将一些过剩产业转移过去,缓解供给侧压力,为宁波企业"走出去"带来新的机遇。

三、沿海交通网为沟通"海丝"沿线城市提供便捷

经济发展,交通先行。许多发达国家和地区的发展和振兴,都是以加强交通建设为先导,从而带动整个经济社会的持续快速健康发展。在初始阶段,交通基础设施的互联互通便是"一带一路"的优先和重点,交通基础设施如果不连不通,连而不通,通而不畅就必将对深化区域合作构成一定障碍。

东南沿海各市经济快速发展,交通设施建设快速推进,已不再是昔日的交通"末梢"。东南沿海各市渐渐成为中国主要的交通枢纽。东南沿海城市交通网络,主体是以长三角港口为枢纽的凤翼式展开的沿海航运体系。它以上海为汇聚点,由成羽状排列的一系列南方航线组成。上海、宁波、厦门、福州、广州、香港等之间的航线是其主干。2016 年 6 月,国家发改委与住建部联合发布《长江三角洲城市群规划》,该规划明确宁波都市圈的具体范围包括宁波、舟

山、台州三市。长三角、珠三角密布的江河湖塘水系或沿海岸线平行而筑的公路和东南沿海交织密布的铁路网络,使东南沿海地区形成一个密切的整体,并与中西部地区广大腹地形成了紧密的交流。

公路方面,以宁波城为中心,有一环六条高速公路。向北通过杭州湾跨海大桥连接上海,与其形成 2 小时交通圈的同城效应。向西通过杭甬高速连接杭州、南京,与上海、南京、杭州、宁波共同构成长三角末梢的菱形城市空间格局。向南通过甬台温高速及其复线连接南方等大城市;向东通过宁波舟山跨海大桥连接舟山群岛。

空运方面,随着"21 世纪海上丝绸之路"建设的推进,东南沿海地区已逐渐形成了完善的立体交通网络,沟通了我国"海丝"沿线地区城市,加强海丝城市联合,为宁波扩大经贸交流提供了极其便利的条件。

四、"互联网+"为宁波经贸合作交流打开广阔空间

2015 年 3 月,李克强总理在《政府工作报告》中,首次提出"互联网+"的计划,明确提出产业需要进一步互联发展。在工业 4.0[①] 的背景下,宁波正式推动了以互联网为首的,制造业和服务业转型升级。在制造业方面,宁波也具有很好的基础,具有庞大的规模、完善的产业链,在此基础之上的"互联网+"的探索,可以实现宁波制造业的智能化。

在商业模板方面,宁波也在一定程度上实现了"互联网+"。比如,宁波具有自己的保税区,同时也建立起了跨境电商贸易平台,成功实现了智能的服务。

此外,为实现经贸的"互联网+",宁波已建成包括高新技术研发园、孵化器等各类众创空间超过 600 万平方米,涉及 1 亿元的创业支持基金、5 亿元的天使投资资金、10 亿元投资引导资金和 100 亿元的产业基金等政府型基金,全方位支持不同阶段创业企业所需要的支持。宁波市设立了 11 亿元的科技成

---

① 工业 4.0 是德国政府提出的一个高科技战略计划,是指利用物联信息系统将生产中的供应,制造,销售信息数据化,智慧化,最后达到快速、有效、个人化的产品供应。工业 4.0 旨在提升制造业的智能化水平,建立具有适应性、资源效率及人因工程学的智慧工厂,在商业流程及价值流程中整合客户及商业伙伴。其技术基础是网络实体系统及物联网。

果专项资金、转化资金，建设了近百个创业创新公共服务平台。

宁波已形成体系完备的开放平台体系，包括以国际贸易展览、金融服务和航运服务三大中心为代表的功能性平台，以浙洽会、消博会、中国—中东欧投资贸易博览会、海洽会、智慧城市博览会等为龙头的载体性平台，以 APEC 港口网络为代表的港口合作平台等。这些平台都可以为宁波率先探索"21 世纪海上丝绸之路"建设新型合作模式提供有力的支撑。

宁波积极以互联网引领制造业和服务业的融合发展，实现经济社会全面提升，引领了系统的全面的良好的创业生态系统。

五、"东亚文化之都"为宁波带来新契机

2016 年，宁波当选"东亚文化之都"，为宁波的文化建设和发展提供了一个难得的机会，给宁波搭建了一个提升国际文化交流水平的良好平台，更好地与包括日本、韩国在内的海外城市加强沟通、交流与合作，也有助于改善宁波作为一个国际化港口城市，对外文化交流活动不够活跃，城市文化国际化水平较低的现状。"东亚文化之都"活动年开展了文化、教育、体育、经贸等覆盖全市各县(市)区的活动 100 多项，对带动城市文化建设，将文化转化为整个城市的内生发展动力，起到了一定的推动作用。也对深化城市文化内涵，增强市民的文化自信，强化城市的文化自觉，激发城市文化的新活力，有一定的促进作用。

宁波建设"21 世纪海上丝绸之路"与打造"东亚文化之都"相辅相成、相互渗透，文化与经济的交融、国家战略与区域定位的契合，更是带动转型跨越的动力源和助推器。

第四节　威胁分析

一、国内外经济下行压力增大，外贸形势严峻

自 2015 年以来，全球经济增速放缓、有效需求不足，各经济体都面临着较多不确定性，因此导致各国的外贸需求下降，全球贸易量出现萎缩。在全球需求疲软，贸易失衡的情况下，我国现阶段进口和出口均出现负增长。据海关总

署公布的数据显示,2017年,全年货物进出口总额277923亿元,比上年增长14.2%。其中,出口153321亿元,增长10.8%;进口124602亿元,增长18.7%。货物进出口差额(出口减进口)28718亿元,比上年减少4734亿元。对"一带一路"沿线国家进出口总额73745亿元,比上年增长17.8%。其中,出口43045亿元,增长12.1%;进口30700亿元,增长26.8%。[①] 在现有的经济局势下,突破严峻的外贸形势成了巨大的挑战。

此外,一些大宗商品进口量的增速也有所放缓。2017年,我国原油进口量增长10.1%,铁矿砂进口量增长5%,煤(包括褐煤)进口量增长6.1%,铜进口量下降5.2%,钢材进口量增长0.6%。因此,全球大宗商品价格的大幅下跌和大宗商品进口量增速的放缓对宁波港大宗商品中转产生了冲击。

2016年,全球经济缓慢复苏,各国家及地区经济出现分化。随着美国经济逐步恢复,美联储加息推动美元进入较长的升值周期,吸引国际资本回流美国,引发国际商品和金融市场深度调整。上述这些因素,都将给宁波参与"21世纪海上丝绸之路"建设带来不小的挑战。

二、固有开放模式受到严重挑战,优势逐步弱化

"一带一路"倡议实施后,形成的沿海、沿江、沿边全范围的新的开放格局,致使宁波固有的沿海地区的港口开放优势正在逐步减弱。随着国际贸易规则的变化,政府政策的改变,以及实体经济的衰退,在这种情况下,宁波一直引以为豪的开放模式和传统外贸优势受到了极大的挑战。

从贸易结构转变上看,新时期全球贸易结构已由货物贸易为主转向服务贸易为主,而宁波市服务贸易水平不高,旅游、保险、金融、计算机和信息等服务贸易领域进出口总额低于全国11.5%的平均水平。

欧美国家对华的贸易保护主义趋势加剧,2012以"BIT"(双边投资协定,Bilateral Investment Treaty,简称BIT)为代表的新一轮高标准投资自由化新规则,以限制政府利用优惠政策扶助国有企业战胜民营企业的能力为指向的新一轮竞争中立规则,宁波已经不能单纯依靠原有廉价的外贸作为主要发展

[①] 数据来源:中华人民共和国2017年国民经济和社会发展统计公报。

优势了。宁波产业层次总体偏低,第三产业相对滞后,新兴服务业发展比重过小,处于全球产业链的低端环节,未能形成具有国际竞争力的产业优势。

宁波出口产业结构较为单一,体现在以传统制造业为主。另外,资源和技术型对外投资明显不足。宁波固有的"一条腿走路"的开放模式,已经不能满足"一带一路"的发展需求。不转型升级,宁波的长足发展将难以为继。

三、国内周边地区政策优势凸显,竞争面临挑战

宁波港和上海港同处长三角地区,两者的发展战略和功能定位高度雷同。上海自贸区设立后,上海港对长江沿岸港口的业务整合能力进一步提高,深化提升了"长江战略",制约了宁波深水枢纽港和国际港口物流中心的建设。凭借贸易、金融制度的创新,上海自贸区内国际大宗商品交易和资源配置平台的期货保税交割业务规模不断壮大,限制了宁波港口资源配置中心的发展。此外,上海的腹地拓展远远大于宁波。从沿江腹地来看,长三角地区和长江流域的大部分集装箱货物和大宗物资均通过上海港中转,而宁波港仅在沿江的南京港投资建设集装箱码头,宁波港的沿江腹地被上海港所抢占。从沿海腹地来看,上海港蚕食了宁波港的传统优势腹地。

上海港运营组织的现代化水平不断提高,港航配套一体化服务能力明显增强,上海港的港航物流功能加速由装卸、仓储、运输等传统的低附加值服务向期货保税仓储、仓单质押、包装加工、区域配送、国际采购、信息服务、航运金融、航运保险、航运交易等新型高附加值服务拓展。此外,上海港不断创新物流与贸易、物流与金融相融合的新型服务,推出期货保税交割库、"跨境通"电子商务平台、南北线煤炭运力衍生品合同等多项服务。上海港口和自贸区的这些巨大优势都将对宁波出口企业造成巨大冲击。

就宁波周边来看,上海自贸区、杭州跨境电子商务综合试验区、舟山群岛新区、义乌国际贸易综合改革试验区和温州金融改革试验区都上升为国家战略,"一带一路"中的一些大型项目也将花落大型企业,宁波的中小企业难以竞得。相比之下,宁波处在国家重大战略的边沿地带、重大项目的边沿之外,缺少国家给予应有的重视和政策支持,也难有重大项目落地宁波,这在一定程度上会影响甚至制约宁波在"21世纪海上丝绸之路"建设中比较优势的发挥。

四、海丝沿线情况复杂多变，合作面临考验

"21世纪海上丝绸之路"所涉亚欧地区是大国博弈和竞争之地，大国战略介入和博弈加大，对共建"21世纪海上丝绸之路"形成一定的牵制或掣肘，目前中亚、东南亚、南亚等地区已成为全球各主要大国竞争博弈的战略要塞。受美俄印等大国战略博弈加大和域内势力干扰增多的影响，未来共建"21世纪海上丝绸之路"可能会面临相当复杂而敏感的地缘政治生态。

"21世纪海上丝绸之路"联通亚欧非三大陆，连接太平洋和印度洋，包含了老牌欧洲发达国家和新兴发展中经济体，不同国家的经济发展水平和市场发育程度极为不同。这些国家经济发展水平不平衡，市场开放难度大。海丝沿线国的投资环境整体上不如中国与欧美发达国家，经济发展相对落后，基础设施建设比较薄弱，市场规范程度低，相关的法规政策不健全，缺乏有关部门的监管和约束，信用管理体系比较薄弱，部分地区仍在沿用宗教裁判、口头契约等难以与现代商务发展相适应的商事惯例和制度。西亚部分国家还是计划经济占主导地位，"看得见的手"在指引着贸易的进行，经济管理观念相对落后。中国无论是投资于基础设施，还是投资于第二产业，其投资回报率都不容乐观。

"21世纪海上丝绸之路"大多数沿线国家民族众多。相当一部分国家长期依赖西方国家的发展，并且当地居民多信奉伊斯兰教、基督教以及犹太教。一些宗教内部还存在不同教派，各民族宗教之间的历史纷争复杂，一些国家和地区因民族宗教问题引起的国际恐怖主义、宗教极端主义、民族分裂主义势力和跨国有组织犯罪活动猖獗，地区局势长期动荡不安。这些非传统不安全因素的凸显，既恶化了当地投资环境，威胁企业人员和设备安全，又对"21世纪海上丝绸之路"沿线工程建设构成严峻挑战。

由于地理、历史、宗教、民族的差异，"21世纪海上丝绸之路"沿线国家的文化文明丰富多元，既有中国、印度等东方传统国家，也有西方传统国家，再有土耳其等"欧亚国家"，还有新加坡等东西文化交融的国家。国家不同的身份定位在某种程度上塑造了国家对利益的认知，从而影响着国家行为和内外政策选择。中国与东南亚、南亚等沿线地区部分国家围绕有关领土、领海主权争端

的不稳定因素短期内无法消除,倘若再遭遇美、日等战略实施区域外因素的干扰,不仅可能激化既有矛盾,引发沿线国家更多的安全疑虑,甚至还会引爆局部的地缘冲突。复杂的生活信仰和生活习惯会对海外贸易形成不同程度的制约。

海丝沿线国家大多是处于政治转型中的发展中国家,政治体制也大相径庭。一些沿线国家政局不稳、社会持续动荡,民族矛盾、领土边界纠纷、经济利益冲突,甚至发生恐怖主义袭击等,对推动深化相互投资及产业合作带来较大的不确定性。部分国家缺乏政治互信,对共建"一带一路"倡议存有疑虑和抵触心理。沿线国家广而分散,基础设施建设需求强劲,资金需求缺口巨大,宁波参与"21世纪海上丝绸之路"面临较多的现实挑战。

根据上述列出的宁波参与"21世纪海上丝绸之路"建设中所具有的优势、机会,以及面临的劣势和威胁,我们可以列出一个简单的矩阵,如表5-3所示。

在列出宁波参与"21世纪海上丝绸之路"建设定位的SWOT框架后,我们可以清晰地看到几种可能的策略组合模式:优势机会战略(S.O),劣势机会战略(W.O),优势威胁战略(S.T),劣势威胁战略(W.T)。根据模型我们得出如下结论:(1)宁波参与"21世纪海上丝绸之路"建设优势大于劣势;(2)宁波参与"21世纪海上丝绸之路"建设发展机遇大于威胁;(3)宁波具备在"21世纪海上丝绸之路"建设中成为战略枢纽城市的条件。具体战略分析如下:

优势机会战略(S.O)是最理想的战略模式,可以充分利用内部优势与外部机会。当一个行为体具有特定方面的优势,且外部环境又为发挥这种优势提供有利机会时,可以采取该战略。当内部优势与外部机会相互一致和适应时,行为体可以用自身内部优势撬起外部机会,使机会与优势充分结合发挥出来。在宁波参与"21世纪海上丝绸之路"建设的发展战略中,此种战略需要宁波地方政府明确地把握国家宏观战略以及政策的支持机遇,充分发挥好宁波的区位优势、港口优势、产业优势和文化优势等,整合资源,统筹全局,深化改革,扩大开放,加速发展。

劣势机会战略(W.O)是将劣势转变为优势的战略,可以利用外部机会弥补内部弱点。当行为体由于存在一些内部弱点而妨碍其利用机会时,可以采取该措施克服这些弱点。宁波当前参与"21世纪海上丝绸之路"建设中,存在部分短时间内难以解决的问题,然而若拘泥于解决城市发展中存在的问题,而

表 5-3　宁波参与"21世纪海上丝绸之路"建设的 SWOT 分析对照

	优势（Strengths）	劣势（Weakness）
外部因素	1.复合型的区位优势和国际化港口优势 2.门类较全的产业优势和网络全球化的商贸优势 3.多元化的文化优势和遍布全世界的宁波帮人脉优势 4.灵活的经济运行机制和较高的经济发展水平 5.经久不衰的海洋资源优势	1.高端产业及龙头企业匮乏，产业结构亟待优化 2.大型跨境电商平台欠缺，国际化商品交易市场有待完善 3.港口大而不强，立体化集疏运网络有待完善 4.中小企业面临生存困难，发展亟待转型升级 5.城市国际综合竞争力不足，发展水平有待提高
机会（Opportunity）	优势机会战略（S.O）	劣势机会战略（W.O）
1.国家宏观战略提供政策保障 2."海丝"沿线发展需求为企业"走出去"提供动力源泉 3.沿海交通网为沟通海丝沿线城市提供便捷 4."互联网＋"为宁波经贸合作交流打开广阔空间 5."东亚文化之都"为宁波带来新契机	在国家宏观战略以及大政策背景下，利用自身区位优势、港口优势、产业优势、文化优势等，整合资源，全局统筹，完善和拓展自身优势，积极推进"21世纪海上丝绸之路"建设	充分利用政策环境，转变发展方向，积极引进优秀海丝方面专业化人才，完善信息化技术，优化集疏运体系、商品交易市场，提高区域竞争力和国际化水平
威胁（Threats）	优势威胁战略（S.T）	劣势威胁战略（W.T）
1.国内外经济下行压力增大，外贸形势严峻 2.固有开放模式受到严重挑战，优势逐步弱化 3.国内周边地区政策优势凸显，竞争面临挑战 4.海丝沿线情况复杂多变，合作面临考验	站在国内周边城市以及全国经济发展情况的视角，扬长避短，充分利用宁波自身优势，发挥自身比较优势，发展符合宁波自身特点的经济运行模式，提高抗风险能力，抓住发展契机	在"21世纪海上丝绸之路"建设中，保持平稳向前，逐步调整规划，制定合理目标定位，尽量弥补自身竞争力不足的缺陷

错失国家战略机会，对宁波推动"21世纪海上丝绸之路"的实质发展是不利的。宁波应如果规避劣势，顺应机遇，克服这些弱点，就可能进一步利用各种外部机会，最终赢得竞争优势。

优势威胁战略（S.T）指利用自身优势，回避或减轻外部威胁所造成的影响。当在竞争中处于非常不利的地位,同时错失发展机遇期时,若宁波能扬长避短,在充分利用区位优势的基础上,以建设"21世纪海上丝绸之路"为切入口,打造海丝之路的战略枢纽城市,吸引宁波帮人士与资金回流,便可利用这些优势提升城市发展的新高度。

劣势威胁战略(W.T)是一种旨在减少内部弱点,回避外部环境威胁的防御性战略。当主体存在内忧外患时,往往面临生存危机,保守与平稳也许成为改变劣势的主要措施。如果宁波在建设"21世纪海上丝绸之路"中,自身优势不足,无法实现外部资源的整合,且丧失政策支持和发展机遇,这就将迫使宁波在海丝建设中采取目标聚集战略或差异化战略,以回避发展方面的劣势,并回避因此原因带来的威胁。

这四种战略对应四种效应:杠杆效应、抑制性效应、脆弱性效应、问题效应。宁波在"21世纪海上丝绸之路"建设中,针对不同的状况,充分发挥着四种效应带来的作用。

专栏5.1 城市竞争力指标体系

竞争力的概念最早来源于企业管理研究。目前,竞争力已被引入区域和城市领域研究中,城市竞争力(urban competitive power)不同于企业竞争力和国家竞争力,主要表现为城市发展能力和创新能力的强弱,其本质是城市为发展而进行资源优化配置的能力,其战略目标是促进城市及其所在区域社会经济的高效运行和持续发展,其最终目的是创造最适宜于人类生活的栖居地。

"中国城市竞争力评价系统"由5个一级指标系统、23个二级指标系统和140个要素指标构成,是基于关联性、可度量性、可比性、导向性和层次性的基本原则建立的,包括统计指标和调查指标两大类。城市竞争力评价系统包括的五个层面(即一级指标系统)为城市实力系统、城市能力系统、城市活力系统、城市潜力系统和城市魅力系统。这就是城市竞争力的"五要素论"。

城市实力系统主要是对城市经济、社会和可持续发展等方面实力的全面评价,反映城市经济规模、产业结构、基础功能和社会进步与可持续发展的状况等,揭示出城市的经济地位和竞争基础。

城市能力系统反映了城市集聚、扩张、流通、增长等方面的核心能力,揭示出城市发展的速度与程度、竞争产生对抗效果的水平、作用强度和获得竞胜的概率。IUD指出,从市场角度看,城市竞争力就是城市生产力,竞争力的本质体现为市场化占有、配置和利用生产要素的权利的大小。

城市活力系统反映了城市有效利用资源的能力,包括企业活跃度、资本市场成熟度、市场开放度、创新环境、城市治理结构等方面,揭示了城市各要素和资源的活跃性、开放性以及相关约束的合理性,并综合体现为城市运行和发展的效率。

城市潜力系统反映了城市在未来或潜在竞争中能够夺取、控制制高点所需的要素支持的完备程度,揭示了城市实现生存平台的跨越和生存模式的革新,获得城市再生和更高层次新生的后发优势。

城市魅力系统是推动城市快速发展的加速器,是现代城市的灵魂。IUD指出,城市魅力的功能在于对外界施加强烈的影响力,产生巨大的吸引力,充满迷人的亲和力,激发丰富的想象力,对城市发展具有乘数效应。

(资料来源:北京国际城市发展研究院城市竞争力课题组)

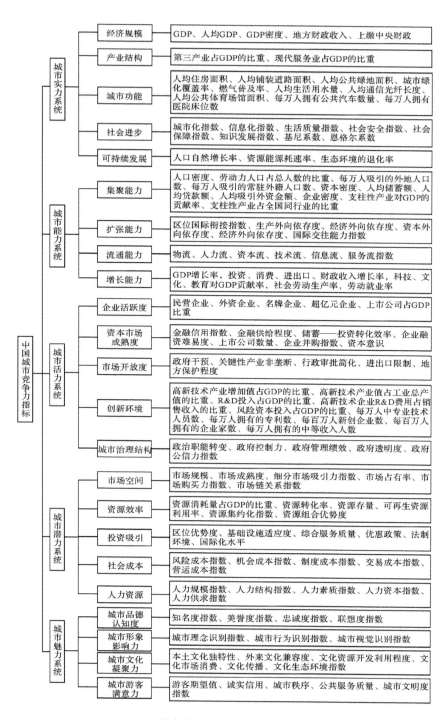

	经济规模	GDP、人均GDP、GDP密度、地方财政收入、上缴中央财政
城市实力系统	产业结构	第三产业占GDP的比重、现代服务业占GDP的比重
	城市功能	人均住房面积、人均铺装道路面积、人均公共绿地面积、城市绿化覆盖率、燃气普及率、人均生活用水量、人均通信光纤长度、人均公共体育场馆面积、每万人拥有公共汽车数量、每万人拥有医院床位数
	社会进步	城市化指数、信息化指数、生活质量指数、社会安全指数、社会保障指数、知识发展指数、基尼系数、恩格尔系数
	可持续发展	人口自然增长率、资源能源消耗速率、生态环境的退化率
城市能力系统	集聚能力	人口密度、劳动力人口占总人数的比重、每万人吸引的外地人口数、每万人吸引的常驻外籍人口数、资本密度、人均储蓄额、人均贷款额、人均吸引外资金额、企业密度、支柱性产业对GDP的贡献率、支柱性产业占全国同行业的比重
	扩张能力	区位国际衔接指数、生产外向依存度、经济外向依存度、资本外向依存度、经济外向依存度、国际交往能力指数
	流通能力	物流、人力流、资本流、技术流、信息流、服务流指数
	增长能力	GDP增长率，投资、消费、进出口、财政收入增长率，科技、文化、教育对GDP贡献率，社会劳动生产率，劳动就业率
城市活力系统	企业活跃度	民营企业、外资企业、名牌企业、超亿元企业、上市公司占GDP比重
	资本市场成熟度	金融信用指数、金融供给程度、储蓄——投资转化效率、企业融资难易度、上市公司数量、企业并购指数、资本意识
	市场开放度	政府干预、关键性产业非垄断、行政审批简化、进出口限制、地方保护程度
	创新环境	高新技术产业增加值占GDP的比重、高新技术产业值占工业总产值的比重、R&D投入占GDP的比重、高新技术企业R&D费用占销售收入的比重、风险资本投入占GDP的比重、每万人中专业技术人员数、每万人拥有的专利数、每百万人新创企业数、每百万人拥有的企业家数、每万人拥有的中等收入人数
	城市治理结构	政治职能转变、政府控制力、政府管理绩效、政府透明度、政府公信力指数
城市潜力系统	市场空间	市场规模、市场成熟度、细分市场吸引力指数、市场占有率、市场购买力指数、市场链关系指数
	资源效率	资源消耗量占GDP的比重、资源转化率、资源存量、可再生资源利用率、资源集约化指数、资源组合优势度
	投资吸引	区位优势度、基础设施适应度、综合服务质量、优惠政策、法制环境、国际化水平
	社会成本	风险成本指数、机会成本指数、制度成本指数、交易成本指数、营运成本指数
	人力资源	人力规模指数、人力结构指数、人力素质指数、人力资本指数、人力供求指数
城市魅力系统	城市品德认知度	知名度指数、美誉度指数、忠诚度指数、联想度指数
	城市形象影响力	城市理念识别指数、城市行为识别指数、城市视觉识别指数
	城市文化凝聚力	本土文化独特性、外来文化兼容度、文化资源开发利用程度、文化市场消费、文化传播、文化生态环境指数
	城市游客满意力	游客期望值、诚实信用、城市秩序、公共服务质量、城市文明度指数

中国城市竞争力指标

城市竞争力评价指标体系

第六章 宁波在"21 世纪海上丝绸之路"建设中的发展定位及战略重点

　　城市的定位是根据自身条件、竞争环境、需求趋势等及其动态变化,在全面深刻分析有关城市发展的重大影响因素及其作用机理、复合效应的基础上,科学筛选城市地位的基本组成要素,合理确定城市发展的基调、特色和策略的过程。其含义是通过分析城市的主要职能,揭示某个城市区别于其他城市本质的差别,创新个性化的城市形象,抓住城市最基本的特征,引领自身发展的目标、占据的空间、扮演的角色、竞争的位置。宁波在"21 世纪海上丝绸之路"建设中的发展定位是,根据宁波所具有的上述条件及未来的实现目标,基于当前的功能定位而提出。

第一节　影响因素分析

　　城市的发展定位是城市发展和竞争战略的核心,它以产业定位为基础。城市定位明确,可以正确指导政府活动、引导企业或居民活动、吸引外部资源和要素,最大限度地聚集资源,最优化地配置资源,最有效地转化资源,最科学地制定战略,从而最有力地提升城市竞争力。否则,城市定位不准,就会迷失方向,丢掉特色,丧失自身的竞争力。

　　宁波是以临港重化工业、传统的优势产业(机械制造、纺织服装、家用电器产业等)、高新技术产业、服务业为基础的现代化沿海港口城市、商贸大市,因此,在"21 世纪海上丝绸之路"建设中的定位应集中体现在以下几个方面。

一、顺应国家战略要求

当今世界正发生复杂深刻的变化,国际金融危机的深层次影响继续显现,世界经济缓慢复苏、发展分化,国际投资贸易格局和多边投资贸易规则酝酿深刻调整,各国面临的发展问题依然严峻。"一带一路"倡议的提出,顺应了世界多极化、经济全球化、文化多样化、社会信息化的潮流,秉持开放的区域合作精神,有利于维护全球自由贸易体系和开放型世界经济。促进经济要素有序自由流动、资源高效配置和市场深度融合,推动沿线各国实现经济政策协调,开展更大范围、更高水平、更深层次的区域合作,共同打造开放、包容、均衡、普惠的区域经济合作架构。

国家在《推动共建丝绸之路经济带和 21 世纪海上丝绸之路的愿景与行动》中要求宁波等沿海城市要以扩大开放倒逼深层次改革,创新开放型经济体制机制,加大科技创新力度,形成参与和引领国际合作竞争新优势,成为"一带一路"特别是"21 世纪海上丝绸之路"建设的排头兵和主力军。因此,宁波参与"21 世纪海上丝绸之路"建设应顺应国家宏观政策布局的要求,结合自身的优势和特色,成为具有国际影响力的经贸交流合作中心。

二、区域经济发展目标协同

区域经济的协同发展是经济发展的内在要求和客观规律。人口、资源、科技、环境等是构成区域经济系统的重要经济要素,这些经济要素既存在着各自的独立运动,又存在着相互影响、相互制约的关联运动;经济要素各自的独立运动与要素之间的关联运动既斗争又统一。区域经济协同发展,就是在一定条件下,通过调节控制各个经济要素的独立运动以及要素之间的关联运动,使经济要素之间的关联支配各个要素的独立发展,达到各个经济要素相互配合、相互协作的发展态势;进而主导整个区域经济系统的发展趋向,使整个区域经济系统由旧结构状态发展变化为新结构状态;从而实现经济要素合乎规律的发展、区域内部与外部经济互惠共赢发展、区域经济社会全面协调可持续发展。

自国家实施"一带一路"倡议以来,国内相关城市纷纷响应,提出了参与"一带一路"特别是"21 世纪海上丝绸之路"建设的定位(见专栏 6.1)。宁波建设"21世纪海上丝绸之路"包括了国内、国外两大区域经济的多方面、多层次协同发展,它既涵盖了宁波与国内其他城市的区域经济协同,又包括了宁波与海丝沿线国家的区域经济协同发展。在竞争与合作中,宁波可以抓住主导区域经济发展趋向的经济要素之间的本质联系,促使这种本质联系所对应的潜在的经济发展模式显化,从而促使区域经济发生质的飞跃,以中东欧为桥头堡,串联国际经贸合作交流,打造"海丝"沿途贸易交易便利化综合实验区,使之成为"16+1"经贸合作示范区,逐步成为"一带一路"产能对接合作中心。

专栏 6.1 部分省、市、自治区定位参考①

省、市、自治区	参与"21世纪海上丝绸之路"定位	年份
浙江	海上丝绸之路建设的排头兵和主力军,发挥好沿海地区应有的龙头引领作用,定位和建设好"21世纪海上丝绸之路"的战略枢纽区和开发合作的先行区 1. 全方位开放的践行者 2. 争当国际国内区域合作的主力军 3. 科技创新与合作的桥头堡 4. 制度创新的先行者 5. 综合立体交通走廊的规划建造师 6. 文化沟通交流的窗口	2015
上海	上海市是"一带一路"的重要枢纽和支点城市,力争成为"一带一路"建设的排头兵和主力军 1. 海上丝绸之路建设的区域链接和航运贸易的枢纽功能区 2. 海上丝绸之路建设的战略安全保障和战略资源保障的枢纽区 3. 海上丝绸之路建设的开放合作先行区	2015
新疆	向西开放的重要窗口	2014
广西	"21世纪海上丝绸之路"与"丝绸之路经济带"有机衔接的重要门户	2015
云南	面向南亚、东南亚的辐射中心	2015
陕西、甘肃、宁夏、青海	形成面向中亚、南亚、西亚国家的通道、商贸物流枢纽、重要产业和人文交流基地	2015

---

① 国务院关于城市总体规划批复中给部分城市的定位:

给上海的定位:上海市是我国直辖市之一,全国重要的经济中心。把上海建设成为经济繁荣、社会文明、环境优美的"国际大都市",国际经济、金融、贸易、航运中心之一。

给深圳的定位:深圳市是我国的经济特区,全国性经济中心城市和国际化城市。

给杭州的定位:杭州是浙江省省会和全省经济、文化、科教中心,长江三角洲中心城市之一。

给宁波的定位:宁波是我国东南沿海重要的港口城市、长江三角洲南翼经济中心、国家历史文化名城。

省、市、自治区	参与"21世纪海上丝绸之路"定位	年份
内蒙古、黑龙江、吉林、辽宁、北京	建设向北开放的重要窗口	2015
福建	"海丝"核心区	2015
广东	"21世纪海上丝绸之路"的核心枢纽	2016

资料来源：根据实地调研和媒体披露资料制作。

三、宁波在"21世纪海上丝绸之路"建设中自身的诉求

一是宁波加快打造独具魅力的国际港口名城的需要。港口是宁波的最大的资源、最大特色、最大优势。努力打造独具魅力的国际港口名城是历届宁波市政府一直实施重大战略决策，也是实施国家开放战略、高层次参与国际竞争与合作、建设开放型经济强市的关键之举。因此，大力推进"一带一路"建设，充分利用港口资源优势，有利于提升城市国际化程度，加快推进现代化国际港口建设。

二是宁波加快形成对外开放新格局的需要。对外开放是宁波发展的主动力，但在新的历史条件下，随着商务成本的增高、土地价格不断攀升、环境容量萎缩和劳动力供应短缺等要素资源约束的增强，传统产业逐渐失去后发优势，国内市场逐渐饱和，国外市场萎缩，宁波经济发展的快车已进入慢车道，开放型经济面临重大转折。因此，积极参与"一带一路"建设，深挖与沿线国家和地区的合作潜力，培育新的开放优势，提升资源配置能力，有利于加快形成"引进来"与"走出去"并重、经贸合作与人文交流并举的对外开放新格局。

三是宁波加快转变经济发展方式的需要。宁波作为沿海开放城市，在资本、技术、设备、产品等方面优势明显，"一带一路"沿线国家在能源、矿山、原材料等领域具有优势，两者有较强互补性，通过参与"一带一路"建设，有利于宁波从出口拉动向进出口、投资、消费等共同拉动协调发展方式转变，促进资源优化配置，推动经济可持续发展。

四、宁波在"21世纪海上丝绸之路"建设中自身的条件

宁波处在连接海上、陆上丝绸之路的交汇处，是"一带一路"枢纽城市，也

是"21世纪海上丝绸之路"的战略支点城市,经贸合作和人文交流的先行城市,教育国际合作交流综合改革试验区,跨境电商综合试验区,对外投资的一线城市,"中国制造2025"的首批示范城市,首个国家保险创新综合试验区,首个中国—中东欧国家贸易便利化国检试验区,"16+1"经贸合作示范区。此外,宁波在境外已拥有三大基地12个,具体为:境外生产制造基地2个,境外资源开发基地8个,境外贸易营销基地2个。境外生产制造基地主要包括境外工业园、境外园中园;境外资源开发基地主要包括境外农(牧)业基地、境外渔业基地、境外林业基地、境外矿业基地;境外贸易营销基地相当于宁波产品境外展销会,常年举办。所有这些,为宁波参与"一带一路"建设创造了良好的前提条件。

第二节　发展定位

根据国务院批复的《浙江海洋经济发展示范区规划》《长三角地区区域发展规划》①和国家发展改革委、外交部、商务部发布的《推动共建丝绸之路经济带和21世纪海上丝绸之路的愿景与行动》、《长江三角洲城市群发展规划》,国务院2015年3月下发的《关于宁波市城市总体规划的批复》,浙江省"十三五"规划,宁波市"十三五"规划,2016年8月18日,工信部、中国工程院、新华社和宁波市政府联合发布的全国首个"中国制造2025"试点示范城市,2016年1月12日,国务院关于设立第二批跨境电商综合试验区的批复,2016年11月1日,第六次中日韩领导人会议发表的《关于东北亚和平与合作的联合宣言》被命名的"东亚文化之都",2016年9月6日,经国家旅游示范工作评定委员会认定的首批国家旅游示范单位"中国旅游休闲示范城市"等,从上述各级、各种文件的批示、评选中可以看出,宁波的定位呈现出多重叠加的特征。结合宁波的区位与港口条件、资源禀赋、产业与商贸基础、人文底蕴和国际化水平等现实情况以及当前的功能定位,按照国家赋予宁波在"一带一路"建设中的战略任

---

① 《长三角地区区域发展规划》,明确提出了宁波在长三角区域发展中的三个城市功能定位:先进制造业基地、现代物流基地、国际港口城市。

务,宁波在"海上丝绸之路"建设中的发展定位应是:"21世纪海上丝绸之路"重要的战略门户枢纽和国际经贸合作交流中心、国际港航物流服务中心、国际人文合作交流中心、面向中东欧的产能对接合作中心,即"一个枢纽和四中心"。

（一）关于"门户枢纽"

门户原意为房屋等的出入口。枢纽原指主门户开合之枢与提系器物之纽,是事物的关键部位,引申为事物之间联系的中心环节。"一带一路"倡议涉及水陆两个方向,需要一个"枢纽"用来连接、疏通和转换"陆海丝绸之路"形成的各种资源。优势决定地位,宁波所处的特殊地理位置、具有的港口优势,遍布世界的商贸优势,使其具有成为"21世纪海上丝绸之路"重要战略枢纽城市的良好条件和基础。

宁波处在陆海丝绸之路的枢纽交汇点。宁波是我国的东海门户,处于东海岸线中端,向北可至大连港,向南可连接广西的北部湾、海南岛的各个港口,南北通达;宁波地处"长江经济带"与我国沿海"T"字形的交汇处,连接着中国最发达的长江三角洲地带,背靠经济发展具有后发优势的广大内陆省份,拥有广阔的陆向港口腹地。经济带沿线无水港不断延伸设立,港口的给货能力不断增强,宁波成为内陆省份借船出海的理想通道,是名副其实的陆海丝绸之路战略枢纽。

宁波具有陆海丝路门户枢纽城市江、河、海、陆联通的运输条件,五位一体的多式联运基本形成。第六代集装箱船舶自由进出的航道,可以停靠超过30万吨以上的巨轮①。宁波港凭借着深水岸线、优质港口和便利的中转条件,世界各地的货运公司都争相选择在这里进行转驳。当前,宁波港背靠广大中西部腹地,面临东海,是大运河南端唯一出海口,是我国四大国际深水枢纽港②和

---

① 宁波港可以停靠超过30万吨以上的巨轮,2005年3月30日,比利时籍40万吨级超大型油轮"泰欧"轮在宁波港大榭实华原油码头靠泊成功,刷新了靠泊我国港口最大吨位船舶的纪录,同时标志着宁波成为国内第一个成功接卸40万吨级巨轮的港口。2014年12月9日,全球首艘载箱量达1.91万标准箱的最大集装箱船——"中海环球"轮首航宁波港。

② 四大国际深水港:大连大窑湾,宁波北仑港,福建湄洲湾,深圳盐田港。

远洋国际干线港之一,深水港发展条件超越上海,拥有满足第五代港口①发展的条件,宁波港已成为中国大型和特大型深水泊位最多的港口,码头基本实现深水化、大型化、专业化、现代化、信息化和网络化,装卸效率达到了国际领先的水平。在中国港口综合竞争力指数排行榜报告中,宁波—舟山港位居全国港口首位,且后续发展潜力巨大。

五位一体的多式联运基本形成。水路运输、公路运输发达,铁运网络逐渐扩展、直达港口,空运发展能级显著提升,管道运输网络正在逐步形成。

(二)"四个中心"

"四个中心",即宁波是建设"21世纪海上丝绸之路"的国际经贸合作交流中心、国际港航物流服务中心、国际人文合作交流中心、面向中东欧的产能对接合作中心。

宁波正努力打造更具国际影响力的国际经贸合作交流中心。一是拥有影响全球的"海上丝绸之路指数"发布权。二是宁波—舟山港货物吞吐量连续8年位居世界港口第1位②;集装箱吞吐量首次突破2000万标准箱,为全球第四大集装箱港口,增幅居全球十大港口之首。三是宁波港"集散功能强",可为全球最大集装箱船箱源集散提供优质保障。宁波港拥有一流的港口设施,深浅配套、功能齐全的码头泊位、先进的现代化装卸设备和堆存设施,是名副其实的集装箱远洋干线港和枢纽港。四是世界航运巨头集聚宁波,形成航运总部集聚区。目前,宁波港已引入中远、长荣、东海航运保险,宁波—舟山港集团等总部企业,还有世界第四大船公司赫伯罗特船务、韩国最大的船公司现代商船、中国海运前23强的东南物流等国内外航运巨头,以及世界前十大船级社、中国唯一从事船舶入级检验业务的专业机构——中国船级社浙江分社。五是货源充足,拥有大宗商品交易市场。宁波一直是我国对外经贸交流的重要港

---

① 第五代港口:以大型海港为母港(中转港),以国际陆港、支线港和设在内陆的港区为子港,形成母港与各个子港共生共荣、联合经营、合作发展的子母港群,以网状的形式在间接经济腹地和直接经济腹地拓展业务,培育内陆地区外贸货源,为内陆地区提供像海港一样的港口服务,促进内陆城市建立国际陆港、发展临港产业区,带动内陆地区外向型经济良好发展。使大型海港突破只在海边转圈发展的模式,树立深入内陆经济腹地,在内陆经济中心城市建立"港口连锁店"的一种港口发展创新思路。

② 2015年,全球港口货物吞吐量前十大港口排名顺序依次为:宁波—舟山港、上海港、新加坡港、天津港、苏州港、广州港、唐山港、青岛港、鹿特丹港、黑德兰港。进入十大港口之列的中国港口数量为7个。

口城市,年进出口总额超千亿美元,宁波—舟山港合并后,舟山具有大宗商品交易市场、货物储存和转换地,随着物流运输业的发达,大宗商品交易市场业务量的不断提升,大宗商品(石化产品、钢铁有色、煤炭矿石、农林纸浆等)的交易价格将发出宁波声音(对大宗商品的话语权和定价权),海上的经贸交流中心基本形成。

宁波正努力打造更具国际影响力的港航物流服务中心。该中心是国际航运服务中心与国际物流中心的结合体,是指以宁波—舟山港为依托,集发达的港航物流基础设施、完善的港航物流服务体系、充沛的航运物流需求资源、众多的港航物流服务企业为一体的国际化服务中心,既是集交通、服务、文化、产业、贸易、投资、信息与生态等于一体的多功能体系,也是全球供应链管理和国际港航物流资源配置的重要节点。

国际人文交流中心是宁波建设"21世纪海上丝绸之路"的重要内容,也是"一带一路"倡议构想的重要立足点和促进区域合作关系的重要桥梁和纽带。宁波具有深厚的文化底蕴,要古为今用,大力弘扬以王阳明、黄宗羲、朱舜水、万斯同、全祖望等学术大师为代表的明清浙东学术文化,这些文化所具有的原创性思维,所提出的经世致用、工商皆本、崇尚事功、博纳兼容、开拓创新、与时俱进的品格,是中国传统文化中具有代表性的思想成果之一。浙东学术大师们所开创的"四明学派"、"阳明学派"、浙东史学派,凝聚了宁波人长期实践的成果,代表了当时中国思维成果的最高水平。王阳明的"心学"、黄宗羲的"天下为主君为客"的民主思想和"无君之君"的政治体制构想,不但在中国思想文化史上占有十分重要的地位,而且影响遍及海内外,尤其对日、韩、东南亚的文化和社会历史的发展,产生了重要影响。

此外,以天一阁为代表的藏书文化,以保国寺为代表的建筑文化,以始建于汉晋的青瓷文化,以中国古代四大水利工程之一的它山堰为代表的水利文化,以"宁波帮"为代表的商帮文化,还有丰富的宗教文化、海洋文化、海防文化、海上丝绸之路文化等等,构成了内容极为丰富又极具个性的宁波多元化地域文化特征,在历史上对日本、韩国等周边国家产生过深远影响。宁波又是我国历史文化名城、东亚文化之都,完全有能力成为中国面向"21世纪海上丝绸之路"的国际人文交流中心城市。

宁波具备与"一带一路"沿线国家经贸、人文交流合作优势,以友城结对、展览展示、论坛节庆等为载体,全面深化文化、教育、科技、卫生、体育、旅游等国际交流与合作,开创民心相通、合作共赢的良好局面。积极与"一带一路"国家建立友好城市关系,扩大友好城市规模;深化城市间文化交流与合作,整合人文资源,加强宁波与友城的沟通与交流。提升宁波—中东欧市长论坛国际影响力,构建中国与中东欧的文化交流和经贸合作平台;打造"21世纪海上丝绸之路论坛",将海洋经济论坛拓展为"一带一路"相关国家文化交流的重要纽带。建设浙江广电象山影视基地,输出宁波文化精品。提升"宁波周"的规格和层次,将其打造成为宁波对外交流的重要名片。推进北外海上丝路研究院、佛教文化交流中心等项目建设,深化"宁波海上丝绸之路文化"研究,开展文化挖掘、文化艺术巡展、文化交流主题论坛等活动,加强人才、科技、卫生、体育、宗教交流与合作;推动双边留学生交流及学者互访,推进高等教育与职业教育等领域的深入合作;建设邮轮母港或停泊港,开辟国际邮轮航线,筹划"一带一路"特色旅游线路;探索文化产业与经贸协同发展,扩大文化输出与服务外包。

面向中东欧的产能对接合作中心。宁波与中东欧经贸往来历史悠久,双方有着不解之缘。宁波是中国古代"海上丝绸之路"的重要始发港,而"海上丝绸之路"是贯穿欧亚大陆,连接中欧文化交流和经贸往来的纽带。中东欧地区被称为中欧经济合作的桥头堡,近年来两地贸易更是驶入快车道。宁波与中东欧国家之间的经贸合作是宁波贸易多元化战略的重要内容。宁波与中东欧贸易的互补性强,产能对接合作前景甚好。此外,宁波正在努力打造成为中国与中东欧国家双向投资合作的首选之地,中东欧商品进入中国市场的首选之地,中国与中东欧国家人文交流的首选之地。

综上所述,"门户枢纽"既体现了宁波"21世纪海上丝绸之路"建设处在陆海丝绸之路的枢纽交汇点,也体现了宁波是"21世纪海上丝绸之路"建设的关键出入口。"四个中心"是打造宁波成为"21世纪海上丝绸之路"战略门户枢纽的主要内容和重要组成部分;"门户枢纽"和"四个中心"是宁波在"21世纪海上丝绸之路"建设中的总基调,涵盖了港口、经贸、产业、人文、生态等要素。

（三）定位的论证

一是理论视角论证。城市定位是指在社会经济发展的坐标系中综合地确定城市坐标的过程。首先,城市定位主要涉及三个方面:区域社会经济发展坐标系及其动态变化趋势;城市与区域之间社会经济关系的特征,包括社会文化联系、经济分工关系、空间区位关系等;城市自身发展条件、基础、发展方向、战略模式和潜力。其次,城市定位具有鲜明的战略性、综合性、地域性和动态性。战略性要求定位工作做到高屋建瓴、高瞻远瞩,站到未来发展的高度去把握城市和相关区域的方向和走向,洞悉社会经济发展的总体演进趋势。综合性要求定位工作全面、系统地分析与城市发展有关的各种条件和影响因素,并能够从总体上抓住关键问题和主导因素。地域性要求定位工作突出城市及其所在区域的特色,把城市放在区域发展中去分析,把城市内在的东西发掘出来,强化城市自身的个性发展特征。动态性要求定位工作遵循城市发展的历史演进规律和总体趋向,注重城市发展的阶段性变化,赋予其时代性、时限性和时效性。此外,根据城市经济学、城市地理学、城市规划学等相关学科的基本理论,并参考国内外相关研究文献,大致可以归纳出城市定位的七个基本要素,即空间定位、产业定位、城市特色、城市功能和性质、城市形象、城市规模、城市发展战略与策略等。

二是历史视角论证。宁波自古以来是我国重要的港口城市。近现代特别是改革开放三十多年来,宁波成为首批沿海开放城市,长三角南翼经济中心,现代化国际港口城市,国家历史文化名城。自"一带一路"倡议以来,宁波成为"一带一路"建设的重要战略支点城市,东亚文化之都,首批"中国制造2025"示范城市。当下,宁波正极力打造港口经济圈、宁波都市圈这"两个大圈"和建设制造业创新中心、港航物流中心、经贸合作交流中心这"三大中心",力争建成全球一流的现代化综合枢纽港,形成长江经济带龙头龙眼和"一带一路"重要的战略支点。

三是横向比较论证。根据国内外其他港口城市在国际合作发展中的定位,如新加坡定位为亚洲的门户、全球港口枢纽、领先的国际海运中心、全球航运服务的战略中心等,结合宁波特定的历史背景、环境和条件,应把宁波定位为建设"21世纪海上丝绸之路"重要的战略门户枢纽和重要的国际制造业创新中心、国际经贸合作中心、国际港航物流中心、国际人文交流中心。

第三节　战略重点

为实现宁波的战略定位，需要明确以下战略重点：

一、加速"港口经济圈"及国际港口名城建设

积极争取宁波港作为发起方组建海丝国际港口合作服务组织，以实现"资源共享、优势互补、互利共赢、共同发展"为目标，率先整合省内、国内各类港口资源，联合"一带一路"沿线各国港口、铁路、内陆港站，构建常态化的交流合作机制和服务网络，进一步提升宁波港口的综合竞争力和国际影响力，提升港口经济圈的战略地位，争取将"港口经济圈"纳入国家战略，成为全国港口经济创新发展的示范试验区、国际知名的港口城市。

二、深化对外经贸合作

进一步创新开放理念，扩大开放领域，坚持"引进来"与"走出去"相结合、货物贸易与服务贸易相结合、贸易拓展与金融创新相结合，积极探索与"一带一路"沿线国家跨区域合作新形式，全面提升宁波城市国际化水平。

三、推进跨境电商发展

顺应贸易电子化和经济全球化发展趋势，立足宁波良好的产业和外贸基础，以梅山保税港区等特殊监管区为龙头，以扩大对"一带一路"沿线国家贸易为目标，以大宗商品和日用消费品贸易为重点，以平台建设为途径，以体制机制创新为动力，坚持差异化创新、虚拟化运作、便利化服务、专业化经营、集约化发展，大力推进依托特殊平台、面向特定区域、发展特色经贸的跨境贸易电子商务实验城市建设。

四、加速推进"中国制造 2025"试点工作

宁波作为首个"中国制造 2025"试点示范城市，锁定了石墨烯、稀土磁性材料、高端金属合金材料、关键基础件、专用装备、光学电子、汽车电子、专用集成

电路等八大细分行业作为"3511"产业发展的主攻方向,重点培育形成一批新的千亿级细分行业,带动提升全市产业发展新能级。此外,还要大力实施制造业创新能力、智能制造、制造业＋互联网、工业强基等八大重点工程,全面推进制造业高端化、智能化、绿色化发展,加快推进宁波由制造大市向制造强市迈进。

五、扩大国际人文交流合作

充分发挥宁波与"一带一路"沿线国家经贸、人文交流合作优势,以友城结对、展览展示、论坛节庆等为载体,全面深化文化、教育、科技、卫生、体育、旅游等国际交流与合作,开创民心相通、合作共赢的良好局面。

六、加速战略性新兴产业的形成与发展

当前,新一代信息技术、生物技术、新能源技术、新材料技术等交叉融合正在引发新一轮科技革命和产业变革。伴随产业价值链的分解、融合以及新业态出现,一方面大量低碳、智能、幸福导向的新兴产业不断涌现,另一方面传统产业加快转型升级,使得全球经济形态由以规模经济和成本优势为特征的工业经济转向以创新经济(产业)为主导,信息技术、生物技术、清洁技术等驱动产业发展的新经济时代。在新经济时代条件下,以信息经济、知识经济、创新经济、创意经济为代表的新经济成为产业经济发展的主体,现代产业体系朝向"高、新、软、优"方向发展。在此背景下,宁波结合自身现实初步锁定了八大产业:新材料、新能源、新装备、电子信息新产业、海洋高技术、节能环保、生命健康、创意设计。

宁波市锁定的八大战略性新兴产业与国家要求相一致:电子信息新产业体现战略性发展要求和行业发展趋势,有别于传统和一般意义上的电子信息产业;新装备、创意设计两大产业主要是针对宁波市大而不强的工业发展现状,着眼于当前我市产业结构转型升级的要求而提出的;海洋高技术产业主要是基于宁波丰富的海洋资源、良好的发展基础和国家、省市对海洋产业的大力支持而提出的;生命健康产业的提出既是基于生物产业的战略意义、国家对生物产业的大力扶持,同时又考虑到宁波生物产业现有基础的薄弱、经济发展新阶段下人们消费结构的提升以及对生命健康的日益重视。以智能经济为突破口,加快推进产业转型升级,一批投资额大、含金量高、发展前景广阔的产业项目加速落户宁波。因此,宁波应加速推进战略性新兴产业的形成与发展,以实现宁波的战略定位。

第七章 宁波参与建设"21世纪海上丝绸之路"的对策建议

根据宁波目前参与海丝建设的现状,为实现宁波成为21世纪海上丝绸之路重要的战略门户枢纽和国际经贸合作交流中心、国际港航物流服务中心、国际人文合作交流中心、面向中东欧的产能对接合作中心的目标,其实现途径可概括为:强化优势,打造特色;科技创新,走出引进;构建平台,增进交流;长效合作,机制保障。

第一节 建设国际一流的现代化枢纽港

打造"一圈三中心"①是宁波"十三五"发展的战略重点,是宁波打造特色、强化优势的重要举措,是宁波主动适应全球投资贸易新规则,抢占新一轮全球化先机的现实需要,也是深度融入和服务国家"一带一路"建设的优势所在。在"一圈三中心"建设中,"港口经济圈"是核心,在这个核心中,宁波作为海上丝绸之路的"节点城市"应充分考虑"排头兵""主力军"的角色、责任和担当。在港口货物吞吐量居世界第一、集装箱吞吐量居世界第四的情况下,应进一步强化港口在海上丝路中的龙头作用,使港口由大变强,真正成为世界港口的"排头兵",贸易商道中的航运"主力军"。

---

① "一圈三中心":"一圈"即打造具有国际影响力的"港口经济圈","三中心"是指具有国际影响力的制造业创新中心,具有国际影响力的经贸合作交流中心,具有国际影响力的港航物流服务中心。"港口经济圈"是统领,是"三中心"的支撑;"三中心"是"港口经济圈"的内容和组成;"一圈三中心"是涵盖港口、产业、城市、生态等要素的有机综合体。

一、推进国际大港向国际强港[①]转变

宁波要推动和配合省港务集团,加速宁波—舟山港由"运输型"大港向国际强港转变,早日建成全球一流的现代化枢纽港、全球一流的航运服务基地、全球一流的港口运营集团,成为名副其实的国际贸易综合物流中心。

(一)完善公铁水空管一体化的集疏运网络

大力发展海铁联运、江海联运,"兴内河、优港口、强海运",建设通畅安全高效便捷的运输大通道。以发展海铁联运为主要抓手,继续积极争取冲刺设立国家级宁波海铁联运综合试验区,落实海铁联运发展规划及扶持政策,积极吸引国内外相关物流企业经营主体参与宁波海铁联运,加快推进多式联运国际枢纽港建设,实现铁路、港口、海关无缝衔接、高效运作、互利共赢。同时,加快推进海铁联运物联网示范工程建设,建成一个具有网上受理、网上操作、网上查询、网上交易、电子支付等功能完善的海铁联运公共信息服务平台,实现信息互通共享。

(二)加速智慧港口[②]建设

宁波港智能技术主要应用于集装箱智能闸口、物流运输实时监控及智能堆场通信及定位等方面。信息系统的五大体系[③]基本搭建完成,与国内港口同行业相比,达到了总体先进水平。要实现宁波港由大港向强港的历史性跨越,与国际强港联盟,还必须加大加快推进智慧港口建设。提高港口基础设施智慧化水平,建成智慧港航综合数据平台;推进港航监控指挥中心建设,构建与公路、运管数据交换共享机制,加大港航可视化监管覆盖面;实现港口集疏运网络体系智慧化,推动电子口岸升级为"智慧口岸",使其达到国际一流水准。

---

① 国际强港一般指港口发展具有较高国际化水平和较强国际竞争力,以完善的港口设施和畅通的集疏运网络为基础,以先进的港口物流为核心,以发达的贸易、金融、信息等港航服务业为支撑,以功能齐全、集约高效的管理机制为保障,具有较强全球资源要素配置能力的可持续发展的综合性国际枢纽港。宁波—舟山港已是名副其实的国际大港,具备了向国际强港转变的基础和实力。

② 智慧港口,是指充分借助物联网、传感网、云计算、决策分析优化等智慧技术手段,进行透彻感知、广泛连接、深度计算港口供应链各核心的关键信息。

③ 信息系统的五大体系:业务作业管理信息化体系、通信与监控信息化体系、经营管理信息化体系、综合管理信息化体系、信息服务体系。

（三）构建具有国际影响力的航运物流产业集聚区及其服务中心

当前国内外著名的港口城市国际航运中心①建设日趋加剧，在相互的竞争中都把国际航运物流产业集聚区作为重要的抓手，宁波更应加速发展。

宁波港对港口服务产业的带动主要是运输、仓储、货代、海运及相应物流业务，相应的海运、保险等金融服务业还远远满足不了物流发展的要求，物流运输公司各自为政，缺乏协调，成本增高，导致水运公司大面积亏损。因此，宁波应加强协调，引导物流运输公司、水运公司协调合作，聚指成拳，船舶向大吨位发展；联盟境外运输公司，实现双向运输，扩展货源，降低成本，真正发挥港口物流对港口服务产业的带动作用，对城市产业能级提升、产业结构优化发展的拉动效应。

（四）完善大宗商品交易平台②

宁波的大宗商品现货交易发展到一定阶段后，应逐步向大宗商品期货交易方向发展，远期还要探索开展现货期货贸易。采取权威完整、引领市场的信息披露，建立公开、公正、公平的交易体系和风险控制机制，聚集人流、物流、资金流、信息流。积极鼓励民间资本参与大宗商品和能源贸易，集聚航运资源要素，探索形成大宗商品价格指数形成发布机制，逐步形成华东地区、全国乃至世界有影响力的多商品定价中心和交易中心。力争全球某种商品的价格由宁波说了算的"宁波价格"，形成具有国际影响力的大宗商品储备交易中心。

（五）构建跨界金融合作平台，走金融强港③之路

宁波要立足于金融服务行业创新，加强与境外国家在金融市场、金融机

---

① 国际上比较著名的伦敦、新加坡等国际航运中心在全球占有重要地位，其重要原因是注重航运物流产业的集聚和发展。伦敦注重发展高端航运产业集群，使得高端航运服务业功能齐全，提供的服务面面俱到，供应链综合交织；新加坡政府通过"新加坡海事基金会"、"金融仲裁工作小组"、太平洋航运信托、第一船舶租赁信托、海事航运信托等组织，吸引全球海运业者、航运金融服务等产业集聚。国内的上海国际航运中心、大连东北亚国际航运中心、天津北方国际航运中心、厦门东南国际航运中心也在建设集聚区，不断促进航运物流产业集聚发展。

② 大宗商品交易平台一般具备商品交易、信息发布、检验检疫、通关理货、银行保险、物流等服务功能。

③ 在强港过程中，无论是港口建设，还是船舶的投资动辄都是过亿，港航物流，大宗商品交易，资金需求量极大，都需要金融与资本的支持。如果没有强大的金融平台支持，就无法形成国际强港。放眼世界，伦敦港虽然年吞吐量只有区区2000多万吨，但它却是名副其实的国际航运中心，是重要的世界航运"神经"节点，是全球无可争议的航运定价中心和管理中心，原因在于其有伦敦世界金融中心的支撑。

构、金融业务等方面的创新合作,构建贸易和投资互通体系,搭建金融机构交流对话平台,打造港口金融、建设区域金融中心,构建跨境金融服务网络,推动金融机构在境外开设更多的分支机构。金融业也可以跨界与航运业结合,构建"航运保险业＋实力银行＋航运订舱平台"三方合作平台,走金融强港之路。

二、以点连线拓展港口海向腹地

根据三部委的《愿景与行动》规划,宁波港应固东攻西,即在巩固传统的海向腹地的同时,应努力拓展东南亚、非洲、包括美国的后院拉丁美洲腹地,为宁波贸易赢得更广阔的贸易货源和商品销售市场。

在西进方向上,宁波应以东盟为战略支点,开发南亚等"海上丝绸之路"新航线。原因有三:第一,东盟是海上丝绸之路的第一站,在"21世纪海上丝绸之路"建设中居于极其重要的战略地位;第二,中国和东盟的合作正迈向"钻石十年",六亿人口的东盟隐藏着庞大的海上和陆地资源,经济相对落后,发展空间巨大,机会很多;第三,东盟历来是两广的桥头堡,宁波贸易的薄弱地方,近两年与东盟的贸易往来开始增多,2014年,东盟成为宁波的第三大贸易伙伴。2015年,宁波贸易伙伴中亚洲是第一名,而中东盟在亚洲的比重与2014年同比有所下降。要继续努力开拓,保持东盟地位有所提升。要鼓励宁波—舟山港集团以控股或参股形式与泰国、印尼等东盟国家开展码头基础设施、经营管理、系统对接、腹地开发等方面合作。密切关注泰国"克拉运河计划"的实施,在条件允许的情况下积极参与"克拉运河计划"的实施。坐稳东盟,加快与东盟国家海运通道建设,联结南亚(巴基斯坦的瓜达尔港、印度的加尔各答港),以斯里兰卡的科伦坡港为第二个战略支点,以东非的肯尼亚的内罗毕港为第三个战略支点,延伸北非、西欧,形成宁波西向港口腹地。

此外,宁波—舟山港口的航线要向东南方向的拉美国家挺进,拓展石油和矿产资源货源的运输航线。

三、争取设立港口国际合作组织及其秘书处

港口国际合作的必要性:海上丝绸之路是中国连接世界的重要贸易通道,丝路沿线港口承担着全球90%左右的贸易货运量。当前,在全球经济新常态

下港口均面临着船舶大型化、运营信息化、作业自动化和生产绿色化等发展趋势，以及供应链服务能力亟待提高和发展资金不足等挑战。因此要加强与国家间港口合作与交流显得更为重要。

港口国际合作已具备一定的基础：一是通航港形成网络化。二是与国际航运巨头实现了战略合作。[①] 三是已搭建港口合作平台。宁波要深入总结宁波国际港口文化节经验的同时，还要总结"新加坡·宁波周""日本·宁波周"和"欧洲·宁波周"等大规模经贸交流活动的经验，积极策划更高层次的港口国际合作论坛等活动。我国涉海领域唯一由国务院批准设立的国家法定节日——中国航海日[②]（7 月 11 日）及由此产生的中国航海日论坛落户宁波，为宁波—舟山港提供了一个与其地位相匹配的重大国际交流活动平台，有利于宁波加快现代化国际港口城市建设，利于丝路沿途国际港口间的"结缘、结亲"和联盟，与中国航海纪念日相伴随的是"海丝港口国际合作论坛"平台的搭建。[③] 该论坛通过了《海丝港口国际合作论坛宁波共识》《海丝港口国际合作论坛实施办法》《第二届"海丝港口国际合作论坛"共识》。

此外，宁波还需担当起"21 世纪海上丝绸之路"枢纽城市的重任，发挥宁波—舟山港龙头作用，争取使宁波港成为全球物流运输网络的枢纽节点和太平洋西海岸的深水物流中转基地、增值服务中心。继续扩大各种平台影响，推动中国国际港口文化节升格为国家级节庆，积极发挥宁波作为 APEC 港口服务网络秘书处成员单位的作用，逐步形成港口国际合作组织，并设立秘书处，推动港口合作的全球化、网络化、联盟化，达到港通天下、服务世界。

---

① 从 2002 年起，宁波港就与中远、马士基、和记黄埔、地中海航运等国际港航业巨头建立了战略合作关系，合资共同兴建或联合经营现代化集装箱码头，吸引全球排名前 30 位的航运公司落户宁波港，打造了可靠泊全球最大 1.9 万标准箱集装箱船舶码头，实现了大港与大船的强强合作。宁波港已与世界主要港口建立了形式多样、机制灵活的友好合作关系，港口间以航线为纽带、以利益为基础，推进了管理、技术等多元化的战略交流合作，提升了港口国际化的对接能力。

② 2005 年，国务院批准 7 月 11 日为"中国航海日"，"中国航海日"作为国家的重要节日固定下来，同时也作为"世界海事日"在我国的实施日期。

③ 2015 年 7 月 10 日，首届海丝港口国际合作论坛召开，来自"21 世纪海上丝绸之路"沿线近 50 家港口单位、300 多位嘉宾齐聚一堂，共议打造丝路沿线港口交流与合作平台，通过了《海丝港口国际合作论坛宁波共识》和《海丝港口国际合作论坛实施办法》。2016 年 7 月 12 日，第二届海丝港口国际合作论坛又通过了《第二届"海丝港口国际合作论坛"共识》。

第二节 打造国际知名的海丝经贸合作交流中心

建设更具国际影响力的经贸合作交流中心,是宁波抢占新一轮全球化发展先机的战略举措,也是对接和服务国家战略的重要支撑。为此,要做好以下几方面的工作:

一、以创新促进产业结构优化升级

自主创新是推动产业结构升级的动力。要加强科技队伍健身,提高自主创新能力,开发研究新产品,建立新产业,开拓新市场,实现宁波对外贸易经济的可持续发展。要根据宁波现有的产业基础,把握未来经济发展趋势,以国际化为方向,重点发展新材料、新能源、新装备、新一代信息技术等四大战略性新兴产业,促进产业结构升级。对于新兴产业的培育应将自主创新放在第一位,将突破关键核心技术、掌握自主知识产权作为首要任务,这样才能在下一轮产业竞争中占据产业链的高端位置,带动宁波未来产业结构的优化和提升。应建立高技术产业化专项基金,统筹优化资源配置,将有限的创新资源合理分配到所需的企业。加强高水平创新团队建设,推动产学研合作创新,切实提高科技创新的效率,加强知识产权的保护力度,加大对自主创新行为的鼓励力度,提高积极性,从根本上提高高技术产业的科技创新能力,提高产业的竞争力,加快产业发展步伐。

二、组建电商产业园区[①],推进跨境贸易发展

宁波应尽快落实宁波关于跨境电子商务综合试验区的实施方案,引导已有电商园区进行资源整合,形成几个大型的电商战略平台,发挥集聚效应优

---

① 当前,宁波共有10个电子商务产业园区,涌现出如大掌柜国际物流商务平台(宁波市智慧城市试点项目)、世贸通(国家电子商务试点项目)、全球贸易通、全球废料网、宁波对外贸易公共服务平台、出口通海外电子商务平台、宁波进出口商品网上交易会、中国宁波国际招商网等著名平台。加上宁波其他县市区大大小小的电商园区将近有50个,一些园区尚在建设之中,核心功能不明显,距离园区规划目标尚有距离。

势,培育和打造一批跨境电商龙头企业,使其具有引领作用。鼓励跨境电商企业探索设立出口运营平台,积极营销宁波制造型企业的优秀产品;鼓励支持宁波制造型企业与跨境电商联合展开仓储、运输、配送等方面的深度合作,加快境外物流渠道建设。对设立海外仓、提供海外仓储服务、海外客服等业务的企业给予政策支持,鼓励跨境电商外销量大的企业,在主销区采取"一般贸易+海外备货仓+境外物流企业"的模式,利用和发挥境外优质物流企业的作用,缩短商品到达消费者之间的时间,减少企业费用,节约人力成本。

三、培育和发展新型外贸综合服务平台

要立足宁波以中小微外贸企业为主体的外贸大市的现实,扶持一批专业化的外贸经营企业,打造具有宁波特色的新型外贸综合服务平台,助推外贸经济的发展已迫在眉睫。

未来多种商品的交换将只能借助或依赖他人平台去实现,要赶上平台经济发展的浪潮,避免将被新兴起的商业模式甩在后面,宁波要花大力气建设知名的平台型企业。为此,应从以下几方面做起:

(一)鼓励企业整合资源,做大做强品牌外贸综合服务平台

培育扶持世贸通国家级外贸综合服务平台试点。加强大市范围内平台企业之间的联系,在金融、人才、项目等方面出台政策,鼓励平台企业间的收购、兼并、重组等合作,通过资本运作,不断整合资源,扩大平台规模,为客户提供科学、快捷、安全、优质的网上交易全程服务。

(二)政企合作,帮助企业化解可能出现的问题

一是为企业提供政策、法律咨询等服务,防范平台触碰政策与法律风险。加强对国家外贸相关政策、法律法规的研究,以及对新颁布的政策、法律进行实时的跟踪分析,加强对外贸平台企业外贸政策流程合法性评估,确保平台经营"法无禁止皆可为"。二是为外贸服务平台提供信用信息支持。在法律允许的范围内,为平台提供会员企业及个人的信息查询,确保平台会员用户发布信息的准确性、完整性、即时性、合法性。

(三)建立完善的企业信用风险防范体系

要尽可能为企业化解信用风险,考虑由工商局、税务局、财政局、公安局等

作为第三方对企业资质的相关信息进行审定,反馈到平台交易中心,平台也应建立会员信用等级制度,为交易方提供信用参考,以确保平台交易的正常运作和平台良好声誉的树立。

四、完善海上丝绸之路综合指数

宁波应抓住海上丝绸之路指数[①]和宁波的出口集装箱运价指数[②]这两个指数发布的重大机遇,继续深化与英国波罗的海交易所的合作,应争取尽早推出比较全面完整的"海上丝路"航运综合指数,发出宁波声音,服务世界航运,扩大宁波港在国际港口中的影响,增强宁波航运软实力,提升国际竞争力。

五、支持"世贸通"贸易动态指标指数的形成与发布

要支持宁波"世贸通"全力梳理推出反映长三角区域国内外贸易现状的贸易指数,指数主要包括外贸行业的订单景气程度、价格水平、订单执行效率以及生产组织水平、物流服务水平、金融服务水平等贸易方面的动态指标的指数。

该指数一旦形成发布,将对长三角区域乃至全国外贸行业的发展起到风向标的作用,为宁波抢占外贸领域话语权,发出宁波声音将起到重要作用。因此,希望宁波市政府能像支持"宁波海上丝路指数"一样予以重视,并在人、财、物等资源方面予以支持,争取贸易动态指标指数的早日形成与发布。

---

① 海上丝路指数(MSRI)是衡量国际航运和贸易市场行情的综合指数。该指数一直被认为是经济的晴雨表和市场的风向标,指数的知名度和认可度也是对应的交易所及所在城市地位的重要衡量标准。最经典的案例就是,因为波罗的海指数及其发达的航运服务业,即使港口和集装箱等指标落后于一些港口,但是伦敦依然保持着世界航运中心的"首席"地位。2015 年 2 月,"海上丝路指数"被列入国家"一带一路"建设三年工作滚动计划,这是国家"一带一路"建设三年滚动计划中唯一的市级政府具体工作任务,也是浙江省唯一列入国家"一带一路"计划的工作和项目。

② 宁波的出口集装箱运价指数(NCFI);其编制运价信息采自宁波本地 10 余家货代龙头企业,选取的样本航线包括宁波到黑海、东非、西非、南非、印度和中东等集装箱航线,都是宁波地区区别于上海及南北方主要港口的特色航线。2014 年 9 月 11 日,宁波出口集装箱运价指数升级版首次发布,出口集装箱运价指数由 2013 年 9 月首批的 6 条分航线指数上升到 21 条分航线指数,包含了全部 21 条分航线指数及综合指数,所选择的航线,覆盖宁波出口集装箱运输的主要贸易流向及出口地区,包括欧洲、东非、中东等,使指数的服务功能和内涵进一步获得提升。

六、尽快建成"16＋1"经贸合作示范区、贸易便利化国检试验区

自 2015 年 6 月 8 日至 12 日开始至今,三届中国—中东欧国家投资贸易博览会在宁波举行,宁波借中国—中东欧国家投资贸易博览会召开的东风,与中东欧的经贸文化交流活动日渐频繁,先后举办了"中国宁波—中东欧国家经贸文化交流周"、中国宁波—中东欧国家城市市长论坛、中东欧国家投资环境说明会、中国宁波—中东欧国家商协会商务合作大会、中国宁波—中东欧国家教育合作交流会、中国宁波—中东欧国家旅游合作交流会等一系列活动;签订的中国—中东欧国家 18 项教育合作协议业已生效,与中东欧国家启动了全面的战略合作。

2017 年 11 月 27 日,第六次中国—中东欧国家领导人会晤在匈牙利布达佩斯举行。各国领导人共同制定和发表了《中国—中东欧国家合作布达佩斯纲要》(以下简称《纲要》),《纲要》提到欢迎在中国宁波建立"中国—中东欧国家贸易便利化国检试验区",李克强在讲话中明确提出,支持在宁波等中国城市设立"16＋1"经贸合作示范区。中国—中东欧贸易便利化国检试验区、"16＋1"经贸合作示范区落户宁波,为宁波与中东欧的经贸合作提供便利。贸易便利化国检试验区及"16＋1"经贸合作示范区的建设,将为国内各类开放平台积累可推广经验,在扩大贸易合作规模,提升投资合作水平,打造中东欧合作重要平台等方面为其他省市提供借鉴。为此,宁波应围绕着两个区的建设制定规划,安排任务,加速建成两区,打造中国制造"国际超市",创新质检合作"国际品牌",将宁波建成中国与中东欧贸易壮大的引领区,双向投资的先行区,合作机制的承载区和人文交流合作中心。

七、申请加入联合国海陆丝绸之路城市联盟①

当前,联合国海陆丝绸之路城市联盟处于会员加入的初步阶段,宁波应抢抓机遇,尽快启动申请加入联合国海陆丝绸之路城市联盟的相关工作,并尽量成为理事会成员。②

第三节 打造具有国际影响力的海丝制造业创新高地

宁波要成为"21世纪海上丝绸之路"的国际制造业创新高地,在海洋科技方面应处于领先地位,以承担起海丝路上的海洋科技创新中心。

一、加速宁波国际海洋生态科技城③建设

宁波应以海洋生态科技城为平台载体,优先发挥海洋科技创新功能,对宁波海洋产业实施"科技领航"计划,加大科技型、创新型企业的培育;发挥海洋科技对传统海洋产业的改造升级作用;发挥对新兴的海洋生物医药业、海水综合利用业、海洋新能源产业、现代海洋服务业等战略性海洋产业的引领作用。

---

① 由联合国南南合作办公室、联合国开发计划署、联合国工业发展组织、联合国教科文组织、中国国际技术交流中心共同支持设立的"海陆丝绸之路城市联盟",于2015年9月11日在北京成立。该联盟是联合国机构搭台,沿线城市和企业共同唱戏,是在丝绸之路精神下,促进不同文化城市间的互动和交流,是实现"一带一路"的重要载体。该联盟在联合国多边合作框架下运作,加入该联盟可以在国内外相关城市间开展经济技术合作,加强互联互通,通过加强与海陆丝绸之路沿线城市在基础设施建设、贸易投资、技术转让、人文交流、旅游文化等领域的合作,将潜在的投资者、企业家联系起来,孵化出一个又一个的项目。可以借鉴国际经验,打开国际市场,与海陆丝绸沿途国家或地区协同发展,实现共赢。

② 理事会由成员国中选出53个理事国组成目前已经加入"海陆丝绸之路城市联盟"的首批授牌城市有:土耳其安塔托利亚市、伊朗加兹温市、蒙古国乌兰巴托市,以及我国泉州市(联合国海陆丝绸之路城市联盟工商理事会成员)、肇庆市、福州市、郑州市、连云港市、景德镇市和钦州市等10个城市。

③ 宁波国际海洋生态科技城:是以梅山国际物流产业集聚区及周边区域为依托,以科技创新功能为引领,以国际化、生态化、高端化为导向,融合贸易物流金融业,海洋新兴产业滨海休闲旅游和文化创意产业等,具有创新性、开放性、可持续性、人文性的创新发展平台和现代化滨海新城。

宁波国际海洋生态科技城的四大功能定位是:国际知名的海洋科技创新示范区、浙江海洋经济发展先行区、宁波港口经济圈核心承载区、宁波国际化滨海生态新城区。

另外,在海洋科技创新平台之外,全力培育一批众智、众包、众扶、众筹平台①,争取建成一批具有国内影响力的众创空间和创客服务中心,促进宁波新兴海洋产业的快速崛起,追赶和融入国家海洋经济发展战略,并成为海上丝路的海洋科技创新中心、高科技海洋技术提供中心。

二、打造海洋工程装备②"智造"基地

宁波要积极推动海洋工程装备制造业基地的建设。重点发展港口机械、海洋交通运输装备、关键配套设备和系统等海洋工程装备,推进海洋工程装备的数字化、网络化,努力构建环保、高效的先进制造体系。形成一批创新能力强、发展潜力大、经济效益高的海洋产业集群,使海洋工程装备制造业成为宁波经济新的增长点。

三、建设海丝海洋高新技术人才培养高地

宁波的海洋技术人才严重短缺,制约海洋经济的发展。为此,要通过人才培养计划、重点实验室和工程技术研究中心建设、重大科研和重大工程项目、科技交流和合作项目,推进海洋创新团队建设;进一步促进产学研结合,鼓励企业与高等院校、科研院所建立技术合作关系,通过托办、联办等多种形式共建技术研发机构;依托省内外相关高等院校,采取定向培养、委托培养等多种形式,造就高层次科技研发人才、实用技术人才,建设高素质的人才队伍;通过

---

① 众智:以众智促创新。大力发展众创空间和网络众创平台,提供开放共享服务,集聚各类创新资源,吸引更多人参与创新创造,拓展就业新空间。众包:以众包促变革。鼓励用众包等模式促进生产方式变革,聚合员工智慧和社会创意,开展设计研发、生产制造和运营维护,形成新产品新技术开发的不竭动力。众扶:以众扶促创业。通过政府和公益机构支持、企业帮扶援助、个人互助互扶等多种方式,共助小微企业和创业者成长。众筹:以众筹促融资。发展实物、股权众筹和网络借贷,有效拓宽金融体系服务创业创新的新渠道、新功能。

② 海洋工程装备是人类开发、利用和保护海洋活动中使用的各类装备的总称,是海洋经济发展的前提和基础,处于海洋产业价值链的核心环节。海洋工程装备制造业是战略性新兴产业的重要组成部分,也是高端装备制造业的重要方向,是发展海洋经济的先导性产业,具有知识技术密集、物质资源消耗少、成长潜力大、综合效益好等特点,海工装备制造业具有较强的产业带动力,在国民经济116个部门中产业关联度达到85%以上,能带动造船、机电、化工、能源、采掘、新材料等产业的发展。随着海洋资源开发市场的不断成长,世界各国都在积极发展相关装备,加快海洋资源开发和利用。在未来5—10年,海工装备制造业将成为我国国民经济的支柱产业,并将获得比传统制造业更多的财税和金融政策扶持。

政策引导吸引高层次创新人才,加强人才队伍引进,探索国际化人才培养新模式。科研单位、企业、学校多方合作,合力打造丝路海洋人才培养高地,为"海丝"沿途国家或地区提供海洋人才支持。

第四节　推进海丝沿线产业对接平台建设

随着外贸增速换挡,市场竞争越来越激烈,"联合抱团设立海外园区"越来越成为一种趋势,也成为宁波企业投资海外新的选择。宁波市在2012年全面开展"走出去"调研的基础上,提出了境外三大基地的概念。2014年宁波市确认12家境外三大基地①,除了尼日利亚宁波工业园、贝宁宁波贸易中心2个基地在西非外,其他基地都在海丝沿途,这为宁波产业向外转移,与海丝沿途国进行产业对接与经贸合作奠定了良好的基础。

一、拓展海丝沿途"三大基地"建设

从长远来看,境外"三大基地"的建设无疑是积极的。海丝沿途国资源庞大,宁波要逐步建立境外资源开发基地是解决资源问题的好路子,今后应继续采取切实举措建设境外产业园区,为后续企业"走出去"提供载体。

一是以境外商会作为产业园区的孵化器,以龙头企业为母鸡带动小鸡中小企业出境,进入产业园区,实现产业转移,形成"境外商会＋产业园区＋龙头企业＋中小企业"模式。总体上按照"立足亚洲、主攻非洲和南美洲、拓展欧美"的思路,有序引导企业抱团开展对外投资合作,研究选择一批服装、家电、机械电子等宁波市有比较优势的传统、特色、过剩产业,发挥宁波市的产业优势、企业优势、智力优势,并与当地的区域需求相结合,通过政府政策引导和规划,有计划、整体性向宁波市的境外产业园区基地集聚,并力争成为国家或省

---

① 宁波境外12家境外三大基地概况:境外资源开发基地8家,农林牧渔业占了6家,矿业园区2家;宁波工业园、园中园2家;宁波贸易中心2家。2016年10月,农业部下发的2016年第八批远洋渔业项目文件确认,宁波欧亚远洋渔业有限公司的欧亚6(渔业辅助船)以及宁波海丰远洋渔业有限公司的海丰3、海丰4等3艘渔船北太项目获得批准。至此,宁波具有农业部远洋资格的渔业企业已达4家,分别为欧亚、甬发、远通和海丰,共有远洋渔船35艘;主要分布于东南太平洋、东西太平洋、西南大西洋、印度洋以及秘鲁、智利、日本、缅甸等多个国家专属经济区海域。

级境外产业基地。

二是发挥宁波海洋经济的比较优势,在海丝沿线国布点建设远洋渔业捕捞及渔业加工基地,海洋养殖合作基地,探索产业园区双向投资。据宁波市商务委统计,2016年上半年,宁波市境外投资核准(备案)中方投资额同比均增长一倍以上,越来越多的宁波企业布局建设海外生产基地、研发中心、营销网络。

二、以龙头企业①为引领,实施"走出去"战略

(一)以龙头企业带动产业链发展,在海丝沿途国建立境外产业园区

以宁波龙头企业带动整条产业链发展,积极探索建立境外产业园区、经贸合作区、跨境经济合作区等各类产业园区,为宁波产能过剩的中小企业走出去搭建服务平台。鼓励有实力的企业陆续通过直接投资、联合投资、兼并收购等方式拓展海外市场。目前,以东南亚、中东欧国家为重点的"一带一路"沿线国家已成为宁波境外投资新的热点。除文莱和东帝汶外,宁波企业的足迹已经遍布其他9个东南亚国家。至2014年年底,宁波市累计核准设立境外企业(机构)2048家,约占浙江全省总量的三分之一,宁波也是中国在境外设立企业和机构最多的城市之一。政府可继续实施激励政策,对于带动企业共同出击,并形成境外产业链条的龙头企业,给予税收减免或奖励,给中小企业做管家、当保姆,扩大市场。

(二)中小企业抱团出击,建立一站式服务体系

宁波各市、县、区应考虑整合力量,组团出击,最好能将同一产品的企业联合起来组建一个新公司,统一品牌、统一仓储、统一物流,同时集中各家企业的人才、设备等优势,共同进军境外市场,提升企业综合竞争力。组团出击的企业最好能形成产业链条,在境外能为消费者提供一站式生产营销模式。如统一产品生产过程所需原材料的一站式采购,既可以为外商节省采购时间和成本,同时还可促进链条上相关企业的联合促销。再如,产品销售＋一流的物流

---

① 宁波的龙头企业从每年入围中国民营500强企业榜单中可以看出,2013年共有25家宁波企业入围;2014年共有21家宁波企业入围;2015年共有19家宁波企业入围。入围民企中超过80%的企业已经或正在开拓国际市场。从行业分布来看,宁波市龙头民企大多来自于服装、机械制造、外贸、房地产等行业,在新材料、新技术、商贸流通等行业中则缺少大型规模的民营企业。

运输＋售后服务等一站式服务,这种生产营销方式,可以规避欧美发达国家的贸易保护措施,降低海外投资成本,实现低成本的产业转移,拓展市场,改变中小企业间的竞争方式,也能取得所在国更多的优惠政策,风险也会得到降低,这应该是中小企业外贸的出路选择。

(三)鼓励有实力企业海外并购,培育本土化跨国公司

宁波企业"走出去"的主要资金来源是企业自有资金和从国内金融机构及其境外分支机构获得融资。对于中小企业来讲,依靠自有资金只能维持"走出去"的起步阶段,后续发展必须依靠外源性融资。宁波企业应在积极开发项目的同时,积极争取国家的丝路基金项目,与此同时,宁波应设立企业丝路基金,为"走出去"企业提供融资支持,鼓励宁波企业借力海外并购贷款做大做强,间接缓解企业的资金压力;开拓境外融资渠道,发行企业债券,降低融资成本与风险;加快培育本土化的有国际影响力的跨国公司。

(四)产业战略转移应注意的问题

"一带一路"倡议为企业提供了机遇,但企业也需要有一定的风险意识,未雨绸缪。

首先,在鼓励企业"走出去"的同时,必须仔细研究这些国家的政治格局、法律环境等,在投资之前做好风险应对的预案,将投资的风险降到最低。

其次,实施"一带一路"倡议必须与宁波经济状况相适应。如果不顾及本地的实际需求而一味向国外投资和转移产业,有可能会产生对宁波投资的挤出效应。

再次,要留住企业的总部在宁波,防止企业大量走出后使宁波产业空心化。对总部在宁波,分公司到境外开花结果的企业给予一定的奖励和政策支持。对列入以上"三大基地"建设和运行的企业,给予"走出去"专项资金奖励和补助,对入驻境外产业园区基地和贸易营销基地的企业给予一次性补助。

最后,"走出去"是一种战略,并不适用于任何企业。"走出去"需要资金,需要国际化的管理团队,需要强有力的抗风险能力。每个想要"走出去"的企业必须有一个非常清晰的战略定位。

三、推进宁波与海丝沿途国经贸合作与产业对接

宁波作为长三角区域重要的制造业基地、港口城市,工业和外贸进出口一

直是其传统优势产业,临港型产业实力较为雄厚,港口、石化、电力、建筑等产业竞争力较强,集群经济(块状经济)相对发达,服装、家电、轴承、注塑机、文体、模具等行业在国内影响较大,具有为境外提供服务贸易、进行国际投资的实力和条件,可以实现与海丝沿线国家或地区的产业优势互补,产业对接,要考虑到双方的相互需求。从宁波方面看,急需的是新兴八大产业对人才和相关资源的需求。

(一)引进海丝沿途国优质资源,补齐宁波战略性新兴产业发展短板

开放发展使宁波的企业必须走出去开拓市场,但同时,宁波的发展和提升也离不开外资企业的进驻与拓展。近些年,宁波市引进的境外资源,除了外资投入外,还有外商在宁波建立的产业园区,如:中国第一个北欧工业园区、中国第一个由外国人私人发起并得到政府支持的工业园区、中国第一个由外国人管理的工业园区——镇海北欧工业园区;以中意企业对接合作的方式为主,利用中国的市场和资本,引进意大利的技术、资金、管理和人才的中国(宁波)意大利产业园(中意合作)①;宁波中瑞、中德、中新科技创新园区;中捷产业园,有引进的优质教育资源宁波诺丁汉大学、与麻省理工学院合作共建的宁波(中国)供应链创新学院②;有国家级的匈牙利贸易署宁波代表处等。随着宁波的进一步开放,来宁波投资的外商会日益增多。截至 2017 年 7 月,宁波市共有54 家境外世界 500 强公司投资 123 家企业(分支机构),总投资 151.16 亿美元,合同利用外资 64.8 亿美元。世界 500 强企业及一批行业巨头企业持续看好宁波的投资环境,纷纷加大了对宁波的投资力度。

宁波应以新兴产业与现代服务业为导向,补齐产业发展中的短板,如补齐科技创新、国际化发展、生态环境等短板。要以中国—中东欧国家经贸促进部长级会议和浙洽会、消博会、中东欧博览会为平台,加大引进人才与新产业的力度。外商直接投资可以对宁波的 GNP(国民生产总值)产生"乘数效应",一

---

① 2014 年 6 月 11 日下午,宁波市人民政府与意大利国家引进外资和企业发展署主席博蒂签署了《关于合作开发建设中国(宁波)意大利产业园项目的合作协议》,标志着中国(宁波)意大利产业园正式落户余姚经济开发区滨海新城。中国(宁波)意大利产业园以先进制造业为导向,重点发展节能环保、生命健康等可持续、互补性强的产业,成为具有较强竞争力和影响力的现代化、国际化产城融合新区。

② 2016 年 3 月,宁波市人民政府和美国麻省理工学院合作共建宁波(中国)供应链创新学院。这是中国第一个供应链学院,也是麻省理工学院在中国的唯一一家供应链创新学院。

般来说投入 1,即可以达到 5～6 倍的产出,可以带来先进的技术和管理经验,通过多条渠道产生溢出效应。因此,宁波一是要根据本市产业发展的战略定位,鼓励商贸局、招商局、在外知名企业,积极发现和引进国外大型企业集团、跨国公司、龙头企业来宁波建立高端产业园区,并作为宁波招商引资的提升战略去执行。二是要创新招商引资机制。放宽外资投资准入,探索对外资实行准入前国民待遇加负面清单管理模式。完善"招大、引强、选优"机制,鼓励引导国内外资金投向先进制造业、战略性新兴产业、现代服务业和现代农业等领域,深化以民引外、以商引商和产业链招商机制,鼓励外资以参股、并购等方式,参与市内企业改组改造和兼并重组,引导民营企业与跨国公司开展合作。三是要使更多外资企业进驻宁波,更多丝路沿途国在宁波设立贸易代表处,并且更好地落地生根、开花结果,建议规划建设丝路沿途国宁波商务代理处,提供办公住宿地点,提供一揽子国内外商务联络业务往来等便利服务,逐渐使宁波成为事实上的外国领事馆商务处。

专栏 7.1　中捷(宁波)国际产业合作园

目标定位

慈溪滨海经济开发区正在积极创建中捷(宁波)国际产业合作园,目标为将其打造成为国家"一带一路"倡议重要支点、国际区域合作示范平台;定位为综合性国际产业合作园,合作涵盖产业基地、商务平台、交流桥梁等领域。

功能布局

合作园规划总面积约 35 平方公里,按照"一山两湖一镇两区"进行布局。

"一山两湖"即伏龙山、伏龙湖、龙珠湖(规划),由南而北贯穿一期区块核心部分,通过整体开发打造优质生态环境。

"一镇两区"即捷克(或欧洲)产业小镇、现代物流、先进材料与装备产业区。捷克(或欧洲)产业小镇位于两湖之间地带,建筑风格凸显异域特色,面向捷克等中东欧及周边国家引进多业态生产性服务业;现代物流区位于三期区块西侧,主要为中东欧农产品输入以及周边制造业发展提供仓储、分拣、整理、配送等配套服务;先进材料与装备产业区位于三期区块核心部分,引进承接捷克等中东欧及周边国家优势制造业项目。

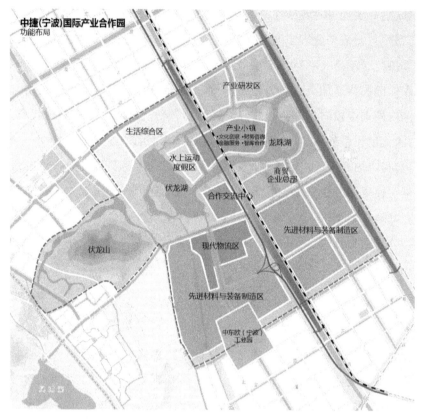

重点合作产业

先进制造业:新材料、汽车及关键零部件、高端机械装备、通用航空

生产性服务业:现代仓储物流、研发设计、金融服务、职业培训、商务咨询、节能环保、知识产权和法律服务

生活商贸服务业:旅游、娱乐、餐饮、住宿、零售、批发、家政、租赁、电子商务、医药保健

合作基础

合作渠道优势

一方面,中东欧(宁波)工业园已于2015年6月挂牌落户慈溪滨海经济开发区,依托这一平台,开发区已成为中东欧国家投资中国的首选地;

另一方面,域内 1000 多家企业与中东欧各国存在业务往来,拥有对捷合作良好的社会基础。

产业互补优势

捷克是工业基础最好的中东欧国家,在汽车及零部件、机械设备、电气、通航、新材料、生物技术等产业领域拥有雄厚实力。开发区经过多年发展,已集聚大小企业 300 余家,形成了家电、汽配、化纤、机械制造、金属加工等多门类产业集群,并加快引进新材料、新能源、电子信息、先进装备制造等新兴产业项目。两地主导产业匹配度和互补性较高,拥有广阔合作发展空间。另外,慈溪域内及周边,通用基础件、五金工具、传动设备、自动化产品等生产企业数量众多,能为捷方落户产业项目提供优质完善供给配套。

合作园进展情况

慈溪滨海经济开发区启动了中捷(宁波)国际产业合作园的创建工作,现正委托知名规划设计院开展中捷(宁波)国际产业合作园的规划编制及城市设计;目前已经启动 200 亩标准化厂房的设计和建造,可提供2000 平方米、5000 平方米、8000 平方米三种户型的标准化厂房。

政策扶持

开发区设立 2 亿元产业基金,专项扶持中捷(宁波)国际产业合作园入驻项目。

入驻企业享受厂房租金"三免三减半"的优惠政策。

(二)宁波与海丝沿途主要国家重点产业对接建议

"一带一路"倡议将带来产业链和行业性的投资机会,成为传统产能向外转移的契机。"海丝"沿线国家以发展中国家为主,这些地区都处于大规模兴建基础设施和提升制造业水平的建设阶段。相对于宁波企业来说,这些国家的制造业水平与宁波市还有一定的差距。在这种情况下,宁波要开展对海丝沿线国家的投资,既能利用当地资源,又能拓展更多市场赢得商机,是一个双赢的举措。因此,宁波企业应加强与海丝沿线国家或地区在新能源、资源加工、生态农业、农副产品精深加工等领域的合作,引导优势企业在沿线建立生产基地、批发市场及售后服务网,特别是劳动密集型产业可以把生产基地建在非洲、东南亚等地。在新兴产业的人才需求与技术方面,与丝路沿途国的发达国家相关产业对接,引进人才与技术,加大招商引智力度。积极参与海丝沿线国的基础设施建设。鼓励建筑工程、机械、轨道交通等企业走出去,参与当地高速公路、铁路、港口和住房等基建工程建设。

根据国家重点需求的战略资源要求,结合宁波产业状况及企业对外投资状况,产业对接建议如下:

对中东欧投资光伏清洁能源产业。宁波在太阳能发电等清洁电力领域已掌握了关键技术,而目前的中东欧的黑山、塞尔维亚和波黑以及该地区其他国家在交通基础设施和水力发电方面,亟须投资与合作。波黑政府明确表示希望中国企业对波黑的电力建设项目进行投资,一是修复、改造现有电厂;二是新建、扩建电厂,这正是宁波新能源电力进入中东欧的大好机遇。

加强与中东欧汽车工业合作与对接。宁波汽车工业发展迅速,目前,已经具备了一定的实力,但与部分中东欧国家相比汽车工业的整体实力仍存在一定差距。以捷克、斯洛伐克、波兰、匈牙利、斯洛文尼亚为代表的中东欧国家,是汽车工业发展较为成熟的国家。汽车零部件制造方面,捷克有数百家汽车零部件制造供应商,世界汽车零部件厂商 50 强有一半在捷投资。汽车设计及技术研发方面,目前有越来越多的知名汽车厂家在捷克设立设计、创新和技术研发中心,从而形成密集完整的汽车产业链。因此,应该把汽车工业作为宁波与中东欧国家合作与对接的重点产业之一。

在非洲、南美等重点区域建立金属矿产资源基地,在俄罗斯、非洲、东南亚等建立林业资源基地,在东盟、大洋洲及传统捕捞海域国家或城市建立渔业资源基地。

宁波的海洋渔业可以与东盟及非洲的近岸渔业养殖、渔业技术与人才交流、渔业捕捞、加工、运输技术、水产品贸易进行贸易与合作,建立“渔业合作基地”,促进非洲国家海洋渔业捕捞、加工、运输技术的深度发展,达到优势互补。

在港口合作方面,对接斯里兰卡、巴基斯坦、马来西亚、印度尼西亚、肯尼亚、英国、德国。英国港口众多,宁波可与其在港口联盟、海丝综合指数发布等方面进行合作。另外建桥、造船、捕捞业,以对接印度尼西亚。

宁波的对外工程承包可以对接非洲国家和中东国家。

旅游业,除了传统的新马泰、澳、加、美、欧洲游外,还可以对接斯里兰卡、马尔代夫、肯尼亚等。

劳动密集型产业生产基地,则可对接非洲、东南亚等地。

宁波的服装、日用消费品、工业建设、机电产品、基础设施可以对接非洲、阿拉伯国家;非洲、阿拉伯国家的石油、矿产资源和特色农作物是宁波稀缺的,可以达到互补。

中东欧的石油矿产资源丰富,可与宁波的石油化工企业对接合作。

德国的生产制造技术和科技核心能力是贸易的关键所在,宁波可以吸纳德国汽车制造企业。

瑞士的资源矿产稀少但工业高度发达,可将技术性企业与瑞士的机械化企业对接。

宁波钟表企业可与瑞士钟表企业对接,促进钟表企业深层次的发展。

电子机械设备企业可与英国相关企业对接。

法国能源主要以核能为主,而且水力和地热资源的开发利用比较充分。宁波对于核能的利用程度相对较低,可以将宁波发展核能、水利管理和资源开发等企业与法国相关企业进行有效的对接。法国式建筑浪漫优美,在建筑设计的理念上,可以吸纳对接法国的建筑设计。欧盟在高端机电产品、化工产品、车辆、计算机及病毒研发等资本技术密集型产品上具有比较优势,而宁波在服装及衣着附件、纺织品、塑料制品等劳动密集型产品上具有比较优势。双方具有很强的互补性。

(三)宁波与"海丝"沿途主要国家经贸合作与产业对接具体建议表(见表7-1)

表7-1　宁波与海上丝绸之路主要国家经贸合作与产业对接建议

东盟主要国家	经贸合作与产业对接建议
马来西亚	在橡胶、油棕、石油领域开发与合作;在电子、汽车、旅游方面开展合作,参与中国与马来西亚的港口联盟建设

续表

东盟主要国家	经贸合作与产业对接建议
印度尼西亚	印尼政府规划在境内建设一系列渡口码头和湖泊码头,在未来数年内将开发25个国际码头项目,逐步放宽对港口的控制,计划允许私人机构通过BOT方式建设和管理港口。宁波应积极寻求参与,并可在旅游业开发方面开展合作
泰国	能源锡矿的开发;谷物、橡胶贸易;渔业、旅游业合作
新加坡	在金融、航运、旅游方面开展合作;在科学仪器和设备方面开展贸易
越南	可投资橡胶产品生产与贸易;交通基本项目建设;纺织服装、鞋类生产与贸易。引进宁波企业进入越南宁波园中园
老挝	进口名贵木材;投资农产品加工贸易;输出制造业、开展服务贸易等
缅甸	矿产、木材的开发利用与合作;农业开发,农用机械的出口贸易;旅游合作
柬埔寨	名贵木材的开发与贸易;纺织服装业的提升;制造业的输出;农产品加工与贸易;旅游合作
文莱	石油、液化天然气贸易;港口航运合作;寻求参与文莱码头、发电厂等其他基本建设项目的招投标;旅游合作
菲律宾	渔业、纺织服装业、港口航运合作;制造业输出
非洲主要国家	经贸合作与产业对接建议
埃塞俄比亚	可进行咖啡贸易、旅游开发与合作
南苏丹	农业开发、渔业合作、通讯业开发(应充分关注社会的动荡)
吉布提	渔业产品、畜牧产品加工与贸易;机电、家电产品的制造生产;捕捞业的合作、捕捞设备贸易
索马里	通讯业的开发;畜产品加工;渔业开发、捕捞设备出口,粮食贸易(最不发达国家之一,政局不稳,海盗猖獗)
肯尼亚	港口合作、渔产品加工、能源、基础设施和建筑业、农业、制造业、采矿业、旅游业、金融业、信息产业的投资与合作
乌干达	农产品的加工与贸易;农业生产技术和设备的出口;宁波企业可积极进入中国人开设的乌干达自由贸易区进行相关经营
卢旺达	房地产开发;信息、通信技术产业的开发与合作;粮食及其他农产品贸易
布隆迪	铁路、公路、港口基础设施建设的投资与建造;农牧产品加工与贸易

非洲主要国家	经贸合作与产业对接建议
坦桑尼亚	天然气开发与利用；港口合作；初级农产品的加工与贸易 该国建有"海世坦桑尼亚宁波农业园区"①，宁波相关企业可积极进入
埃及	建设和开发聚光太阳能发电产业，进行聚光太阳能发电部件和设备制造的贸易与合作；油田开发；旅游与农业合作；长绒棉贸易及纺织业的合作；果汁贸易
利比亚	油田开发与石化产业合作；食品、日用品的出口贸易（关注社会局势的动荡）
突尼斯	港口建设与合作；聚光太阳能发电产业的开发，相关设备制造的贸易与合作；机电设备的生产与投资；橄榄油贸易，旅游业开发与合作
阿尔及利亚	聚光太阳能发电产业的开发，相关设备制造的贸易与合作；港口建设与合作；石油天然气、机械设备、运输设备、机电产品的合作与开发
摩洛哥	积极进驻摩洛哥国内工业园区、自由贸易区；参与国际产业合作；在洪涝灾害的防治与管理、废水处理与应用方面进行合作。聚光太阳能发电产业的开发，相关设备制造的贸易与合作；橄榄油、渔产品贸易

西欧主要国家	经贸合作与产业对接建议
英国	以宁波诺丁汉大学为桥梁，设立英中贸易协会办事处和企业孵化中心；继续加强宁波海上丝绸之路指数与英国的波罗的海指数的合作；在电子、生物制药、渔业、港口航运方面与英国合作
法国	服装设计与制作、汽车制造、化妆品生产、葡萄酒贸易、旅游等方面的合作
德国	汽车制造、精密机械、装备制造业、光伏产业、港口运输、旅游等项目合作
瑞士	钟表业、机电产品、精密仪器制造方面进行合作
爱尔兰	农牧产品贸易；软件开发与合作；机械制造、制药、旅游合作。可寻求建立宁波境外铅锌矿能源基地
比利时	该国金属线、平板玻璃、梳洗毛线、钻石有价格优势，可进行贸易合作；在港口、生态农业、旅游业领域进行合作
卢森堡	卢森堡的生活、生产用品几乎全部依赖进口，宁波的机电产品、纺织品、医疗设备、化工产品、运输设备等可趁机进入；在旅游、金融方面开展合作与交流（社会高度发达）

---

① 海世坦桑尼亚宁波农业园区，宁波海世食品有限公司于 2010 年在非洲的坦桑尼亚注册成立了海世国际投资有限公司，土地面积合计 3500 公顷，主要从事农副产品的代理、合作、买卖、生产、运输和投资相关经营活动。

西欧主要国家	经贸合作与产业对接建议
摩纳哥	可在金融业、旅游业方面开展合作交流；对摩纳哥进行日用消费品贸易（经济发达）
荷兰	荷兰可在宁波投资发展造船业、花卉业等；宁波可在荷兰投资发展制造业，联手发展旅游业，开展港口合作
奥地利	机械制造、汽车制造、电子产品、旅游业合作
葡萄牙	葡萄酒、软木、木材、制鞋贸易与合作；联手发展港口建设、航运等服务业
意大利	宁波意大利产业园应引进高档企业，充分发挥技术溢出效应；与意大利制造业、光伏产业、农产品加工、旅游等优势产业开展合作
西班牙	橄榄油贸易、纺织、服装、制鞋、汽车制造；渔业、金融、旅游合作与开发

中东欧主要国家	经贸合作与产业对接建议
波兰、捷克	两国均属发达国家，适合旅游合作
斯洛伐克	水资源丰富，阿尔卑斯山泉好喝又解渴，原生态无污染的蜂蜜，这些都是双方合作的理想项目（经济发达国家）
匈牙利	葡萄质量独一无二，葡萄酒比法国的更好，进口匈牙利的红酒；可在投资、教育、港口、旅游、科技创新方面开展合作（经济发达国家）
斯洛文尼亚	拥有中东欧国家最繁忙的港口之一科佩尔港，宁波可在港口、机电、汽车、纺织服装、家禽类肉食加工、葡萄酒贸易、旅游等方面进行合作，但斯洛伐克国内市场较小，生产商需要寻找国外市场（经济发达国家）
克罗地亚	可合作产业有港口运输、造船、纺织、旅游业；可积极参与该国的港口项目和铁路项目招标；葡萄酒、橄榄油、农产品、医药等产品在中国市场的发展空间较大（经济发达国家）
罗马尼亚	物流运输领域合作前景广阔；可在农副产品加工出口、基础设施建设、纺织服装业方面进行投资和合作；开展葡萄酒贸易；防病毒软件开发合作
保加利亚	旅游资源丰富，是欧洲著名的度假胜地，可开展旅游合作；玫瑰、酸奶和葡萄酒在国际市场上享有盛名，可开展贸易与合作（传统农业国）
塞尔维亚	在基础设施、能源、农业、IT 和汽车工业领域有着巨大的投资空间。家电、建材、汽车等生产型项目希望与我国企业投资合作，但塞尔维亚投资环境相对欠佳，应谨慎投资决策
阿尔巴尼亚	进口橄榄油，开展"碉堡王国"旅游合作
爱沙尼亚	投资环境良好，可开展生态旅游
立陶宛	食品加工、木材加工、交通物流、生物技术、激光技术为立陶宛的优势产业

南亚、西亚主要国家	经贸合作与产业对接建议
印度	宁波与印度将共建"印度国家信息技术学院宁波培训基地",可在软件人才培养、服务外包、信息化解决方案等方面开展业务;粮食作物、珠宝首饰、各种机械用具等合作与贸易;旅游项目的合作与开发。印度劳动力价格低廉,宁波制造业、纺织业可适度转移
孟加拉国	黄麻的加工与生产;制造业、纺织业、旅游业的合作(最不发达国家之一)
巴基斯坦	港口运输合作;矿藏开发、医疗服务、宝石加工、原材料加工、旅游开发与合作
斯里兰卡	稳步拓展新马服装集团在斯里兰卡的生产与销售;开展宝石加工、港口合作、旅游合作与开发
马尔代夫	旅游、渔业方面开展合作与开发
伊朗	港口合作、石油进口、机械设备出口、旅游业开发
叙利亚	石油贸易(政局动荡不稳,投资环境不佳)
沙特阿拉伯	无水港建设与合作、石化产品、勘探技术交流等
阿拉伯联合酋长国	完善迪拜中国凤城,开展在港口、金融、迪拜旅游方面的合作
伊朗	港口合作、石油进口、机械设备出口、旅游业开发

资料来源:根据媒体披露资料和研究结果自制。

专栏 7.2　迪拜中国凤城

概况

迪拜·中国凤城总投资 4 亿美元,总建筑面积 70 万平方米,其中商业面积 40 万平方米,仓储物流区面积 20 万平方米,总停车位 10000 多个,酒店及公寓等商业配套面积 2 万余平方米。该项目于 2012 年 7 月 15 日通过国家发改委审批,商业规划有 8 大主题馆,引进 4000～6000 家中国品牌企业,是集品牌展示、交易、仓储、物流、资讯、电子商务及餐饮、酒店、公寓、停车场等配套于一体的中国商品综合市场与交易平台。迪拜·中国凤城是中国企业目前在海外投资最大、规模最大、品质最优、品种最多、功能最齐、配套最全、服务最佳的中国商品全球采购中心与中国企业海外直销基地,有望成为中国永不落幕的海外"广交会"。

项目定位

"迪拜·中国凤城"项目定位为"中国商品全球展贸中心",是"中国企业产品全球直销基地","中国企业海外营销总部基地","中国地方政府海外招商中心","中国凤城"的目标是要把"中国创造"的产品推向国际市场,以提升中国商品的品质及附加值,提高中国商品在国际市场的竞争力,同时也为国内一些知名品牌转型升级、拓展国际市场提供一个对外窗口及优质贸易平台,促进国内制造良性发展。

项目特色

商业规划有8大主题馆,包括首饰化妆精品馆、皮具鞋类馆、服装馆、礼品酒店用品馆、电子数码家电馆、布艺轻纺馆、灯饰家私馆、建材卫浴馆,涵盖30个行业,20万种商品。"迪拜·中国凤城"是由中国人自己投资和管理的大型国际化商业项目,代表中国企业和产品的品牌形象及商业管理能力。

项目优势

商圈优势:迪拜·中国凤城地处成熟的中国商品国际贸易商圈,踞龙城之畔,形成更大的规模效应和商圈辐射力,从而吸引中东地区乃至亚非欧三洲各国更多的客户。

管理优势:由国内外资深的商业地产专业人士构建成精英团队,联手国际专业机构,全力构筑科学管理体系。

资金优势:商业投资巨头强强联手,雄厚的资金保障项目开发及持续运营。

资源优势:投资、管理、运营团队多重产业资源整合,实现有效嫁接、优势互补。

政策优势:迪拜的进口税低至5%,免营业税、个人和企业所得税;进出口不实行货物配额限制,资金进出自由;货币稳定与美元汇率连续25年不变;政治稳定,属于不结盟国家。

交通优势:5分钟公交直达迪拜市中心,10分钟抵达迪拜国际机场,踞杰拜阿里港口约50公里,距拉西德港口约30公里。

环境优势:位居全球经济增长极,世界贸易之都——迪拜,贯通东西,世界经济大动脉。

公关优势：丰富的商会、行业协会及政府资源，良好的政策支持。

规模优势：在迪拜这一寸土寸金的世界贸易之地总建筑面积近70万平方米，气势规模绝无仅有。

区位优势：东西半球交汇点，三洲咽喉要道，海空交通网络密布。

电子商务：为超过8000个商户和过亿采购商提供一个B2B和B2C的交易平台；帮助企业实现低成本网络扩张之路，让中小企业在网络中脱颖而出，能够像GPS一样，精准定位自身特点，通过最匹配的关键词，让采购商轻松找到。

行业会展：每季、每月举办大型主题活动全球性推广对接迪拜商业活动及节日，举行大型主题推广；在全球资讯媒体进行轮番推广，吸引采购商及消费者。

运营推广：由各国精英组成的专业运营团队为凤城进行全年无国界推广，通过凤城的专业杂志，精准直投，吸引专业采购商；每年举行多次行业高峰论坛，创造业界高度，提升知名度。

配套设施

迪拜·中国凤城为打造中国商品精品之都，全力建设配套设施服务中国凤城。

仓储物流：拥有20万平方米的仓库及物流中心，一站式的储存及配送服务能让货物安全而准时地到达全球范围任何一个目的地。通过招投标，将从中外运股份有限公司、中国海运集团、中远集团三家央企及其他国内外专业的公司中选择一家作为战略合作伙伴，为商户提供优质的仓储物流服务。

酒店公寓：拥有300间舒适雅致的客房，带给每一位商旅人士宾至如归的住宿体验。2万平方米的公寓面积满足部分人士长期居住需求。

停车场：10000多个停车位保障了对车位的需求及配套服务。立体停车位，以现代智能系统控制，给予座驾最安全而且最便捷的停泊服务。

餐饮：商城内每个主题馆配备各国餐饮，不出凤城体验各国美食。

休闲：9万平方米的露天休闲广场，吸引众多商旅人士。

一站式商务服务：中国凤城为商户及采购商、消费者提供一站式的国际商务服务，包括语言协助、登记证照办理、政策法规咨询，关税、商检、航运、保险、进出口业、外汇换算等一站式全程跟踪服务，令经营、采购及旅游购物毫无后顾之忧，方便快捷。

第五节　加快金融体系改革与创新

宁波参与"21世纪海上丝绸之路"建设，涉及众多国家和地区，是一项巨大而复杂的战略工程，需要庞大的资金流作为保障，因此，金融体系应加快自身改革和创新步伐。

一是以金融创新为先导，加快金融供给侧改革。优化金融供给主体，逐步建立起银行、证券公司、保险公司、股权投资公司等并存的多层次投融资市场格局，加大对新兴产业、创新型企业的金融供给，提高投融资市场的金融供给质量，加快供给侧结构性改革的推进。完善金融供给体系，健全多层次资本市场，鼓励民营资本参与金融供给，发展小微金融机构，加强金融监管。充分发挥金融在市场领域中的作用，更合理有效地配置金融资源，提高金融体系防范和化解金融风险的能力，让金融助推宁波产业结构调整和经济转型升级。

二是搭建银企合作平台，充分发挥金融助推实体经济发展的功能。资金是企业正常运营的"命脉"，资金短缺会制约中小企业的发展。金融机构应培育有竞争力的全球金融产品，企业应对接一流的信保、金融服务机构，确保资金流畅通无阻，实现金融与产业的互动共赢。

三是鼓励"走出去"的企业在境外融资。大量企业海外经营对境外融资提出了客观要求，并且目前境内融资利率高于境外，因此，应鼓励"走出去"的企业尽量与境外资金"牵手"，缓解境内金融压力。与此同时，要完善服务境外融资的政策性保险和担保机制，加快提高"走出去"企业海外融资能力和风险管控能力。

第六节 搭建"海丝"人文交流平台

文化引领在丝绸之路建设中起着非常重要的作用,宁波应发挥资源优势,加强文化传媒的国际交流合作,积极利用网络平台,运用新媒体工具,塑造和谐友好的文化生态和舆论环境,推进丝路沿线国家和地区交流。

一、建立教育国际化示范园区,搭建人才交流平台

一是以现有的宁波资源为基础,建立教育国际化示范园区,创建教育与产业协同创新试验区为人才进出与培训搭建平台与桥梁。二是引进高层次海丝人才。三是在国内外进行培养。建立宁波海丝产业人才教育培养基地,建立合作共建机制,充分发挥宁波诺丁汉大学、宁波(中国)供应链创新学院(美国麻省理工学院与宁波大学共建)的功能与作用,加大对"一带一路"商学院联盟的扶持力度,使其在现有50多所境外商学院联盟的基础上继续扩展范围,扩大影响,干出实效,把教育培训基地建设成为产业人才培养、科学研发、区域合作、国际交流的重要平台。在海丝沿途国设立教学点、职工培训学校,采取师资队伍输出,派教师出国开展教学与培训。四是重点引进与宁波战略性新兴产业发展相适应的急需人才,宁波应在自己培育的基础上加大引进境外优质资源的步伐,实现人才资源与技术的全球配置。

二、加强与海上丝路沿线国家海洋科技的合作与对接

"海丝"沿线的一些国家在海洋生物技术、化工业等方面研发实力突出,技术相对成熟;然而部分国家在生化产业方面基础薄弱、产能不足,但产品需求旺盛,而宁波石化工产业基础雄厚,循环经济发展良好。宁波可以在海洋生物与化工领域,与丝路沿线国家采取"取长补短,互利共赢"的合作策略。

三、组建智库联盟,为"海丝"建设提供引导支持

智库是"海丝"建设的重要智慧来源,对"海丝"建设起着引导作用。因此,应着力打造"海丝"行动型智库,吸纳多元文化的智慧和创造力,组建"丝路"智

库联盟，形成信息共享、资源共享、成果共享的交流平台，对"丝路"建设中的重大问题开展有针对性、有操作性的共同研究。创新智库合作模式，建立"海丝"智库常态化合作机制，深化各领域智库间的交流合作，产生更多有价值的智力成果，为宁波"海丝"建设提供政策建议和咨询服务。

四、开展多样海洋文化活动，创造文化新魅力

宁波应围绕海洋强市及海上丝绸之路建设的主题，大力推进海洋文化与海洋事业融合发展，推进海洋文化建设与发展蓝色经济、提升海洋科技创新能力齐头并进，加大海洋生态文明宣传力度，不断融入，加快建设，打造"兼容并蓄、革故鼎新、开拓进取"的海洋精神，扩展蓝色视野，谱写"海上丝绸之路"新辉煌。

海丝城市文化品牌方面：以河姆渡海洋文化为品牌，充分展示海丝历史文化资源，建设海上丝绸之路国际文化交流展示中心。申办海上丝绸之路国际艺术节，深化拓展与海丝沿线国家的文化交流合作，在国际上扩大海丝文化品牌影响力，打造海丝文化国际名城。

文化产业发展方面：推进文化产业转型升级，加强对外文化交流与合作，推进 21 世纪海丝先行区文化建设。以建设海上丝绸之路中的国际化创意城市为战略目标，打造融合制造业、海丝文化、宁波文化的全国特色文化创意产业基地。实现全市文化产业成为宁波重要的战略性新兴产业，引领宁波社会经济整体转型的支柱产业。

"海丝"文化不仅仅是宁波一座城市的文化，更是国家文化的名片，是中华民族在海上交通贸易、文化交流方面为世界做出的伟大贡献。每年一届的宁波"海丝"文化周应该坚持下去，争取越办越好。定期举办宁波与海丝沿线城市跨文化节交流活动，关注海洋文化、文艺会演等，促进跨文化的交流与传播。

五、建立互联为先、经济合作为主的城市合作模式

在城市合作方式上，要突破传统"招商引资"的思维定式，以宁波商会、协会为纽带，有效发挥其在人文交流、产业对接等方面的重要作用，建立全面交通互联为先、人文交流为辅、经济合作为主的全面合作模式。通过科技、文化、

教育、人文等方面的交流,增进海丝沿途友好城市间的交流,进而为经济合作营造和谐氛围。经济合作为主,应基于沿线各国各个城市不同的发展阶段、产业结构、区位优势,实现城市间的优势互补发展、合作共赢。

六、推动浙东文化、佛文化交流,助力东方文明之都建设

(一)弘扬阳明文化,促进"丝路"文化共融

宁波具有深厚的文化底蕴,要大力弘扬特别是以王阳明、黄宗羲、朱舜水、万斯同、全祖望等学术大师为代表的明清浙东学术文化。此外,还要极力宣传以天一阁为代表的藏书文化,以保国寺为代表的建筑文化,以始建于汉晋的青瓷文化,以中国古代四大水利工程之一的它山堰为代表的水利文化,以"宁波帮"为代表的商帮文化,还有丰富的宗教文化、海洋文化、海防文化、海上丝绸之路文化等等。这些丰富的本土文化内涵为宁波参与海丝建设提供了文化营养,宁波要古为今用,吸收其精华,通过召开"浙东文化论坛",在丝路沿途播撒浙东文化,促进文化共融。

(二)借力佛教文化,打造雪窦山佛文化中心

宁波在参与丝路建设中,应继续重视和发扬佛教对外传播的历史传统,把奉化雪窦山弥勒道场打造成具有国际影响力的佛教文化中心。采取"请进来"与"走出去"相结合的方法,加强与国外佛教界和社会各阶层的联系,寻找自己的传承法脉,开辟新的弘法场地,应机说法,利用和转化优秀传统资源,为当代各种文明的交流互鉴、和谐世界的建设做出贡献。

文化是人类共有的精神家园,宁波努力打造东亚文明之都,既有文化底蕴又有现实基础,既是发展所趋,又是群众所盼。在打造"东亚文明之都"的同时,宁波应继续积极申报世界文化遗产,提升宁波历史文化的国际认知度。

第七节　加强宁波海丝遗产保护和利用

一、加强宣传,提高民众海丝遗产保护意识

宁波市相关部门要强化责任意识,提升民众对海丝遗产保护和利用的意

识,提升海丝遗产保护的认知度,加快形成海丝遗产保护的整体合力,增强"海丝"遗产保护的全民意识。

一是做好海丝遗产保护的科学普及工作。编撰一批图文并茂、深入浅出的海丝遗产保护科普读物,在机关、企事业单位、社区及农村等普及海丝遗产保护的重要意义及相关的法律法规等。

二是组织与海丝遗产相关的宣传活动。采取悬挂横幅、出动宣传车等形式在繁华街道、人员密集公共场所集中广泛宣传。

三是通过宁波电视台、宁波日报、甬派等媒体宣传海丝遗产。

二、顶层设计,完善海丝遗产保护管理体系

一是进行顶层设计。建立相对统一的综合领导机构,设立"宁波海丝遗产保护领导小组",统一协调海丝遗产的保护和领导工作,明确海丝遗产管理单位、使用单位和产权单位的责任,集中可支配的人力、物力和财力。

二是改变保护模式。改变政府单一保护模式,引入社会力量,建立周边群众、参观者、政府、利用经营方等各个利益相关者共同参与的互动式海丝遗产保护管理体系。

三是制定发布与海丝遗产保护相关的地方法律法规,以及相关的保护管理条例,促进行政管理手段规范化,使海丝遗产的保护做到有法可依、依法管理、违法必究,并在"宁波海丝遗产保护领导小组"下设立市级政府管理职能的管理机构,保证执法职能。

四是在海丝遗产保护单位较为集中的区域,设立海丝遗产保护主体功能区,实行统一规划和管理,引导经济布局、人口分布与资源环境的承载力相适应协调发展。

五是按照相关的法律规定,制定荣誉制度和奖励制度,对于在海丝遗产保护中做出贡献的个人和单位给予精神奖励和物质奖励。

三、设立基金,支持"海丝"遗产抢救工作

一是可以设立专项"海丝"基金,为"海丝"文化的保护搭建一个完善的工作平台,使海丝工作的开展有及时的资金支持。

二是通过该资金平台，基金可以起到动力杠杆的作用，从而筹集社会资源，增进社会各类关系的沟通与协作，为"海丝"文化的保护提供资金支持。通过基金平台为"海丝"保护建言献策。"海丝"基金的设立，更有利于专款专用，对不同程度的"海丝"遗产采用分层保护措施。

三是可以利用"海丝"基金聘请专家对"海丝"现状进行大致摸底调查，再根据调研结果，对"海丝"遗产进行分类保护。首先划定属于"海丝"遗产的范畴，对于破损性严重的"海丝"遗产成立专家小组，现场勘察，设立保护区域，然后通过现代信息技术对其进行及时的原样修复并做好定期维护工作。

四是对于非物质文化遗产类，通过"海丝"基金，加大对相关资料的收购力度。比如，对重要的"海丝"历史文献资料、影像资源、生活用具等物品进行整理和汇集。

五是可以通过基金支援创建一个专属的"海丝"网站平台，对有关海丝物质文化遗产和非物质文化遗产进行统计调查，建立专属的海丝数据库，便于以后各项调研和维护等工作的开展，同时也起到更广泛传播的作用。

文化的保护与社会工作紧密相关，通过成立的"海丝"基金，提高民众的社会参与度，将"海丝"工作逐渐融入社会大众，增强民众的自觉保护意识。

四、引进企业，加大"海丝"遗产利用力度

企业重视文化，对企业来说是双赢的效果。将"海丝"文化与企业文化有机融合，形成独具一格的企业文化。

一是在企业大型的晚会或者活动中，可以适当地引入"海丝"元素，一方面在保护重视"海丝"文化上付诸实践，落地参与"海丝"保护与利用，可以得到社会高度认可，提高企业在行业中的地位。另一方面，"海丝"文化深入到企业文化中，以企业的视角号召员工以及相关合作企业同时参与重视并积极响应"海丝"文化保护措施。

二是企业是一个可以将物料通过加工制造变成商品最终达到盈利的场所，同时也是一个可以将"海丝"遗产发挥得淋漓尽致的地方。为此，"海丝"遗产可以借助企业产品作为载体，在产品理念和广告宣传中融入"海丝"元素，使"海丝"文化从企业文化传递到大众文化中去，拓宽了保护和利用的群体，使之

达到双赢效果。

三是可以在企业中设立专属"海丝"文化遗产的独特区域,通过一些沙盘和模型展示"海丝"文化大致发展进程,增加自助讲解功能,如二维码扫码讲解,以此成为企业一道亮丽的风景线。

在建设"一带一路"背景下,企业引进"海丝"文化,以深厚的中华文化元素和带有独特风味的地方元素,以丰富饱满的企业文化和综合行业竞争力更好地参与"一带一路"建设。

五、引进人才,为"海丝"遗产保护提供智力支撑

改革开放以来,宁波"海丝"文化遗产事业与其他各项公共事业一样,受惠于经济社会的高速发展,面临着空前的发展机遇,同时,城市化快速进程又使宁波"海丝"文化遗产事业发展充满挑战。"人才战略是第一战略",人才资源是最富活力的"第一资源",能否建设一支体系完备、结构合理、素质优良的人才队伍,是文化遗产事业兴衰成败的关键所在。实现宁波"海丝"文化遗产事业的可持续发展,就必须努力建立一支爱岗敬业、充满活力,在国际相关领域具有独特地位、特殊贡献的"海丝"文化遗产保护专业人才队伍,加强人才引进力度。

一是不断加大对人才支持力度。政府主导,是"海丝"遗产保护工作的重要原则。"海丝"文化遗产保护的核心是持续性,对文化遗产保护者加大资金扶持力度,能使他们有地位、有尊严、心无旁骛,专心致志搞保护与传承,一心一意带徒弟。一要着力提高"海丝"遗产人才的物质待遇,特别是那些技术含量高,却面对工作环境差,招徒带徒困难的项目和人才。对资助项目,在下达项目资金的同时,建立责任制,明确项目、要求,定期考核完成情况。二要积极搭建有效传承与保护载体,如"海丝"遗产展馆、"海丝"遗产研究所等等,为传承与保护人充分发挥专业能力提供硬件支撑。

二是注重引入人才激励机制。一要积极探索引入民间资本进入"海丝"文化遗产保护领域,尝试给"海丝"文化遗产传承与保护人颁发评选"薪传奖",研究采取资金补贴、政府采购和后期奖励等多种形式,在"海丝"遗产研究所规划用地、材料购置税赋减免和选徒带徒方面真正关心传承与保护人。二要适时

授予相关表现突出、业务能力强的管理、研究型人才"先进工作者"称号,并以此和工作绩效直接挂钩,让大家在压力中不断形成动力。三要组织专家跟踪研究当前"海丝"遗产人才队伍中出现的问题,特别关注社会价值观和生活方式改变对"海丝"遗产人才队伍造成的影响,重点解决"招不来、留不住、传不下"等问题。

三是加大人才培训力度。在全市范围内开展"宁波市基层非物质文化遗产从业人员资格认证培训班",一方面对已经在编在岗的人员进行培训,开展在职人员的年检培训及考核,另一方面对有志于从事基层非物质文化遗产工作的人员进行培训,每年定期安排培训及考试,并颁发从业人员上岗证书。在控制合格率的基础上,达到提高职业准入的起点,确保职业特性和职业回报的效果,使苏州市非物质文化遗产从业市场在科学、规范、有序的环境中不断发展繁荣。

四是不断完善文化遗产教育体系。当下文化遗产越发受到社会各界重视,将文化遗产纳入高等教育体系将是未来文化遗产事业发展的重要方向。"海丝"文化遗产涉及多个学科,各高等院校之间应该加强学科间的合作,有所偏重,调配相关资源,开展合作研究,同时加强文化遗产教育所需要的课程理论研究,及时更新教材,根据不同培养方向,将管理型人才划在管理学院,侧重实践,将研究型人才划在文学院、艺术学院等,侧重理论研究。探索在高校增设海丝遗产保护方面的相关选修课程,以学生喜闻乐见的形式宣传和普及海丝遗产保护的知识和理念,培养海丝遗产保护和维护的后备力量。在宁波学校开展"海丝"遗产教育。在中小学校开设兴趣班,举办诸如"海丝夏令营""海丝知识竞赛""海丝遗产调研活动""海丝手工产品制作活动"等宣教活动,吸引广大青少年学生参与。

六、加强合作,提升宁波"海丝"品牌影响力

"海上丝绸之路"作为人类一份珍贵的历史文化遗产,海外乃至联合国教科文组织对与之相关的研究、开发和利用十分关注。保护中国"海上丝绸之路"历史遗存,挖掘中国"海上丝绸之路"文化内涵,彰显中国"海上丝绸之路"开拓精神,并将之以"世界文化遗产"的方式向全球展示,成为最具价值的中华

民族的文化品牌之一,这无疑将有助于提升中华民族的文化自觉与文化自信,增强我国的文化软实力,也必将对人类社会做出划时代的新贡献。宁波拥有众多全国重点文化保护单位,文化遗产丰富,"活化石"基础坚实,应该作为"领头羊"角色积极推进泉州、北海、广州、漳州、扬州、蓬莱、福州、南京等"海丝城市"开展"海上丝绸之路"文化遗产保护、传承、利用并申报世界文化遗产。

一是建立合作机制。宁波应积极推动与其他"海丝城市"合作,建立融合共享、协同运作的长效机制,构建政府、文化管理部门、博物馆"三位一体"具有中国特色的协同平台,统筹中国"海上丝绸之路"多个城市文化遗产研究、保护、传承、利用,最终形成统一目标任务、共享遗产研究成果、联合做好宣传展示,形成"海丝"文化品牌的聚集效应。

二是夯实合作基础。"海丝城市"就中国"海上丝绸之路"相关文物、遗存、历史文献、学术研究等进行全方位地梳理,建立中国"海上丝绸之路"基础数据库,不失时机地开展合作与交流,为中国"海上丝绸之路"文化遗产研究、保护、利用和联合申遗工作夯实基础。同时,也为"海丝"文化品牌奠定基础。

三是策划海丝展览。以"海丝城市"为主导,精心策划中国"海上丝绸之路"文化遗产系列联展,在国内外巡回展出,从多视角全方位展示中国"海上丝绸之路"的发展历史、文化内涵、中国"海丝城市"地位和作用等,向世界展示中国"海丝"文化品牌的独特魅力。

四是开展学术研讨。联合其他"海丝城市",每年定期举办中国"海上丝绸之路"论坛或学术研讨,在讨论、交流、深化"海上丝绸之路"研究的同时建立中国"海上丝绸之路"专家团队与研究机制,促进中国"海上丝绸之路"研究融入于遗产所在地城市文化遗产保护和经济、社会、文化的科学发展之中,成为城市可持续发展、率先发展的重要推动力。

五是统一海丝品牌。统一策划、创新和推介"海丝城市"理念,自觉联合,统一宣传,协调运作,倾力打造"海丝城市"品牌,提升中国"海上丝绸之路"的社会关注度,扩大中国"海上丝绸之路"的文化辐射力,从而提升宁波等"海丝城市"的品牌影响力。

第八节　提升城市综合功能和国际化水平

城市的综合功能,是由城市的各种结构性因素决定的城市的机能或能力,是城市在一定区域范围内的政治、经济、文化、社会活动中所具有的能力和所起的作用,是多功能的综合体。城市综合功能和国际化是对外开放的基础和载体,对于集聚和配置资源具有战略性意义。

城市国际化是指城市在人、财、物、信息及整体文化等方面进行跨国界的相互往来与交流活动不断增加,城市的辐射力、吸引力影响到国外的过程以及国际性城市的形成过程。城市国际化主要包括金融国际化、贸易国际化、生产国际化、信息国际化、科技国际化、产业国际化、开放国际化。城市国际化是城市逐步建立广泛的经贸联系,参与国际分工、国际竞争和文化交流,向国际化升级的一个过程。

一、加速服务性功能产业建设

要增强现代化国际港口城市的服务功能。促进国内外运输机构在宁波集聚,培育运输大市场,发展运输大产业;完善具有国际水准的贸易服务体系,包括金融、保险、信息、法律等现代化的知识型服务,促进国际航运资源集聚,提升港口城市国际综合竞争力。抓功能性载体建设,推进重大功能性设施和交通网络的建设步伐。提高开放度,促进国际贸易综合服务平台的加速建立和形成。抓发展环境建设,以人居环境与创业创新环境为重点,推进城市国际化程度的提升。把提升生活品质作为发展的出发点,塑造舒适的生活环境,形成人与自然相互协调的生态环境,创造和谐相处的社会,大力引进与发展教育、医疗、文化、传媒产业,营造良好的人居生活环境,使引进的国内外人才进得来,留得住,成为宁波永久牌人才。

二、挖掘特色,建树明星城市形象

宁波已承办了一些高水平的大型赛事、会展和节庆活动,但是这些大事件为宁波吸引到的关注相对零散。首先,宁波要成立专门的城市形象营销机构,深度挖掘特色资源,以一个统一的主题将这些大事件整合为一系列的事件包进行营销推广,以达到"1＋1＞2"的效果。其次,宁波要积极承办具有公众"不得不看"的有巨大吸引力的全国乃至国际水平的重大赛事或会展活动,以扩大宁波的影响力。同时,宁波还应该运用主动推介营销的方式,借助网络媒体、电视媒体、平面媒体等多种形式,积极向外推介;另外,还可以筹拍以宁波为背景、具有宁波特色的影视剧,通过影视剧的流行为宁波做最有影响力的宣传。

三、建立城市国际化推进机制

宁波要以城市国际化引领开放合作,以扩大开放促进各项改革。充分承接上海自贸区辐射和聚集效应。强化与海丝国重点城市的沟通与合作,广泛开展经济、文化、卫生、教育、体育、旅游等方面的国际合作与交流,积极举办国际化论坛、会展、赛事,加大城市形象宣传力度。探索建立适合国际化建设需要的境外人员在甬管理的国际性组织活动及涉外管理体制机制,营造国际化商务环境,进一步提升城市的国际影响力。

第九节　确定针对性市场发展策略

"海丝"沿途不同国家的市场特点和开放程度不一样,宁波外贸企业需要针对不同国家或地区的经济结构和需求变化,调整市场战略和市场进入模式,强化经济合作和基于产业转移、资源互补的投资,针对目前已取得的成果进行深入细致的分析,积极预测未来的发展趋势,用已确定有针对性的市场进入模式。

市场的需求是多样化的,在多样化的市场需求下,针对性的发展策略无论是对企业的发展还是对目标市场的发展都十分重要。针对不同的消费群体,外贸企业应该设立不同的生产销售策略,根据市场的具体情况细分,避免市场拥堵,提高自身的经济效益。在港口、旅游、纺织服装业合作方面都要针对不同的国家的具体情况与需求,确定发展策略,生产适销对路的商品,降低企业的额外消耗成本,减少贸易摩擦,获得经济效益最大化。同时在对原产地证方面,要加强对企业各部门对中国—东盟原产地证的认知,吃透相关政策,提高自身的认知能力,用好用足政策。

在基础设施建设方面,以中东欧市场为重点。近年来,中东欧国家为了提振经济,在基础设施建设方面加大了投入力度,迎来了基础设施建设高潮。主要涉及公路、桥梁、铁路、机场、港口、地铁、输气管道、光缆传输等领域,还有市政建设,包括排水建设、酒店建设等。而宁波近些年来大力发展基础设施建设,相关产业得到了大力发展,并产生了较多的过剩产能。特别是在交通基础设施、桥梁、港口等方面技术领先、设备成套、建设经验丰富、性价比高。宁波可与中东欧国家开展此方面的合作,达到双赢效果。

第十节　建立与海丝沿线国家长效合作机制

机制:是使制度能够正常运行并发挥预期功能的配套制度。它有两个基本条件:一是要有比较规范、稳定、配套的制度体系;二是要有推动制度正常运行的"动力源",即要有出于自身利益而积极推动和监督制度运行的组织和个体。机制与制度之间有联系,也有区别,机制不等同于制度,制度只是机制的外在表现。

长效机制:能长期保证制度正常运行并发挥预期功能的制度体系。长效机制不是一劳永逸、一成不变的,它必须随着时间、条件的变化而不断丰富、发展和完善。理解长效机制,要从"长效""机制"两个关键词上来把握。

宁波参与海丝建设,对接国家大战略,就要与海丝沿途国家或地区、城市建立长效合作机制。

一、建立友好城市政府间的磋商机制

截至 2014 年 11 月,宁波缔结友好城市 14 对,友好交流关系城市 33 个。其中和中东欧 16 个国家的 19 个城市联合发布了友好合作宣言,与波兰欧亚交流基金会签署了《开展交流合作备忘录》。宁波缔结的友城数量初具规模,地域分布日趋合理,初步形成了覆盖全球的友城关系网络。宁波应与友好港口城市建立定期或不定期的港口城市政府的磋商机制,推动港口城市政府部门、职能部门之间的磋商交流,带动港口、产业、社会等全方位合作共赢。

二、建立合作城市间的经贸交流机制

城市丝路经费主体,为追求各自利益的最大化必然会有竞争,如果不能建立有效的合作交流机制,这种竞争会造成相互的不理解和资源的浪费,影响双方合作。因此,应以中国—中东欧贸易博览会、"中国航海日"等节日为契机,定期召开海丝沿途国家或地区的友城特色产品交流,打造友城活动品牌,建立合作城市间的定期经贸交流机制,实现合作城市间的和谐统一,促进经济社会的共同发展。

三、建立专题论坛机制

(一)定期召开宁波与海丝沿线城市市长论坛,设立秘书处,以"市"为基点,增进交流与合作。

(二)定期召开宁波与海丝沿线城市经济论坛,关注基础设施和产能合作。

(三)定期召开"海丝港口国际合作论坛",关注物流运输与港口合作。健全常态化的合作交流机制,构筑双方海上互联互通网络,开拓港口、海运物流和临港产业等领域合作;积极发展海洋合作伙伴,继而走向国际港口联盟。

(四)定期举办宁波与海丝沿线城市海产品展览会,关注海洋渔业开发与合作,推广市场,建立沿途多城市联动机制。

(五)定期举办宁波与海丝沿线城市跨文化节交流活动,关注海洋文化、文艺人文交流等。

附　录

附录1　推动共建丝绸之路经济带和21世纪海上丝绸之路的愿景与行动[①]

国家发展改革委　外交部　商务部
（经国务院授权发布）

2000多年前，亚欧大陆上勤劳勇敢的人民，探索出多条连接亚欧非几大文明的贸易和人文交流通路，后人将其统称为"丝绸之路"。千百年来，"和平合作、开放包容、互学互鉴、互利共赢"的丝绸之路精神薪火相传，推进了人类文明进步，是促进沿线各国繁荣发展的重要纽带，是东西方交流合作的象征，是世界各国共有的历史文化遗产。

进入21世纪，在以和平、发展、合作、共赢为主题的新时代，面对复苏乏力的全球经济形势，纷繁复杂的国际和地区局面，传承和弘扬丝绸之路精神更显重要和珍贵。

2013年9月和10月，中国国家主席习近平在出访中亚和东南亚国家期间，先后提出共建"丝绸之路经济带"和"21世纪海上丝绸之路"（以下简称"一带一路"）的重大倡议，得到国际社会高度关注。中国国务院总理李克强参加2013年中国—东盟博览会时强调，铺就面向东盟的海上丝绸之路，打造带动腹

[①] 国家发展改革委、外交部、商务部2015年3月28日联合发布了《推动共建丝绸之路经济带和21世纪海上丝绸之路的愿景与行动》。

地发展的战略支点。加快"一带一路"建设,有利于促进沿线各国经济繁荣与区域经济合作,加强不同文明交流互鉴,促进世界和平发展,是一项造福世界各国人民的伟大事业。

"一带一路"建设是一项系统工程,要坚持共商、共建、共享原则,积极推进沿线国家发展战略的相互对接。为推进实施"一带一路"重大倡议,让古丝绸之路焕发新的生机活力,以新的形式使亚欧非各国联系更加紧密,互利合作迈向新的历史高度,中国政府特制定并发布《推动共建丝绸之路经济带和21世纪海上丝绸之路的愿景与行动》。

一、时代背景

当今世界正发生复杂深刻的变化,国际金融危机深层次影响继续显现,世界经济缓慢复苏、发展分化,国际投资贸易格局和多边投资贸易规则酝酿深刻调整,各国面临的发展问题依然严峻。共建"一带一路"顺应世界多极化、经济全球化、文化多样化、社会信息化的潮流,秉持开放的区域合作精神,致力于维护全球自由贸易体系和开放型世界经济。共建"一带一路"旨在促进经济要素有序自由流动、资源高效配置和市场深度融合,推动沿线各国实现经济政策协调,开展更大范围、更高水平、更深层次的区域合作,共同打造开放、包容、均衡、普惠的区域经济合作架构。共建"一带一路"符合国际社会的根本利益,彰显人类社会共同理想和美好追求,是国际合作以及全球治理新模式的积极探索,将为世界和平发展增添新的正能量。

共建"一带一路"致力于亚欧非大陆及附近海洋的互联互通,建立和加强沿线各国互联互通伙伴关系,构建全方位、多层次、复合型的互联互通网络,实现沿线各国多元、自主、平衡、可持续的发展。"一带一路"的互联互通项目将推动沿线各国发展战略的对接与耦合,发掘区域内市场的潜力,促进投资和消费,创造需求和就业,增进沿线各国人民的人文交流与文明互鉴,让各国人民相逢相知、互信互敬,共享和谐、安宁、富裕的生活。

当前,中国经济和世界经济高度关联。中国将一以贯之地坚持对外开放的基本国策,构建全方位开放新格局,深度融入世界经济体系。推进"一带一路"建设既是中国扩大和深化对外开放的需要,也是加强和亚欧非及世界各国互利合作的需要,中国愿意在力所能及的范围内承担更多责任义务,为人类和平发展作出更大的贡献。

二、共建原则

恪守联合国宪章的宗旨和原则。遵守和平共处五项原则,即尊重各国主权和领土完整、互不侵犯、互不干涉内政、和平共处、平等互利。

坚持开放合作。"一带一路"相关的国家基于但不限于古代丝绸之路的范围,各国和国际、地区组织均可参与,让共建成果惠及更广泛的区域。

坚持和谐包容。倡导文明宽容,尊重各国发展道路和模式的选择,加强不同文明之间的对话,求同存异、兼容并蓄、和平共处、共生共荣。

坚持市场运作。遵循市场规律和国际通行规则,充分发挥市场在资源配置中的决定性作用和各类企业的主体作用,同时发挥好政府的作用。

坚持互利共赢。兼顾各方利益和关切,寻求利益契合点和合作最大公约数,体现各方智慧和创意,各施所长,各尽所能,把各方优势和潜力充分发挥出来。

三、框架思路

"一带一路"是促进共同发展、实现共同繁荣的合作共赢之路,是增进理解信任、加强全方位交流的和平友谊之路。中国政府倡议,秉持和平合作、开放包容、互学互鉴、互利共赢的理念,全方位推进务实合作,打造政治互信、经济融合、文化包容的利益共同体、命运共同体和责任共同体。

"一带一路"贯穿亚欧非大陆,一头是活跃的东亚经济圈,一头是发达的欧洲经济圈,中间广大腹地国家经济发展潜力巨大。丝绸之路经济带重点畅通中国经中亚、俄罗斯至欧洲(波罗的海);中国经中亚、西亚至波斯湾、地中海;中国至东南亚、南亚、印度洋。21世纪海上丝绸之路重点方向是从中国沿海港口过南海到印度洋,延伸至欧洲;从中国沿海港口过南海到南太平洋。

根据"一带一路"走向,陆上依托国际大通道,以沿线中心城市为支撑,以重点经贸产业园区为合作平台,共同打造新亚欧大陆桥、中蒙俄、中国—中亚—西亚、中国—中南半岛等国际经济合作走廊;海上以重点港口为节点,共同建设通畅安全高效的运输大通道。中巴、孟中印缅两个经济走廊与推进"一带一路"建设关联紧密，要进一步推动合作，取得更大进展。

"一带一路"建设是沿线各国开放合作的宏大经济愿景，需各国携手努力，朝着互利互惠、共同安全的目标相向而行。努力实现区域基础设施更加完善，安全高效的陆海空通道网络基本形成，互联互通达到新水平；投资贸易便利化水平进一步提升，高标准自由贸易区网络基本形成，经济联系更加紧密，政治互信更加深入；人文交流更加广泛深入，不同文明互鉴共荣，各国人民相知相交、和平友好。

四、合作重点

沿线各国资源禀赋各异，经济互补性较强，彼此合作潜力和空间很大。以政策沟通、设施联通、贸易畅通、资金融通、民心相通为主要内容，重点在以下方面加强合作。

政策沟通。加强政策沟通是"一带一路"建设的重要保障。加强政府间合作，积极构建多层次政府间宏观政策沟通交流机制，深化利益融合，促进政治互信，达成合作新共识。沿线各国可以就经济发展战略和对策进行充分交流对接，共同制定推进区域合作的规划和措施，协商解决合作中的问题，共同为务实合作及大型项目实施提供政策支持。

设施联通。基础设施互联互通是"一带一路"建设的优先领域。在尊重相关国家主权和安全关切的基础上，沿线国家宜加强基础设施建设规划、技术标准体系的对接，共同推进国际骨干通道建设，逐步形成连接亚洲各次区域以及亚欧非之间的基础设施网络。强化基础设施绿色低碳化建设和运营管理，在建设中充分考虑气候变化影响。

抓住交通基础设施的关键通道、关键节点和重点工程，优先打通缺失路段，畅通瓶颈路段，配套完善道路安全防护设施和交通管理设施设备，提升道路通达水平。推进建立统一的全程运输协调机制，促进国际通关、换装、多式联运有机衔接，逐步形成兼容规范的运输规则，实现国际运输便利化。推动口岸基础设施建设，畅通陆水联运通道，推进港口合作建设，增加海上航线和班次，加强海上物流信息化合作。拓展建立民航全面合作的平台和机制，加快提升航空基础设施水平。

加强能源基础设施互联互通合作，共同维护输油、输气管道等运输通道安全，推进跨境电力与输电通道建设，积极开展区域电网升级改造合作。

共同推进跨境光缆等通信干线网络建设，提高国际通信互联互通水平，畅通信息丝绸之路。加快推进双边跨境光缆等建设，规划建设洲际海底光缆项目，完善空中（卫星）信息通道，扩大信息交流与合作。

贸易畅通。投资贸易合作是"一带一路"建设的重点内容。宜着力研究解决投资贸易便利化问题，消除投资和贸易壁垒，构建区域内和各国良好的营商环境，积极同沿线国家和地区共同商建自由贸易区，激发释放合作潜力，做大做好合作"蛋糕"。

沿线国家宜加强信息互换、监管互认、执法互助的海关合作，以及检验检疫、认证认可、标准计量、统计信息等方面的双多边合作，推动世界贸易组织《贸易便利化协定》生效和实施。改善边境口岸通关设施条件，加快边境口岸"单一窗口"建设，降低通关成本，提升通关能力。加强供应链安全与便利化合作，推进跨境监管程序协调，推动检验检疫证书国际互联网核查，开展"经认证的经营者"（AEO）互认。降低非关税壁垒，共同提高技术性贸易措施透明度，提高贸易自由化便利化水平。

拓宽贸易领域，优化贸易结构，挖掘贸易新增长点，促进贸易平衡。创新贸易方式，发展跨境电子商务等新的商业业态。建立健全服务贸易促进体系，巩固和扩大传统贸易，大力发展现代服务贸易。把投资和贸易有机结合起来，以投资带动贸易发展。

加快投资便利化进程，消除投资壁垒。加强双边投资保护协定、避免双重征税协定磋商，保护投资者的合法权益。

拓展相互投资领域，开展农林牧渔业、农机及农产品生产加工等领域深度合作，积极推进海水养殖、远洋渔业、水产品加工、海水淡化、海洋生物制药、海洋工程技术、环保产业和海上旅游等领域合作。加大煤炭、油气、金属矿产等传统能源资源勘探开发合作，积极推动水电、核电、风电、太阳能等清洁、可再生能源合作，推进能源资源就地就近加工转化合作，形成能源资源合作上下游一体化产业链。加强能源资源深加工技术、装备与工程服务合作。

推动新兴产业合作,按照优势互补、互利共赢的原则,促进沿线国家加强在新一代信息技术、生物、新能源、新材料等新兴产业领域的深入合作,推动建立创业投资合作机制。

优化产业链分工布局,推动上下游产业链和关联产业协同发展,鼓励建立研发、生产和营销体系,提升区域产业配套能力和综合竞争力。扩大服务业相互开放,推动区域服务业加快发展。探索投资合作新模式,鼓励合作建设境外经贸合作区、跨境经济合作区等各类产业园区,促进产业集群发展。在投资贸易中突出生态文明理念,加强生态环境、生物多样性和应对气候变化合作,共建绿色丝绸之路。

中国欢迎各国企业来华投资。鼓励本国企业参与沿线国家基础设施建设和产业投资。促进企业按属地化原则经营管理,积极帮助当地发展经济、增加就业、改善民生,主动承担社会责任,严格保护生物多样性和生态环境。

资金融通。资金融通是"一带一路"建设的重要支撑。深化金融合作,推进亚洲货币稳定体系、投融资体系和信用体系建设。扩大沿线国家双边本币互换、结算的范围和规模。推动亚洲债券市场的开放和发展。共同推进亚洲基础设施投资银行、金砖国家开发银行筹建,有关各方就建立上海合作组织融资机构开展磋商。加快丝路基金组建运营。深化中国—东盟银行联合体、上合组织银行联合体务实合作,以银团贷款、银行授信等方式开展多边金融合作。支持沿线国家政府和信用等级较高的企业以及金融机构在中国境内发行人民币债券。符合条件的中国境内金融机构和企业可以在境外发行人民币债券和外币债券,鼓励在沿线国家使用所筹资金。

加强金融监管合作,推动签署双边监管合作谅解备忘录,逐步在区域内建立高效监管协调机制。完善风险应对和危机处置制度安排,构建区域性金融风险预警系统,形成应对跨境风险和危机处置的交流合作机制。加强征信管理部门、征信机构和评级机构之间的跨境交流与合作。充分发挥丝路基金以及各国主权基金作用,引导商业性股权投资基金和社会资金共同参与"一带一路"重点项目建设。

民心相通。民心相通是"一带一路"建设的社会根基。传承和弘扬丝绸之路友好合作精神,广泛开展文化交流、学术往来、人才交流合作、媒体合作、青年和妇女交往、志愿者服务等，为深化双多边合作奠定坚实的民意基础。

扩大相互间留学生规模，开展合作办学，中国每年向沿线国家提供 1 万个政府奖学金名额。沿线国家间互办文化年、艺术节、电影节、电视周和图书展等活动，合作开展广播影视剧精品创作及翻译，联合申请世界文化遗产，共同开展世界遗产的联合保护工作。深化沿线国家间人才交流合作。

加强旅游合作，扩大旅游规模，互办旅游推广周、宣传月等活动，联合打造具有丝绸之路特色的国际精品旅游线路和旅游产品，提高沿线各国游客签证便利化水平。推动 21 世纪海上丝绸之路邮轮旅游合作。积极开展体育交流活动，支持沿线国家申办重大国际体育赛事。

强化与周边国家在传染病疫情信息沟通、防治技术交流、专业人才培养等方面的合作，提高合作处理突发公共卫生事件的能力。为有关国家提供医疗援助和应急医疗救助，在妇幼健康、残疾人康复以及艾滋病、结核、疟疾等主要传染病领域开展务实合作，扩大在传统医药领域的合作。

加强科技合作，共建联合实验室（研究中心）、国际技术转移中心、海上合作中心，促进科技人员交流，合作开展重大科技攻关，共同提升科技创新能力。

整合现有资源，积极开拓和推进与沿线国家在青年就业、创业培训、职业技能开发、社会保障管理服务、公共行政管理等共同关心领域的务实合作。

充分发挥政党、议会交往的桥梁作用，加强沿线国家之间立法机构、主要党派和政治组织的友好往来。开展城市交流合作，欢迎沿线国家重要城市之间互结友好城市，以人文交流为重点，突出务实合作，形成更多鲜活的合作范例。欢迎沿线国家智库之间开展联合研究、合作举办论坛等。

加强沿线国家民间组织的交流合作，重点面向基层民众，广泛开展教育医疗、减贫开发、生物多样性和生态环保等各类公益慈善活动，促进沿线贫困地区生产生活条件改善。加强文化传媒的国际交流合作，积极利用网络平台，运用新媒体工具，塑造和谐友好的文化生态和舆论环境。

五、合作机制

当前，世界经济融合加速发展，区域合作方兴未艾。积极利用现有双多边合作机制，推动"一带一路"建设，促进区域合作蓬勃发展。

加强双边合作,开展多层次、多渠道沟通磋商,推动双边关系全面发展。推动签署合作备忘录或合作规划,建设一批双边合作示范。建立完善双边联合工作机制,研究推进"一带一路"建设的实施方案、行动路线图。充分发挥现有联委会、混委会、协委会、指导委员会、管理委员会等双边机制作用,协调推动合作项目实施。

强化多边合作机制作用,发挥上海合作组织(SCO)、中国—东盟("10＋1")、亚太经合组织(APEC)、亚欧会议(ASEM)、亚洲合作对话(ACD)、亚信会议(CICA)、中阿合作论坛、中国—海合会战略对话、大湄公河次区域(GMS)经济合作、中亚区域经济合作(CAREC)等现有多边合作机制作用,相关国家加强沟通,让更多国家和地区参与"一带一路"建设。

继续发挥沿线各国区域、次区域相关国际论坛、展会以及博鳌亚洲论坛、中国—东盟博览会、中国—亚欧博览会、欧亚经济论坛、中国国际投资贸易洽谈会,以及中国—南亚博览会、中国—阿拉伯博览会、中国西部国际博览会、中国—俄罗斯博览会、前海合作论坛等平台的建设性作用。支持沿线国家地方、民间挖掘"一带一路"历史文化遗产,联合举办专项投资、贸易、文化交流活动,办好丝绸之路(敦煌)国际文化博览会、丝绸之路国际电影节和图书展。倡议建立"一带一路"国际高峰论坛。

六、中国各地方开放态势

推进"一带一路"建设,中国将充分发挥国内各地区比较优势,实行更加积极主动的开放战略,加强东中西互动合作,全面提升开放型经济水平。

西北、东北地区。发挥新疆独特的区位优势和向西开放重要窗口作用,深化与中亚、南亚、西亚等国家交流合作,形成丝绸之路经济带上重要的交通枢纽、商贸物流和文化科教中心,打造丝绸之路经济带核心区。发挥陕西、甘肃综合经济文化和宁夏、青海民族人文优势,打造西安内陆型改革开放新高地,加快兰州、西宁开发开放,推进宁夏内陆开放型经济试验区建设,形成面向中亚、南亚、西亚国家的通道、商贸物流枢纽、重要产业和人文交流基地。发挥内蒙古联通俄蒙的区位优势,完善黑龙江对俄铁路通道和区域铁路网,以及黑龙江、吉林、辽宁与俄远东地区陆海联运合作,推进构建北京—莫斯科欧亚高速运输走廊,建设向北开放的重要窗口。

西南地区。发挥广西与东盟国家陆海相邻的独特优势,加快北部湾经济区和珠江—西江经济带开放发展,构建面向东盟区域的国际通道,打造西南、中南地区开放发展新的战略支点,形成"21世纪海上丝绸之路"与"丝绸之路经济带"有机衔接的重要门户。发挥云南区位优势,推进与周边国家的国际运输通道建设,打造大湄公河次区域经济合作新高地,建设成为面向南亚、东南亚的辐射中心。推进西藏与尼泊尔等国家边境贸易和旅游文化合作。

沿海和港澳台地区。利用长三角、珠三角、海峡西岸、环渤海等经济区开放程度高、经济实力强、辐射带动作用大的优势,加快推进中国(上海)自由贸易试验区建设,支持福建建设21世纪海上丝绸之路核心区。充分发挥深圳前海、广州南沙、珠海横琴、福建平潭等开放合作区作用,深化与港澳台合作,打造粤港澳大湾区。推进浙江海洋经济发展示范区、福建海峡蓝色经济试验区和舟山群岛新区建设,加大海南国际旅游岛开发开放力度。加强上海、天津、宁波—舟山、广州、深圳、湛江、汕头、青岛、烟台、大连、福州、厦门、泉州、海口、三亚等沿海城市港口建设,强化上海、广州等国际枢纽机场功能。以扩大开放倒逼深层次改革,创新开放型经济体制机制,加大科技创新力度,形成参与和引领国际合作竞争新优势,成为"一带一路"特别是21世纪海上丝绸之路建设的排头兵和主力军。发挥海外侨胞以及香港、澳门特别行政区独特优势作用,积极参与和助力"一带一路"建设。为台湾地区参与"一带一路"建设作出妥善安排。

内陆地区。利用内陆纵深广阔、人力资源丰富、产业基础较好优势,依托长江中游城市群、成渝城市群、中原城市群、呼包鄂榆城市群、哈长城市群等重点区域,推动区域互动合作和产业集聚发展,打造重庆西部开发开放重要支撑和成都、郑州、武汉、长沙、南昌、合肥等内陆开放型经济高地。加快推动长江中上游地区和俄罗斯伏尔加河沿岸联邦区的合作。建立中欧通道铁路运输、口岸通关协调机制,打造"中欧班列"品牌,建设沟通境内外、连接东中西的运输通道。支持郑州、西安等内陆城市建设航空港、国际陆港,加强内陆口岸与沿海、沿边口岸通关合作,开展跨境贸易电子商务服务试点。优化海关特殊监管区域布局,创新加工贸易模式,深化与沿线国家的产业合作。

七、中国积极行动

一年多来，中国政府积极推动"一带一路"建设，加强与沿线国家的沟通磋商，推动与沿线国家的务实合作，实施了一系列政策措施，努力收获早期成果。

高层引领推动。习近平主席、李克强总理等国家领导人先后出访20多个国家，出席加强互联互通伙伴关系对话会、中阿合作论坛第六届部长级会议，就双边关系和地区发展问题，多次与有关国家元首和政府首脑进行会晤，深入阐释"一带一路"的深刻内涵和积极意义，就共建"一带一路"达成广泛共识。

签署合作框架。与部分国家签署了共建"一带一路"合作备忘录，与一些毗邻国家签署了地区合作和边境合作的备忘录以及经贸合作中长期发展规划。研究编制与一些毗邻国家的地区合作规划纲要。

推动项目建设。加强与沿线有关国家的沟通磋商，在基础设施互联互通、产业投资、资源开发、经贸合作、金融合作、人文交流、生态保护、海上合作等领域，推进了一批条件成熟的重点合作项目。

完善政策措施。中国政府统筹国内各种资源，强化政策支持。推动亚洲基础设施投资银行筹建，发起设立丝路基金，强化中国—欧亚经济合作基金投资功能。推动银行卡清算机构开展跨境清算业务和支付机构开展跨境支付业务。积极推进投资贸易便利化，推进区域通关一体化改革。

发挥平台作用。各地成功举办了一系列以"一带一路"为主题的国际峰会、论坛、研讨会、博览会，对增进理解、凝聚共识、深化合作发挥了重要作用。

八、共创美好未来

共建"一带一路"是中国的倡议，也是中国与沿线国家的共同愿望。站在新的起点上，中国愿与沿线国家一道，以共建"一带一路"为契机，平等协商，兼顾各方利益，反映各方诉求，携手推动更大范围、更高水平、更深层次的大开放、大交流、大融合。"一带一路"建设是开放的、包容的，欢迎世界各国和国际、地区组织积极参与。

共建"一带一路"的途径是以目标协调、政策沟通为主，不刻意追求一致性，可高度灵活，富有弹性，是多元开放的合作进程。中国愿与沿线国家一道，不断充实完善"一带一路"的合作内容和方式,共同制定时间表、路线图,积极对接沿线国家发展和区域合作规划。

中国愿与沿线国家一道,在既有双多边和区域次区域合作机制框架下,通过合作研究、论坛展会、人员培训、交流访问等多种形式,促进沿线国家对共建"一带一路"内涵、目标、任务等方面的进一步理解和认同。

中国愿与沿线国家一道,稳步推进示范项目建设,共同确定一批能够照顾双多边利益的项目,对各方认可、条件成熟的项目抓紧启动实施,争取早日开花结果。

"一带一路"是一条互尊互信之路,一条合作共赢之路,一条文明互鉴之路。只要沿线各国和衷共济、相向而行,就一定能够谱写建设丝绸之路经济带和 21 世纪海上丝绸之路的新篇章,让沿线各国人民共享"一带一路"共建成果。

附录2　浙江在21世纪海上丝绸之路建设中的战略定位与合作建议[①]

一、21世纪海上丝绸之路国家战略的构想和意义

21世纪海上丝绸之路建设是党中央着眼世界大局、面向中国与东盟合作长远发展提出的重要战略构想,对于深化区域合作、促进亚太繁荣、推动全球发展具有重大而深远的意义。

(一)建设21世纪海上丝绸之路战略基本构想

21世纪海上丝绸之路连接中国与东盟的老挝、柬埔寨、缅甸、泰国、越南、马来西亚、新加坡、文莱、菲律宾、印度尼西亚等国家,以及印度洋的印度、巴基斯坦、孟加拉国、斯里兰卡等南亚国家,阿拉伯半岛和东非地区;包括南太平洋的澳大利亚和新西兰等国家。重点是要深化两点政治共识:深化战略互信,拓展睦邻友好;聚焦经济发展,扩大互利共赢;推进七个方面的合作:第一,积极探讨签署中国—东盟等国家睦邻友好合作条约,为中国—东盟等战略合作提供法律和制度保障,引领双方关系发展;第二,加强安全领域交流与合作,完善中国—东盟等防长会议机制,深化防灾救灾、网络安全、打击跨国犯罪、联合执法等非传统安全领域合作;第三,启动中国—东盟等自贸区升级版谈判,扩大双边贸易额,让东盟等国家更多从区域一体化和中国经济增长中受益;第四,加快互联互通基础设施建设,用好中国—东盟等国家互联互通合作委员会等机制,推进泛亚铁路等项目建设,筹建"亚洲基础设施投资银行",为本地区的互联互通提供融资平台;第五,加强本地区金融合作和风险防范,扩大双边本币互换的规模和范围,扩大跨境贸易本币结算试点,降低区内贸易和投资的汇率风险和结算成本,发挥好中国—东盟等银联体作用;第六,稳步推进海上合作,重点落实海洋经济、海上互联互通、环保、科研、搜救以及渔业合作;第七,

----

　　① 浙江省发展规划研究院.浙江在21世纪海上丝绸之路建设中的战略定位与合作建议[EB/OL].(2015-10-12)[2018-1-5].http://www.zdpri.cn/sanji.asp? id=224233.

密切人文、科技、环保等交流,巩固友好合作的基础。因此,21世纪"海上丝绸之路"是一个与历史传统不同的全新概念,也不仅仅只是涉及经济合作范畴,而是包括海洋经济、科技环保、防灾减灾、社会交往、文化交流、政治外交等众多方面的区域紧密合作交流的内容。

(二)建设 21 世纪海上丝绸之路的战略意义

一是构建和平稳定周边环境的战略举措。共建 21 世纪海上丝绸之路的战略构想,是在新形势下继续高举和平、发展、合作、共赢的旗帜,坚定不移地致力于维护世界和平、促进共同发展的战略选择。它将成为我国与东盟等国家之间开拓新的合作领域、深化互利合作的战略契合点,有利于搁置争议、增进共识、合作共赢,推动构建和平稳定、繁荣共进的周边环境。有利于打造陆海统筹、东西互济的全方位对外开放新格局,更充分地利用国际市场和国际资源,拓展我国发展空间,巩固和延长我国战略机遇期。

二是深化改革开放的重要途径。我国改革已进入攻坚期和深水区。全球范围内市场、技术、资源等方面的竞争日益激烈,一些发达国家试图通过制订新的国际区域经贸安排继续主导世界经济发展。共建 21 世纪海上丝绸之路,是新形势下应对挑战、用开放倒逼改革的重要途径。

三是拓展经济发展空间的深远谋划。我国已是世界第二大经济体,在新起点上谋划经济发展,对促进经济持续健康发展十分重要。共建 21 世纪海上丝绸之路,有助于我国与海上丝绸之路沿线国家开展全方位合作,对促进区域繁荣、推动全球经济发展具有重要意义,同时将大大拓展我国经济发展战略空间,为我国经济持续稳定发展提供有力支撑。有利于实现能源资源来源多元化,减轻对马六甲海峡通道的过度依赖,提高能源安全保障水平,增强我国战略主动性和抗风险能力。

四是促进沿线国家共同繁荣的历史选择。海上丝绸之路历史上就是联通东西方的重要交通走廊、推动商业贸易繁荣发展的黄金路线。目前,我国和东盟已建成世界上最大的发展中国家自由贸易区,我国已成为东盟第一大贸易伙伴,东盟则是我国第三大贸易伙伴。通过共建 21 世纪海上丝绸之路,大力推动自贸区升级版建设,促进政策沟通、道路联通、贸易畅通、货币流通、民心相通,这已成为沿线各国的共同意愿。

二、浙江在21世纪海上丝绸之路建设中的战略定位设想

建设21世纪海上丝绸之路对浙江经济社会发展带来了重大机遇。浙江历史上就是海上丝绸之路的重要组成部分,占有重要地位,特别是宁波港和泉州港、广州港一道,被公认为海上丝绸之路的三大启运港和目的港,杭州、温州、绍兴、舟山等城市也曾经是海上丝绸之路的交汇处。总体上,浙江应该发挥开放程度高、经济实力强、辐射带动作用大的优势,推进浙江海洋经济发展示范区和舟山群岛新区建设,加强宁波—舟山等海上合作战略支点建设,以开放倒逼深层次改革,创新开放型经济体制机制,加大科技创新力度,形成参与和引领国际经济合作新优势,成为海上丝绸之路建设的排头兵和主力军。在海上丝绸之路建设中发挥好沿海地区应有的龙头引领作用。定位和建设好21世纪海上丝绸之路的战略枢纽区和开放合作的先行区。

(一)海上丝绸之路建设的区域链接和航运贸易的枢纽功能区

浙江是连接海上丝绸之路、丝绸之路经济带和长江经济带"一路两带"的枢纽区。浙江地处我国东南沿海、长江三角洲南翼,东临东海、直面太平洋,西连长江流域和内陆地区,南接海峡西岸经济区,北与江苏、上海为邻,是长江黄金水道和南北海运大通道构成的"T"形宏观格局的交汇地带,具有连接东西、辐射南北的区位优势。特别是宁波舟山地处"长江经济带"与大陆沿海东部海岸线的交汇处,紧邻亚太国际主航道要冲,背靠中西部广阔腹地,区位条件突出。对外可以加强海上通道的互联互通,扩大我国与世界各国的互利合作。对内可以通过"长江经济带"连接"丝绸之路经济带",辐射中西部地区,以海铁联运的"无缝对接"实现中西部地区"借船出海",促进沿海经济带与长江经济带的融合互动发展。宁波—舟山港2009年起实施了西进战略,向长江流域及西部地区开拓港口腹地,至2013年开通了海铁联运城市17个,完成海铁联运箱量10.5万标箱,并已开发新疆—宁波港集装箱海铁联运,为"丝绸之路经济带"沿线地区开辟了新的货物出海通道。充分发挥海上丝绸之路建设中浙江的区域链接的枢纽作用,可以起到带动"丝绸之路经济带""长江经济带"建设的作用,一只棋子可以走活全国"一路两带"整盘棋。

宁波—舟山港是21世纪海上丝绸之路建设中具有重要战略地位的主枢

纽港区。宁波—舟山港区是我国港口资源最优秀和最丰富的地区,港域内近岸水深 10 米以上的深水岸线长约 333 公里,港口建设可用岸线约为 223 公里,其中尚未开发的深水岸线约为 184 公里,建设深水港群条件非常理想,是上海国际航运中心的重要组成部分和深水外港。宁波、舟山港口条件非常突出,是实现我国与东盟沿海港口之间的基础设施互联互通的重要组成部分。宁波—舟山港与世界上 200 多个国家和地区的 600 多个港口开通了 235 条航线,是国内发展最快的综合型大港,2013 年货物吞吐量达到 80978 万吨,连续 5 年居世界海港首位,集装箱吞吐量突破 1677 万标箱,稳居全球前 6 位。宁波—舟山港同时是东盟国家输往日韩、北美等地国际贸易货源的重要中转站,也是连接东南亚和日韩黄金航道的交通枢纽,已与东盟马来西亚的巴生港缔结为友好港,与东盟各国家多个港口开通了航线,宁波航交所定期发布反映集装箱运价的"海上丝绸之路指数"。宁波港与新加坡港务、中海码头共同出资设立公司,管理经营梅山港区 1♯、2♯ 集装箱泊位,增强了宁波—舟山主枢纽港区的功能。

(二)海上丝绸之路建设的战略安全保障和战略资源保障的枢纽区

浙江是维护我国海洋安全的战略重地和走向太平洋的重要战略通道,对建设 21 世纪海上丝绸之路具有重要的战略安全保障作用。西北太平洋地区将影响甚至主导全球发展方向,在"西北太"海域内的俄罗斯远东地区、中国、朝鲜、韩国、日本等国家,以及中国钓鱼岛、中国台湾地区共同形成一个接近规则的五边形,是东北亚通往太平洋从而走向世界的咽喉要道,而舟山群岛恰好处于五边形的核心位置,是西太平洋的"核心区"。舟山群岛扼长江入海口,控南北海上通道,是我国走向大洋的重要军事战略要地。也是应对海上传统和非传统安全威胁、化解外围岛链和海峡封锁的重要基地。

海上丝绸之路建设的大宗商品的主要集散中心和战略物资的重要储备区。丰富的港口、海岛、岸线资源等,加上发达的综合交通物流体系使浙江具备了大宗商品的集散中心功能。宁波—舟山港区域已建成亚洲最大的铁矿砂中转基地、全国最大的商用石油中转基地、国内沿海最大的液体化工储运基地、全国重要的粮油中转基地、国家石油战略储备基地、华东地区最大的煤炭中转基地,发挥着国内外资源配置和国际要素集散功能,应该是海上丝绸之路建设的战略物资重要储备区。

海上丝绸之路建设中战略资源保障的枢纽区。浙江在东海开发的前沿服务基地和战略支撑作用将日益显现,可以成为东海油气资源陆上开发利用基地和东海油气田开发重要的后方服务基地。保护好、开发好、利用好近海蕴藏丰富的天然资源和能源,关系着中国经济发展的战略安全和持久动力。主体位于浙江海域的东海油气资源预测储量200多亿吨,约占全国海洋油气资源的40%,是国家能源安全的重要保障。在资源和区位上,浙江是东海的主体,东海油气资源合作开发一直是我国对外开放的重要举措,可为国家实施东海战略提供战略空间。同时,宁波—舟山港是上海国际航运中心的重要组成部分和深水外港,浙江航运服务业更多地从共建区域航运服务体系出发,以宁波—舟山港域为主要平台,承接部分高端业务辐射,突出发展特色,立足航运服务的就近便利性,以错位整合、优势互补为原则。重点考虑船舶运输、港口服务的核心枢纽、大宗商品贸易平台、航运金融南翼中心、海事运营服务集聚区、航运科技创新与教育培训基地与航运文化中心等功能。可以在支持和服务上海国际航运中心建设和中国(上海)自贸区战略实施中发挥重要作用。

(三)海上丝绸之路建设的开放合作先行区

浙江是我国对外开放早、开放程度高的沿海省份之一,外贸顺差全国最大,境外投资合作位全国第一,特别是浙江与东盟的贸易居于全国的前列,目前东盟已成为浙江第四大贸易伙伴,而且义乌市场近几年对东盟等新兴市场自营出口增势强劲,与东盟各国贸易年均增长30%以上。浙江还拥有义乌、宁波等地举办的国际投资贸易合作会、西湖博览会、国际小商品博览会、文化产品博览会等高层次会展。浙江电子商务发达,目前浙江电子商务交易额已占全国交易总量的一半左右,阿里巴巴平台目前活跃着8万多名中国供应商,大约占到中国外贸出口企业的5%,2012年创造了1.3万亿出口额,相当于20%的中国中小企业外贸出口总额。全国首个跨境贸易电子商务产业园落户杭州,而且杭州和宁波都入选了首批国家跨境贸易电子商务服务试点城市。

浙江良好的产业基础和资本实力为扩大与东盟全面合作创造良好条件。浙江是全国重要的轻纺机电大省、高新技术产业基地、临港工业基地。也是全国商贸物流大省、文化创意大省、金融服务大省和电子商务强省,电子商务、金融服务、文化创意、现代物流、研发设计、网络经济等发展优势明显。浙江具有较强的资本实力。2012年,中国企业500强中浙江占42家;民营企业500强中浙江占142家,全省境内外上市公司304家(其中境内上市246家);还有超过640万人在省外投资创业,创办企业超过26万家,投资总额近4万亿元;海外浙商约50万人,拥有的资产约占全球华侨华人总资产的二成左右。可以通过申报设立宁波舟山自贸港区、杭州网上自由贸易园区、宁波综合保税区,发展一批国别(地区)产业园,规划建设双边、多边合作的产业园区,支持有条件的浙江企业在东盟国家投资建立境外经贸合作区、创办开发区等加强机电、石化、海洋新材料、海外水产养殖、海洋环保等领域合作。

同时浙江具有一批浙江大学、中国美术学院、国家第二海洋研究所在内的全国重要的高校和科研机构,正在加快构建友好城市和人文交流圈,夯实与东盟合作的基础,完全可以继续更好地发挥与东盟的经贸、投资、科技、文化合作中先行探索作用,为加快21世纪海上丝绸之路建设做出更大的贡献。

三、浙江参与21世纪海上丝绸之路建设的几点思考

(一)加强战略资源合作开发

浙江省政府成立浙江海外战略资源合作开发领导小组,相关政府部门要对21世纪海上丝绸之路建设中的战略资源合作开发作前期准备研究,出台相关产业政策和保障措施,引导与支持省内企业"走出去",推动政府部门与战略资源开发企业之间的协调配合,解决企业"走出去"开展战略资源合作开发中必须面对的政府担保、资质认证、劳务签证、税收返还、物资商检、清关手续、员工本地化、人生和资产安全等方面的问题,为企业"走出去"保驾护航。

1. 积极推进与沿线国家的能源矿产资源合作开发。能源矿产资源开发是21世纪海上丝绸之路建设的重点合作开发领域。海上丝绸之路沿线国家能源矿产资源储藏丰富,是国家未来发展的重要能源矿产资源供给地,具有重要的战略地位。印尼是油气资源重要供应基地之一,是我国第一大煤炭、铝土矿、镍矿进口来源国;马来西亚天然气资源丰富,是世界第二大液化气天然气出口国;老挝水电资源丰富,有东南亚"蓄电池"之称;澳大利亚具有极其丰富矿产资源。浙江应积极推进与海上丝绸之路沿线国家的能源矿产资源合作开发,

主动加入国家新的能源战略布局建设,鼓励企业积极"走出去",加大在海上丝绸之路沿线国家的能源矿产资源开发投资,通过产能转移、在当地兼并重组等方式,重点开展能源矿产资源深加工,同时延伸产业链条开发资源。通过一体化开发、综合开发、产业园区开发等方式,推动能源矿产资源型产品深加工和制造业发展。

(1)以舟山海洋新区建设与浙江企业在文莱投资的800万吨原油石化项目为突破点,支持企业参与境外油气资源开发,支持民营企业争取油气进出口权,助推国家亚太油气生产基地建设。加强能源资源上下游、工程、技术与设备出口、炼化、仓储与贸易等一体化优势,优化资源采购,加快仓储设施布局。

(2)依托两大核电产业基地,联合中核集团、中广核等央企以参股、分包外商海外核电项目为主,力争实现控股开发海外核电项目,带动核电自主知识产权技术和装备出口。研究浙江火电清洁化技术更大范围的推广运用,加强生态环境保护合作。

(3)探索通过与外方成立产业合作基金,参股国外能源控股公司;与当地投资基金合作,为能源矿产资源企业提供金融服务,开展多元化能源金融合作。

(4)启动研究建设舟山国际能源交易中心方案。

2.加大农业渔业资源合作开发力度。农业渔业资源合作开发是海上丝绸之路建设的优先合作领域。农业和渔业是海上丝绸之路沿线国家的支柱产业,而我国拥有巨大的市场、资金和技术优势,与沿线各国合作前景广阔。浙江是海洋资源大省,在农业渔业资源开发方面具有自身的独特优势。

(1)积极开展与东南亚国家在稻谷加工、粮油仓储设施、粮食生产设备等方面的境外农业投资合作,为国家粮食安全提供多重保障。以水稻和玉米等农产品为重点品种,以种植、生产加工为主要切入点,以仓储物流和国家贸易为补充,鼓励企业在东南亚建设境外产销加工仓储项目。

(2)鼓励浙江企业到东南亚热带经济作物主产区投资,尤其是鼓励企业以对外依存度高、影响大的橡胶、棕榈、油料作物等经济作物为合作开发的重点,积极开展境外经济作物的投资合作,将东南亚打造成为中国经济作物的供应基地。

（3）推动浙江与东盟国家在海洋渔业、海水养殖等领域开展合作，将海上东盟打造成为海洋产品供应基地。利用中国—东盟、中国—印尼海上合作基金，探索浙江与东盟渔业产业合作。积极开拓马来西亚、东印度洋等新渔场，在印度尼西亚、马来西亚等国家建立养殖基地。

（二）打造陆海空联动新走廊

新丝绸之路建设的战略核心是我国在新发展时期的国际大通道和经济大走廊的建设。拥有畅通的通道和走廊，就拥有国家发展的话语权与主动权。浙江在新丝绸之路的建设中，应抓住战略机遇，积极构建陆海空江对接的立体综合交通网络体系，多通道联通"一路一带"，增强交通物流的辐射力与集聚力；同时要努力把宁波—舟山港打造成海上丝绸之路东线的始发港和枢纽港，把宁波建设成为海上丝绸之路上的国际性枢纽港强市，把舟山建设成为海上丝绸之路的自由港。

1. 积极构建陆海空江对接的立体综合交通物流网络体系，多通道联通"一路一带"。浙江地处东部沿海，背靠中西部广阔腹地，区位优势突出，是连接海上丝绸之路、丝绸之路经济带和长江经济带"一路两带"的重要纽带和战略支点。对外可以加强海上通道的互联互通，扩大我国与世界各国的互利合作；对内可以通过"长江经济带"连接"丝绸之路经济带"，辐射中西部地区，以海铁联运的"无缝对接"实现中西部地区"借船出海"，促进沿海经济带与长江经济带的融合互动发展。

（1）加快宁波、舟山等城市与中西部地区公路、铁路互联互通，完善21世纪海上丝绸之路基础设施平台。支持宁波、温州、舟山、台州等沿海城市与杭州、金华、湖州、衢州等综合交通网、信息网的完善，支持沪杭昆经济走廊建设及其与孟中印缅经济走廊、中新经济的对接。争取杭州湾第二跨海通道规划建设，加快形成宁波"二环十射四连四疏港"高速公路网，提升宁波交通枢纽地位。争取将宁波连通中西部的甬金铁路列入国家铁路建设规划，并加快启动建设。将铁路港区支线、甬舟铁路纳入国家铁路干线网。巩固宁波至华东地区的铁水联运示范项目成果，支持海铁联运延伸到长江经济带、中西部地区各铁路枢纽，争取建设国家级海铁联运综合试验区，在运价、海铁联运线路开通等方面获得优惠，促进海铁联运发展、扩宽港口腹地。

（2）谋划杭州、宁波、义乌等城市与丝绸之路经济带的联通，积极开通接驳陇海线，经新疆，进入中亚，最后发往欧洲的货物专列，以及通过内蒙古满洲里，进入蒙古、俄罗斯，进而前往欧洲的集装箱货物专列，以进一步增强浙江省交通物流的辐射力。

（3）构筑便捷、高效的航空网络，搭建杭州、宁波、温州、义乌等与东盟国家重点城市之间空中通道。加快宁波、温州、义乌等机场项目建设，科学规划临空经济区范围和功能分区布局，建成区域性枢纽机场。以嘉兴、杭州、义乌机场为重点打造长三角最大的航空货运物流中心；大力引进国际国内投资商、运营商等航空战略伙伴，引入先进管理运营理念、国际货运资源、国际物流运营商，开通更多面向东盟国家的国际直航、经停线路，推进空港跨越式发展。

2.将宁波—舟山港打造成海上丝绸之路东线的枢纽港。宁波历史上就是海上丝绸之路的始发港和枢纽港之一，现宁波—舟山港货物吞吐量达到 8.1 亿吨，已居世界第一，且紧邻亚太国际主航道要冲，向东联通日、韩、朝，向南联通东南亚、南亚各国，完全有条件建设成为 21 世纪海上丝绸之路东线的枢纽港。舟山的长期定位应该是建设 21 世纪海上丝绸之路的自由港。

（1）加快宁波、舟山与东盟国家海运通道建设，推进 21 世纪海上丝绸之路沿海港口互联互通。积极发挥宁波作为 APEC 港口服务网络秘书处成员单位的作用，扩大港口开放合作，推动完善中国—东盟港口城市合作网络和机制，加快与东盟港口建立友好港口，鼓励浙江企业到东盟国家参股港口建设。构建 21 世纪海上丝绸之路客货运"穿梭巴士"，促进相互贸易往来；开通海上邮轮，形成海上丝绸之路旅游圈；积极推进"海上驿站"建设，为海上丝绸之路提供安全的通道保障。

（2）要积极推进宁波—舟山港的一体化建设，真正做到运营一体化、管理一体化，通过有效整合提升港口的国际竞争力；要积极推进宁波舟山联合申报与建设自由贸易港，打造国际通行的自由贸易港的战略平台，并加强与东南亚、南亚、中东等诸国的自由贸易区、自由经济区等间的战略合作与业务对接。

（3）要加强宁波—舟山港新一代港口泊位建设，改造升级现泊位、提升货物吞吐集散能力，加强宁波航运交易所国际化建设，支持现代船舶融资、海上保险等金融服务发展及其国际结算业务发展，支持开展国际船舶登记试点，不断增强宁波—舟山港在铁矿石、石油、煤炭等大宗商品运输与贸易中的重要战略地位。

（三）扩大跨境电子商务产业的发展与合作

以互联网为基础的跨境电子商务合作是 21 世纪国际经济合作的重要趋势，在推进 21 世纪海上丝绸之路建设中必须重视跨境电子商务产业发展与合作的重要性。随着电子商务应用水平及其配套支撑体系逐步完善和提高，特别是云计算及物联网的信息技术支撑体系的完善，传统的购物和贸易模式正在发生彻底转变。2013 年中国跨境电商市场交易额达到 2.7 万亿元，占货物进出口总额的份额已经超过 10%，而且最近 5 年的复合增长率在 30% 上下。浙江省跨境电子商务交易额占全国交易总额的一半左右。东盟是浙江省跨境电商交易的主要合作伙伴。浙江省在跨境交易和物流支持上具有明显优势，在海上丝绸之路建设中发挥浙江省在跨境电商产业领域的优势可以为丝绸之路建设注入新的内容（开辟"网上丝绸之路"），并为国家开放战略提供新思路。

1. 构建信息走廊。搭建面向东盟国家的跨境电子商务及物流信息平台，推进 21 世纪海上丝绸之路区域信息互联互通。以杭州、宁波等第四方物流市场为主体，依托国家交通物流公共信息平台，加快申报海上丝绸之路物流信息互连互通合作项目，推进港口、航运信息交换，形成便捷高效的物流信息走廊。搭建面向东盟的跨境贸易电商服务平台，提供电商通关、数据交换、外贸协同、商务信息等综合服务，建设一条阳光、便利、放心的跨境网购新渠道。

2. 构筑健全的跨境电商产业链，打造浙江电商产业高地是浙江参与海上丝绸之路、推动与沿线国家和地区进行电子商务合作的产业基础。完善跨境交易服务的第三方电商平台的服务内容，促进与跨境电商交易相关的港口、仓储和专用物流基地建设，建立起与跨境电商交易相适应的海关监管、检验检疫、退税、跨境支付等快速支撑系统，推动在海上丝绸之路沿线国家和地区（节点）建设一批跨境电子商务交易相配套的物流基地，从而构筑起一套与传统贸易形式相对应的跨境电商产业链和生态系统。依托原有基础，做好杭州、宁波、金华、舟山跨境电子商务出口试点以及义乌跨境电子商务出口试点，研究跨境贸易和投资的发展趋势，以跨境电商产业链的超前思路规划和布局该产业的发展，不断发挥和强化浙江跨境电商产业在海上丝绸之路建设中的优势。

推动杭州"网上自贸区"建设。

3.继续推进舟山新区和宁波舟山自贸港区建设是浙江未来跨境电商产业领先发展的新突破口,也是海上丝绸之路建设的重要支点。自贸区建设本身就包含了跨境贸易和跨境金融交易的自由化,浙江应利用新区建设先行先试的政策,加速贸易投资便利化相关政策的研究和落实,结合港口优势,力争把宁波、舟山建设成为跨境电子商务全产业链的综合试验区。可以设立专门的海岛区域,引进第三方电商平台公司跨境服务部门进驻,增加电子贸易的便利性和安全性,建设一批为跨境电商交易服务的基础设施。鼓励出口企业在第三方平台上登记注册,与东盟等国家签署长期合作协议,推进企业在跨境电子商务的贸易额。

4.投资促进跨境电商产业的发展与合作。积极培育跨境电子商务经营主体,推进跨境电商产业园建设,鼓励和引导企业在丝绸之路沿线节点城市或港口建立"海外仓"。设立省级的海上合作基金(国家级有中国—东盟海上合作基金),支持沿线节点建设"海外仓"或电商产业园区,支持跨境电子商务产业的人才培养。

(四)搭建丝绸之路区域交流新平台

1.拓展产业合作平台。加强与东盟等国家在重大产业项目方面合作,发展一批国别(地区)产业园,提升经贸合作水平。可在浙江省规划建设几个双边、多边合作的产业园区,支持有条件的浙江企业在东盟等国家投资建立境外经贸合作区、创办开发区。探索与东盟等国家开展"两国双园"建设,加强海洋经济领域合作,加强石化、海洋新材料等领域合作等。建设海外水产养殖基地,推动水产品出口贸易,建设中国—东盟等国的水产种苗繁育中心等。加强海洋环保与科研合作,建设中国—东盟环保产业示范基地等。

2.打造开放发展平台。依托现有的各类海关特殊监管区、城市功能区,围绕贸易物流产业链,搭建一批贸易、物流、航运、金融等行业发展集聚区,为做大做强贸易物流产业提供空间载体。抓紧申报批复杭州、宁波、温州、嘉兴、湖州等综合保税区。发挥地方政府的积极性和主动性,开展与有关沿线国家多层次、多渠道的"次区域合作",完善与有关沿线国家开展公共外交、对外交流平台。

3.构建金融合作平台。以宁波综合保税区等为依托,推动跨境人民币业务创新,加快完善金融组织体系,培育发展多层次资本市场,推进保险市场发展,加强金融基础设施建设的跨境合作,促进跨境贸易投资便利化。推动跨境电子商务平台建设,建立大宗商品现货和期货交易中心。

4.搭建文化交流合作平台。以中国—东盟文化交流年为契机,开展一系列活动,加快构建友好城市和人文交流圈,夯实与东盟合作的基础。继续举办海上丝绸之路文化节,争取联合沿海城市召开海上丝绸之路沿线城市的经济合作会议,开展国际招商、投资、贸易的跨海合作,密切经贸、旅游、人员往来,开展历史研究及学术研讨。做好与东盟国家交流基础上,拓展与中东欧国家交流,承办好"中国—中东欧国家经贸促进部长级会议",配套举办中东欧国家特色产品展、中国—中东欧经贸文化交流周,力争在宁波举办中国—中东欧博览会,并吸引东盟国家参加,推动东盟通过宁波、义乌等平台拓展与中东欧等地区经贸与文化合作。支持高等院校和科研机构持续分工开展海上丝绸之路国家的经贸、文化、政治、法律、科技、自然资源、生态环境等学术研究;加强在海外有影响的浙江佛教、浙东学派、丝绸茶叶等文化的国际研究合作与交流,加深对海上丝绸之路国家的文化与法律研究。为制定相应的战略、规划、政策提供决策支持。

(五)完善丝绸之路开放合作新机制

1.争取开放政策。争取获得进一步的开放政策,推动现有的政策体制和改革成果向浙江覆盖。争取国家将赋予上海国际航运中心的国际船舶登记制度、国际航运税收政策、航运金融政策、租赁业务创新政策等,向作为上海国际航运中心重要组成部分的宁波—舟山港覆盖。争取将中国(上海)自贸区的投资便利化、贸易便利化有关试点成果复制到宁波、舟山、杭州,争取宁波建立专业航运保险法人机构,推动金融保险领域先行先试,争取宁波、舟山大宗商品交易所依法开展连续合约交易和期货保税交割业务,开设国际期货保税交割仓储专区。放大海关特殊监管区域的政策叠加效应。

2.创新发展机制。围绕"走出去"的发展要求,深化境外投资管理体制改革,简化审批事项和手续,大力培育为"走出去"服务的信息咨询、人才培训、金融支持、风险防范、外汇管理、外事服务等全方位国际化服务业,加快跨境贸易人民币结算试点,完善对民营企业境外建立制造工厂、研发中心和营销网络的扶持政策。按照利用好国际国内"两个市场""两种资源"的要求,积极打造投资便利化制度环境,尽快建立"负面清单"投资管理制度,拓展跨境服务贸易,为积极、有序、稳妥地扩大开放领域提供制度保障。

3.开放社会领域。推进社会领域开放突破,拓展开放空间,提升开放发展水平。充分利用对外开放的成功经验,强化社会领域对外开放改革创新,注重制度设计,积极探索,拓展开放空间,释放开放潜力,也为全国发展积累经验。特别针对养老、医疗、教育、文化等社会领域的不同业态、不同需求,实现"有引导的开放、有约束的合同、有监管的运营、有控制的退出",积极争取国家支持浙江杭州、宁波、舟山开展先行试点,吸引东盟国家投资。

附录 3 福建省 21 世纪海上丝绸之路核心区建设方案[①]

福建省发改委 福建省外办 福建省商务厅
（经福建省人民政府授权发布）

2015 年 3 月,经国务院授权,国家发展改革委、外交部、商务部发布《推动共建丝绸之路经济带和 21 世纪海上丝绸之路的愿景与行动》（以下简称《愿景与行动》）,明确提出支持福建建设 21 世纪海上丝绸之路核心区。为贯彻落实国家"一带一路"重大倡议,加快福建省 21 世纪海上丝绸之路核心区建设,特制定并发布本方案。

一、总体思路

（一）重大意义

福建地处中国东南沿海,是海上丝绸之路的重要起点,是连接台湾海峡东西岸的重要通道,是太平洋西岸航线南北通衢的必经之地,也是海外侨胞和台港澳同胞的主要祖籍地,历史辉煌,区位独特,且具有民营经济发达、海洋经济基础良好等明显优势,在建设 21 世纪海上丝绸之路中具有十分重要的地位和作用。深入贯彻落实《愿景与行动》提出的相关倡议和行动,加快建设 21 世纪海上丝绸之路核心区,有利于进一步发挥福建比较优势,提升开放型经济发展水平,加快科学发展跨越发展;有利于扩大闽台交流合作,增进两岸同胞情谊与共同利益,促进两岸关系和平发展;有利于深化我国与东盟等海上丝绸之路沿线国家和地区的区域合作,打造带动腹地发展的海上合作战略支点,为实现共同繁荣发展作出贡献。

（二）基本原则

服务全局,促进发展。落实国家"一带一路"建设部署和《愿景与行动》提

---

① 福建省发改委,福建省外办,福建省商务厅. 福建省 21 世纪海上丝绸之路核心区建设方案 [EB/OL]. (2015-11-17)[2018-4-28]. http://www.fujian.gov.cn/xw/ztzl/jkjshxxajjq/zcwj/201511/t20151117_1095192.htm.

出的相关倡议,从建设核心区和福建实际出发,坚持"走出去"和"引进来"相结合,推动经济社会加快发展。

发挥优势,主动作为。发挥海上丝绸之路文化积淀深厚和侨力资源、闽台渊源、港口口岸、民营经济、生态文明等综合优势,主动拓展国际交流合作,大胆探索、先行先试,增创开放合作新优势。

平等互利,合作共赢。秉承和弘扬和平合作、开放包容、互学互鉴、互利共赢的丝路精神,大力推进与海上丝绸之路沿线国家和地区的务实合作,不断拓展合作的广度和深度,实现共同繁荣发展。

突出重点,稳步实施。以政策沟通、设施联通、贸易畅通、资金融通、民心相通为主要内容,深化与东南亚等海上丝绸之路沿线国家和地区的合作,看准选好优先领域和关键项目,重视风险防控,集中力量突破,稳步推进形成早期收获。

内外统筹,多方联动。坚持市场运作、政府引导,充分发挥企业主体作用,发挥海外华侨华人、台港澳同胞作用,加强与周边省份的分工协作,调动各方面积极性,形成建设核心区的强大合力。

(三)功能定位

充分发挥福建比较优势,实行更加主动的开放战略,在互联互通、经贸合作、体制创新、人文交流等领域不断深化核心区的引领、示范、聚集、辐射作用。

——21世纪海上丝绸之路互联互通建设的重要枢纽。强化港口和机场门户功能,完善铁路和干线公路网络,加强与海上丝绸之路沿线国家和地区在港口建设、口岸通关、物流信息化等方面的合作,构建以福建港口城市为海上合作战略支点、与沿线国家和地区互联互通、安全高效便捷的海陆空运输通道网络。

——21世纪海上丝绸之路经贸合作的前沿平台。发挥产业互补优势,以中国(福建)自由贸易试验区(以下简称福建自贸试验区)等园区为主要载体,争取在拓展与海上丝绸之路沿线国家和地区的产业、贸易、投资合作领域方面率先突破,形成早期收获成果。

——21世纪海上丝绸之路体制机制创新的先行区域。以加快福建自贸试验区建设为突破口,在促进投资贸易便利化、推进金融创新、改进监管服务、规范法制环境等方面先行先试,建立和完善政府间常态化交流机制、投资贸易促进与保护机制、融资保障机制及人文交流机制。

——21世纪海上丝绸之路人文交流的重要纽带。以海外华侨华人和台港澳同胞为桥梁,以妈祖文化、闽南文化、客家文化等共同文化为基础,以民间交流为主体、政府间交流为支撑,加强与海上丝绸之路沿线国家和地区的文化交流和人员往来。

(四)合作方向

根据历史基础、经贸合作以及人文交流现状等情况,福建省21世纪海上丝绸之路核心区建设重点合作方向是打造从福建沿海港口南下,过南海,经马六甲海峡向西至印度洋,延伸至欧洲的西线合作走廊;从福建沿海港口南下,过南海,经印度尼西亚抵达南太平洋的南线合作走廊;同时,结合福建与东北亚传统合作伙伴的合作基础,积极打造从福建沿海港口北上,经韩国、日本,延伸至俄罗斯远东和北美地区的北线合作走廊。

(五)省内布局

充分发挥福建各地的地缘、人缘、历史文化及对外开放、产业发展等优势,强化沿海港口城市的支撑引领作用和山区城市的承接拓展作用,合理确定重点合作领域和区域,形成整体参与和引领国际合作的新优势。

支持泉州市建设21世纪海上丝绸之路先行区。发挥海外华侨华人、民营经济和伊斯兰文化积淀等优势,在推动华侨华人参与核心区建设、民营企业"走出去"、海上丝绸之路文化国际交流、国际金融合作创新、制造业绿色转型等方面发挥先行先试作用,全面提升与东南亚、南亚、西亚、北非等国家和地区的开放合作水平。

支持福州、厦门、平潭等港口城市建设海上合作战略支点。发挥福州、厦门的产业基础、港口资源和开放政策综合优势,以加快福州新区、厦门东南国际航运中心建设为主要抓手,深化与东盟海洋合作,打造一批有国际影响力的海上丝绸之路国际交流平台,建设21世纪海上丝绸之路核心区互联互通的重要枢纽、经贸合作的中心基地和人文交流的重点地区。发挥平潭综合实验区、厦门市深化两岸交流合作综合配套改革试验等对台先行先试政策优势和漳州两岸产业对接集中区优势,通过深化两岸合作拓展与沿线国家和地区的合作渠道、合作领域,构建两岸携手建设 21 世纪海上丝绸之路的开放新格局。发挥莆田、宁德深水港口优势和妈祖文化、陈靖姑文化等纽带作用,拓展与海上丝绸之路沿线国家和地区的经贸合作和民间信俗交流,促进经贸人文融合发展。

支持三明、南平、龙岩等市建设海上丝绸之路腹地拓展重要支撑。发挥生态、旅游资源优势和朱子文化、客家文化等纽带作用,积极参与 21 世纪海上丝绸之路核心区建设,拓展与海上丝绸之路沿线国家和地区的交流合作,同时弘扬"万里茶道"等特色文化,对接丝绸之路经济带,打造国际知名的生态文化旅游目的地、绿色发展示范区和客家文化、茶文化交流基地,提高对外开放合作水平。

二、加快设施互联互通

(一)加强以港口为重点的海上通道建设

加快集约化、专业化、规模化港口群建设,集中力量打造"两集两散两液"核心港区,整合港口航线资源,拓展港口综合服务功能。重点加快厦门东南国际航运中心建设,提高其在国际航运网络中的枢纽地位。加强与海上丝绸之路沿线国家和地区的港航合作,推动沿海港口与沿线重要港口缔结友好港口,鼓励港口、航运企业互设分支机构,推进港口合作建设,增开海上航线航班。鼓励省内企业参与沿线国家的航运基地、港口物流园区建设和运营,吸引境外港航企业来闽合作建设港口物流园区和专业物流基地,支持内陆省市来闽合作建设飞地港。加快厦门国际邮轮母港建设,争取开通福建—台湾—香港—东盟邮轮航线。积极发展平潭邮轮旅游服务,重点开拓闽台旅游市场。

(二)强化航空枢纽和空中通道建设

重点推进厦门新机场建设,强化厦门国际机场区域枢纽功能,将厦门建设成我国至东盟的国际航班中转地;加快福州机场第二轮扩能及二期扩建工程建设,强化门户枢纽机场功能;推进泉州新机场、武夷山机场迁建等规划建设。积极拓展境外航线,鼓励国内外航空公司新开和增开福建至东南亚、南亚、西亚、非洲、欧洲等主要城市的国际航线,重点开通和加密至东盟国家的航线。改善航空与旅游、商务会展的合作机制,支持航空企业开展包机服务、高端商务服务等。

（三）完善陆海联运通道建设

加强以港口集疏运体系为重点的陆路通道建设，推进港口与铁路、高速公路、机场等交通方式的紧密衔接。积极拓展港口腹地，鼓励发展"陆地港"、多式联运，建设服务中西部地区对外开放的重要出海通道。建立由铁路、港口管理部门和企业共同参与的协商机制，大力发展海铁联运。重点加快建设衢（州）宁（德）铁路、吉（安）永（安）泉（州）铁路、福（州）厦（门）铁路客运专线等铁路通道，以及宁波至东莞、莆田至炎陵等高速公路，完善疏港铁路、公路网络，进一步畅通福建连接长三角、珠三角和中西部地区的陆上运输大通道。

（四）深化口岸通关体系建设

进一步扩大口岸开放，加强口岸基础设施建设，完善口岸通关机制，促进港口通关有效整合，推动实现地方电子口岸的互联互通和信息共享，提升口岸通关便利化程度。加强与国内港口物流信息服务、电子口岸服务、跨境电商服务、大型物流企业信息服务等资源的互联互通，打造 21 世纪海上丝绸之路物流信息中心。推进与东盟国家跨境运输便利化，加强海上物流信息化合作，依托福建省国际贸易"单一窗口"平台，探索推进与东盟国家、台港澳地区口岸通关部门信息互换、监管互认、执法互助等，打造便捷的通关体系。

（五）加强现代化信息通道建设

积极推动福建与东盟国家的信息走廊建设，完善信息网络合作与信息传输机制，促进与海上丝绸之路沿线国家和地区信息互联互通，打造便捷的信息传输体系。

三、推进产业对接合作

（一）支持企业扩大境外投资

在加快产业转型升级的同时，鼓励各类企业赴境外投资，将优势产能稳步有序地转移到海上丝绸之路沿线国家和地区，加快境外汽车、工程机械、食品机械、电力设备、船舶等组装与服务基地建设。重点支持企业在沿线国家和地区建设冶金、机械、纺织、服装、制鞋等产业合作园区和制造基地。支持先进装备、技术标准、管理理念"走出去"，打造一批跨国公司和国际知名品牌。

（二）拓展现代农业合作

深化粮食、茶叶、食用菌、水果蔬菜等领域合作，支持企业设立境外农业生产基地，并积极介入农产品流通领域，参与海外农产品物流体系合作建设。巩固、深化粮食育种、种植和深加工等合作，进一步推进菌草等产业合作示范园建设。鼓励企业在沿线国家和地区建立茶叶种植基地，支持武夷山、安溪等地茶叶龙头企业共同开拓国际市场，打造国际知名的福建茶叶品牌，适度提高当地加工程度。积极开展对东南亚和南亚国家的农业技术援助，帮助相关国家提高农业生产水平。

（三）深化主导产业合作

积极推动石油化工、机械装备、电子信息等重大产业项目对接合作。重点推进与东南亚、西亚等地区企业在江阴港区、湄洲湾等地合作建设精细化工项目。依托泉港、泉惠石化园区，拓展与西亚等地区企业的石化产业合作。依托古雷石化产业园区，支持、引导沿线国家和地区的企业参与石化中下游产业项目建设。深化与沿线国家和地区在集成电路、平板显示和数控机床等领域的合作。

（四）加强能源矿产合作

依托福建主要港口，布局建设来自沿线国家和地区的进口油气、矿石等物流中转及加工基地。积极拓展与西亚等地区的矿业、能源合作，加强与东南亚等地区在矿产资源开发及深加工领域的合作。支持企业开展与沿线国家和地区在新能源领域的合作。

（五）加强旅游业合作

重点加强与东南亚、南亚和西亚等海上丝绸之路沿线国家和地区的旅游合作，推出一批精品旅游线路，支持举办海上丝绸之路国际旅游节等文化旅游交流活动，共同打造海上丝绸之路旅游品牌，把福建建设成为海上丝绸之路旅游合作先行试验区和重要集散中心。规划建设平潭国际旅游岛，打造福州、厦门、泉州、湄洲岛等海上丝绸之路重要旅游目的地，整合提升武夷山、福建土楼、泰宁丹霞和宁德世界地质公园等一批重点旅游景区，大力开发特色明显、主题鲜明的海上丝绸之路文化旅游产品。支持企业参与沿线国家和地区的旅游基础设施建设，争取与沿线国家和地区互设旅游办事处，探索打造海上丝绸之路旅游经济走廊和环南海旅游经济圈。

四、加强海洋合作

（一）积极发展远洋渔业

积极开发太平洋和印度洋公海渔业资源，建立与东南亚、南亚、西亚及非洲有关国家长期稳定的渔业捕捞合作关系。引导、支持企业在沿线国家和地区加快境外远洋渔业生产基地、水产养殖基地、冷藏加工基地和服务保障平台建设，探索在沿线国家和地区提供远洋渔船检测服务，开展远洋渔船境外年审、检测、职务船员考试发证，以及远洋渔民教育、培训等工作。

（二）加强海洋科技和生态环境保护合作

依托优势资源，加强与东盟等国家在海洋生态环境保护与修复、海洋濒危动物保护、海洋生物多样性、海洋生态系统服务等领域的交流合作。积极携手海上丝绸之路沿线国家和地区，争取在海洋监测、海洋环境保护、生物多样性和海洋资源利用等领域制定共同行动计划。支持在闽科研机构、高等院校与沿线国家科研机构开展海洋生态联合观测及风险预警、海岸带变化与修复、海洋碳汇等领域研究和海洋科学考察合作。依托厦门国际海洋周，举办好"中国—东盟海洋经济合作论坛"，共同探讨和开展在海洋综合管理、减灾防灾、科技交流、资源环境保护、海洋文化等方面的交流与合作。

（三）强化海上安全合作

推动与东盟等国家在海洋观测和预报领域的合作，推进海洋搜救、海上减灾防灾、海洋灾害预警等领域的合作，建设联合海啸预警和减灾合作与服务平台。参与国家统一部署的海上联合执法、联合防恐合作，加强与东盟国家海上安全执法机构的交流与合作，增进了解与互信，共同维护地区和平稳定与航行安全。

五、拓展经贸合作

（一）积极推进福建自贸试验区建设

充分发挥改革先行优势，营造国际化、市场化、法制化的营商环境，积极开展对海上丝绸之路沿线国家和地区的开放合作先行先试，实行投资贸易便利化政策，建设改革创新试验田，为加强与沿线国家和地区的交流合作拓展新途径。发挥福建自贸试验区的辐射作用，带动省内其他地区与周边地区共同推进 21 世纪海上丝绸之路核心区建设。

（二）努力提高对外贸易水平

巩固传统贸易市场，积极开拓南亚、西亚及非洲等新兴市场，培育新的贸易增长点。推动重点行业出口转型升级，提升高附加值产品出口比重。努力培育知名品牌，举办"福建品牌海丝行"，推动福建产品在海上丝绸之路沿线国家和地区的销售。鼓励企业到港澳地区设立营销中心、营运中心，扩大转口贸易规模。支持企业扩大先进装备技术、重要资源、关键零部件以及满足不同层次需求的消费品进口。

（三）强化贸易支撑体系建设

积极发展跨境电子商务，协调海关、检验检疫、交通等部门，创新监管机制，建设跨境电子商务和国际物流服务平台，促进企业开展与海上丝绸之路沿线国家和地区的电商贸易。支持企业在境外设立仓储基地、自建或利用第三方跨境电子商务平台扩大对外贸易，鼓励企业加快海外商贸物流基地建设。推进保税区、出口加工区、保税物流园区、保税港区（综合保税区）等海关特殊监管区域的整合优化，深化与海上丝绸之路沿线国家和地区的经贸合作。

（四）加强投资促进工作

完善投资促进机制，促进双向投资合作。引导外资重点投向主导产业、高新技术产业、现代服务业和节能环保等领域。办好亚洲合作对话（ACD）—共建"一带一路"合作论坛暨亚洲工商大会、中国（泉州）海上丝绸之路国际品牌博览会，并依托中国国际投资贸易洽谈会、海峡两岸经贸交易会、中国·海峡项目成果交易会等会展平台，举办海上丝绸之路主题活动，吸引更多沿线国家和地区客商参会，拓展经贸投资合作。鼓励各类园区开展专业化招商，引导符合产业政策导向的外资项目向园区集中。支持企业在沿线国家和地区上市融资。鼓励企业在境外投资建设轻工、纺织、服装、家电、机械、船舶、电子信息等优势产品生产基地，引导和支持有条件的企业在境外建设经贸合作区。

六、密切人文交流合作

(一)丰富文化交流

深度挖掘海上丝绸之路丰富的历史文化内涵,组织福建文化精品赴沿线国家和地区展览展示,举办各类文化体育交流活动。加强对海上丝绸之路相关史料研究、文物搜集与保护,支持泉州牵头会同相关国家和地区的城市联合申报"海上丝绸之路"世界文化遗产,推进"海上丝绸之路数字文化长廊"建设。整合各类节庆活动,支持泉州举办海上丝绸之路国际艺术节等活动,支持厦门举办"南洋文化节",支持福州、泉州等城市举办"21世纪海上丝绸之路国际研讨会(或学术研讨会)"。组织大型舞剧"丝海梦寻""丝路帆远—海上丝绸之路文物精品图片展""海丝国家图书和图片展"等赴东盟等国家和地区演出、展出,推动"闽侨文化中心""闽侨书屋"在沿线国家和地区拓展。

深化青年、非政府组织、社会团体等友好交流。积极拓展民间信仰、民俗文化等民间交流往来,积极承办世界客属恳亲大会,争取在莆田建立世界妈祖文化中心,定期举办各种祭祀、民俗活动,增进民间互信。启航"海丝友好之船",赴东南亚开展考察、交流等活动。加强与沿线国家和地区的媒体交流合作,增进相互了解。

(二)深化教育合作

支持华侨大学等高等院校在海外联合办学或设立分校,支持厦门大学依托马来西亚分校建设中国—东盟海洋学院,合作开展海洋事务、科技培训。依托华侨大学,整合省内外优势资源,合作共建"海上丝绸之路研究院",打造21世纪海上丝绸之路研究的高端智库和学术交流平台。支持福建师范大学等高等院校在东南亚创建孔子学院或汉语培训班。扩大互派留学生规模,实施东盟十国来闽留学奖学金项目,增加来闽留学生数量,扩大派出留学生规模。

(三)开拓医疗卫生交流与合作

继续开展援外医疗工作;支持有资质的企业和个人赴东南亚建设经营医院,开办特色医疗诊所,改善当地医疗条件;深化实施福建—泰国精神卫生合作项目,开展交流学习互访;挖掘与发达国家卫生合作,支持沿线国家和地区的高水平医疗资源来闽合作建立医疗机构。

（四）拓展友好城市

重点支持与东盟十国的相关城市缔结友好城市，增加友好城市数量；着力拓展与南亚、西亚、东非、北非、澳新等地区的友好城市交往，构筑人文交流和密切往来的合作平台。

（五）扩大劳务合作

依托境外投资项目的建设和管理，加大劳务培训，扩大工程承包、海洋运输、现代渔业等领域的劳务合作。针对部分劳动力紧缺地区和行业，争取试点开放境外劳工输入，开辟劳务双向合作新领域。

七、发挥华侨华人优势

（一）激发侨商参与建设热情

发挥海上丝绸之路沿线国家和地区华侨华人作用，吸引华商参与、促进沿线重要基础设施、产业园区等合作项目建设。进一步拓展侨务引资引智，积极发挥闽籍重点侨团的作用，主动对接重点侨商，邀请侨商来闽考察投资。做好侨资企业的投资促进与服务工作，鼓励华侨华人积极参与福建自贸试验区建设。

（二）加强华侨华人情感联系

推进在福州、厦门分别设立"海丝侨缘馆"，支持泉州建设南洋华裔族群寻根谒祖综合服务平台。推进提升沿线国家和地区华文教育以及华裔青少年夏（冬）令营工作。通过采访华侨华人以及展示族谱、文献资料等形式，凸显华侨华人作为21世纪海上丝绸之路参与者、建设者和见证者的重要作用。引导沿线国家和地区华侨华人和华侨社团加强与国内"走出去"企业的交流、服务，共同关注社会责任，实现与当地的和谐相处。

八、推动闽台携手拓展国际合作

（一）深化闽台经贸合作

通过深化闽台交流合作促进核心区建设，通过核心区建设提升闽台交流合作水平。推动福建自贸试验区与台湾自由经济示范区加强合作。支持台资企业参与福建港口建设，密切与台湾地区的海上运输合作，共同打造环台湾海峡港口群和航运中心。支持福建企业与沿线国家和地区的台资企业加强合作,携手共同拓展东盟等国际市场。完善海上安全执法合作机制,共同打造稳定、畅通的海上丝绸之路。

(二)扩大闽台人文交流交往

加强祖地文化、民间文化交流,加快闽南文化生态保护实验区和客家文化、妈祖文化等载体建设,弘扬中华文化。扩大"海峡论坛"品牌效应,深化两岸民间基层交流合作。构建两岸直接往来主通道,拓展"小三通"功能,强化福州、厦门、泉州在两岸空中直航中的中转功能,进一步方便人员往来。拓展与台湾地区以及东盟等沿线国家和地区的体育交流合作。支持平潭携手台湾共同开展南岛语族渊源关系研究。

九、创新开放合作机制

(一)强化政府间交流机制

建立福建与东盟国家之间的常态交流机制,加强高层互访,推动务实合作,力争在重大议题、重点领域等方面率先达成共识、取得突破。完善与沿线主要城市特别是友好城市的政府间交流机制,积极推动与东盟国家有关省(邦、州)的结好事宜。邀请相关国家驻华使节、政府官员来闽交流和商谈合作事宜。加强福建省直有关部门、设区市与相关国家政府部门之间的双向交流往来。

(二)建立国内合作共建机制

加强与广东、浙江、江西、上海、江苏、广西、海南等省区市的区域协作与统筹,构建国内海上丝绸之路建设协作网络,协同推进海上丝绸之路建设。发挥泛珠三角区域合作平台作用,联合区域内相关省区扩大与海上丝绸之路沿线国家和地区的交流合作。积极参与丝绸之路经济带建设,扩大与丝绸之路沿线国家和地区的经贸合作和人文交流,支持武夷山市会同丝绸之路沿线主要城市共同举办"万里茶道"一系列经贸文化旅游活动。

(三)打造重大合作平台

1.打造重大综合性交流合作平台。按照《愿景与行动》关于建立"一带一路"国际高峰论坛的倡议,积极配合国家层面办好"一带一路"国际高峰论坛,加强与沿线国家和地区的交流交往;推动建立"21世纪海上丝绸之路城市联盟"并在泉州设立秘书处,邀请海上丝绸之路沿线国内外主要城市参加,举办年会、峰会、论坛等系列活动,促进交流合作。

2. 打造重大经贸合作平台。重点支持在福州举办的海峡两岸经贸交易会加挂"21世纪海上丝绸之路博览会",邀请海上丝绸之路沿线国家和地区的有关机构和企业参加,开展商品展示、招商推介、投资洽谈等对接活动;支持中国贸易促进委员会牵头成立海上丝绸之路多边商务理事会并在泉州设立联络办公室,打造与海上丝绸之路沿线国家和地区的多边商务合作机制。

3. 打造重大海洋合作平台。重点支持在厦门建设"中国—东盟海洋合作中心",加强与东盟国家的全方位海洋合作,打造"创新、合作、共赢"的中国—东盟海洋合作平台;支持福州加快建设完善中国—东盟海产品交易所,积极推动在海上丝绸之路沿线主要国家和地区设立交易分中心,形成面向沿线国家和地区的海产品电子交易平台。

4. 打造重大人文交流平台。重点支持福州承办丝绸之路国际电影节,促进与"一带一路"沿线各国的人文交流与合作;支持泉州整合海外交通史博物馆、华侨历史博物馆等资源,建设海上丝绸之路国际文化交流展示中心。

十、强化政策措施保障

(一)加强组织领导

发挥福建省21世纪海上丝绸之路核心区建设工作领导小组及其办公室作用,加强对核心区建设的总体指导和统筹协调,制定出台支持核心区建设的相关政策,统筹推进对外交流合作重大项目实施,协调解决核心区建设中的相关重大问题。各设区市、平潭综合实验区也要建立相应的组织协调机制,确保各项目标任务、政策措施的落实。

(二)强化统筹协调

省各有关部门和各设区市、平潭综合实验区要分别研究制定具体行动方案或工作措施,积极落实本方案。加强各部门之间的合作,有序推进各项建设工作。加强政府与民间的良性互动,调动各方积极性,形成分工协作、步调一致、共同推进的工作局面。

（三）加大政策扶持

争取国家加大中央预算内投资、中央财政专项资金和国外优惠贷款等资金投入，支持核心区重大合作项目建设。整合现有地方财政资金渠道，加大对核心区建设重点项目的支持力度。争取开发性金融机构、国家政策性银行、商业银行等金融机构以更大力度加强对福建的资金支持。积极争取丝路基金、中国—东盟海上合作基金支持。推动福建省现代蓝色产业创投基金扩大基金规模和投向范围，对接国家开发性、政策性融资，为"走出去"企业在海上丝绸之路沿线国家和地区的投资项目提供融资支持。完善人员出入境审批和外汇管理手续，在政策法规允许范围内最大限度提供方便。

（四）突出项目带动

高度重视重大合作项目对核心区建设的支撑带动作用，围绕与海上丝绸之路沿线国家的设施互联互通、产业合作、海洋安全、经贸合作、人文交流等领域，集中力量推动实施一批重大项目，形成示范带动效应。建立重大项目储备库，加强项目跟踪服务，按规定程序加快推进项目前期工作，建立开工建设一批、投产达标一批、储备报批一批的滚动推进工作机制。加强项目建设的协调、配合和风险防范意识，提高合作成效。

（五）强化人才支撑

完善人才优惠政策，大力培养和引进一批具有国际视野、通晓国际政治和经济运行规则、熟悉海上丝绸之路沿线国家和地区政治法律制度和国际法规的外向型、复合型人才。加大国内外人才双向交流力度，面向海内外招聘急需的高层次人才。鼓励规划设计、高等院校和科研机构等单位的专业人才到沿线国家和地区参与重大项目建设。

（六）加强境外投资风险防范

加强境外投资信息服务，为企业提供海上丝绸之路沿线国家和地区政治经济、社会文化、法律规范、投资项目等信息，及时发布风险提示；加强境外投资监测与预警体系建设，积极跟踪分析企业境外投资及项目建设进展，为企业"走出去"提供分析借鉴，引导企业提高风险意识，加强风险防范。

附录 4 广东省参与丝绸之路经济带和 21 世纪海上丝绸之路建设实施方案①

推进丝绸之路经济带和 21 世纪海上丝绸之路（以下简称"一带一路"）建设，是中国政府提出的重大倡议。广东在中国"一带一路"建设，尤其是 21 世纪海上丝绸之路建设中具有独特的优势。早于先秦时期，岭南地区与南海诸国已有经贸往来。作为海上丝绸之路最早的发祥地之一，广东是中国两千多年唯一从未中断海上贸易的省份，并始终与海上丝绸之路沿线诸国保持着频密的经贸联系，为中华文明与世界文明的交流发挥着重要的窗口作用。改革开放以来，广东对东盟、南亚、南太国家等海上丝绸之路沿线国家和地区贸易实现跨越式发展，并逐步发展成为国内与东盟、南亚、南太国家经贸合作量最大的省份之一。参与"一带一路"尤其是 21 世纪海上丝绸之路建设，是新时期广东贯彻落实中央政府部署、增创对外开放新优势的重要举措。根据国家部署，结合我省实际，制定本方案。

一、指导思想

围绕政策沟通、设施联通、贸易畅通、资金融通、民心相通的要求，以互利共赢为目标，联手港澳台和周边省区，务实推进与"一带一路"沿线国家合作，将广东建设成为与沿线国家交流合作的战略枢纽、经贸合作中心和重要引擎。

二、重点任务

（一）促进重要基础设施互联互通

充分发挥区位优势，深化港口、机场、高速公路、高速铁路和信息国际合作，打造国际航运枢纽和国际航空门户，面向沿线国家，构筑联通内外、便捷高效的海陆空综合运输大通道。加强广州港、深圳港、珠海港、湛江港、汕头港等

---

① 广东省发展和改革委员会.广东省参与丝绸之路经济带和 21 世纪海上丝绸之路建设实施方案 [EB/OL]（2015-12-31）[2018-4-28]. http://zwgk.gd.gov.cn/006939756/201603/t20160315_647591.html.

港口建设。结合沿线国家经贸和港口合作需求,联合国内主要港口城市与沿线国家港口城市举办港口城市发展合作论坛,建立沿线港口与物流合作机制。积极参与沿线国家港口园区建设。推动与港澳深度合作,共同打造世界一流粤港澳大湾区。增加广州、深圳至东南亚地区国家的国际航线和航班,开通与沿线国家主要城市的航班。建设东莞石龙、广州大田国际铁路货运物流中心,畅通与沿线国家的陆路大通道。加强与沿线国家信息基础设施建设合作。

(二)加强对外贸易合作

进一步巩固与沿线国家的良好经贸合作基础,建设一批辐射全省乃至全国的进口商品交易中心,扩大沿线国家特色产品进口。赴沿线国家设立建材、酒店用品等广东特色商品展销中心。在沿线国家筹建经贸代表处,设立商会,开展经贸洽谈会。加强与驻外商务机构、商(协)会和经贸代表处的沟通合作。举办21世纪海上丝绸之路国际论坛暨国际博览会,利用广交会、高交会等平台推进经贸合作。建设中国(广东)自由贸易试验区,推动与沿线国家的贸易合作。

(三)加快投资领域合作

支持企业赴沿线国家投资,在现代农业、先进制造业、现代服务业和跨国经营等方面开展深度合作。努力引导走出去企业实施本地化战略,遵守当地法律法规,尊重当地风俗民情,强化企业环保、公益等社会责任意识,为当地创造更多的就业机会,促进当地经济发展,实现互利共赢。

(四)推进海洋领域合作

积极推进与沿线国家在海洋渔业、防灾减灾、生态保护等方面的合作,开展渔业技术交流与培训,建立海洋污染防治协作机制。促进我省企业到沿线国家开展海上网箱养殖、岸上设施养殖、良种繁育等方面合作。共同开展近海海洋生态系统保护研究。

(五)推动能源领域合作

利用资金和技术优势,支持电力合作及太阳能光伏发电项目,与沿线国家开展能源贸易、资源开发、节能环保合作。加强与沿线国家在气候变化方面的合作。

（六）拓展金融领域合作

鼓励有条件的省内金融法人机构走出去到沿线国家投资发展，吸引沿线国家金融机构来粤设立机构，支持双方金融机构建立沟通协调机制，开展业务合作。支持在沿线国家投资的广东企业与当地金融机构开展合作，共同发展。设立广东丝路基金，支持"一带一路"项目建设。

（七）深化旅游领域合作

积极与沿线国家签订旅游合作框架协议、旅游合作备忘录等整体性协议，深化旅游业规划和资源开放、行业监管、公共服务等领域的国际合作。促进更多的广东游客到沿线国家旅游观光，支持广东企业到沿线国家开展旅游投资合作，建设旅游酒店、旅游景区及旅游基础设施。与沿线国家华人商（协）会、大型旅行企业合作，开设广东驻海外旅游合作推广中心。在广州、深圳市建设国际邮轮母港，在珠海、汕头、湛江等市启动邮轮旅游开发。筹划一批跨境丝绸之路主题旅游项目。

（八）密切人文交流合作

加强与沿线国家在文化、科技、教育、医疗、体育等领域的交流合作，增进了解和友谊，形成互信融合、包容开放的社会基础。与沿线国家共同发掘和保护海上丝绸之路历史文化遗产。积极推动教育合作和学术科研交流，支持青少年交流活动。促进公共卫生领域的信息共享、早期预警体系建设、传染病防治、突发灾难应对等方面的合作。推动政府体育部门和民间体育社团的互访，举办体育交流活动。

（九）健全外事交流机制

强化友城合作，完善与沿线国家交流合作机制，加强与沿线国家的民间交流往来，构建多层次沟通协商机制。通过沿线国家驻穗领馆，加强沟通联络，协调推进互利合作。建立对口部门交流联系机制，促进经济信息交流，积极组织商贸合作活动，开展教育医疗、扶贫、生态环保等公益慈善活动。

三、保障机制

成立广东省推进"一带一路"建设工作领导小组，由省政府主要领导同志担任组长。领导小组下设办公室，办公室设在省发展改革委。鼓励我省有关部门与沿线国家相关部门建立对口联系机制,开展信息交流,合作组织活动。积极开展基础研究,探索创新体制机制。加强宣传推介,创新宣传方式,积极倡导共赢理念,形成合作共识。

附录5 上海服务国家"一带一路"建设发挥桥头堡作用行动方案

"一带一路"建设,是我国今后相当长一个时期对外开放和对外合作的管总规划,对于全面提升我国全方位开放水平具有重大意义。把中国(上海)自由贸易试验区(以下简称"上海自贸试验区")建设成为服务国家"一带一路"建设、推动市场主体走出去的桥头堡,是习近平总书记在全局高度对上海提出的新要求。上海在国家"一带一路"建设中发挥桥头堡作用,有利于进一步提升上海城市综合服务功能,发展更高层次的开放型经济;有利于推动形成我国全方位开放、东中西联动发展的新格局,更好地参与全球竞争与合作。为贯彻落实"一带一路"国际合作高峰论坛精神和中央要求,制定本行动方案。

一、功能定位、主要路径和主要原则

——功能定位。把服务国家"一带一路"建设作为上海继续当好改革开放排头兵、创新发展先行者的新载体,服务长三角、服务长江流域、服务全国的新平台,联动东中西发展、扩大对外开放的新枢纽,努力成为能集聚、能服务、能带动、能支撑、能保障的桥头堡。

——主要路径。上海服务国家"一带一路"建设,以上海自贸试验区为制度创新载体,以经贸合作为突破口,以金融服务为支撑,以基础设施建设为重点,以人文交流和人才培训为纽带,以同全球友城和跨国公司合作为切入点。上海服务国家"一带一路"建设的过程,也是培育发展新动能、代表中国参与全球竞争合作的过程,测试压力、防控风险、转型升级的过程,传播中国发展新理念、凸显上海全球城市价值的过程。

——基本原则。上海发挥服务国家"一带一路"建设桥头堡作用,要充分体现国家战略。站在国家提高开放水平的高度,以内外联动的大视野,加强与长江经济带等战略对接。充分发挥上海优势,把服务国家"一带一路"建设与"四个中心"、具有全球影响力的科技创新中心、上海自贸试验区建设等国家战略紧密结合起来,发挥战略叠加效应,承接一批国家重大功能性载体,打造一批开放型合作平台,增强要素集聚和辐射能力,为上海全球城市建设注入新动力。充分对接市场主体需求。把市场在资源配置中的决定性作用和企业的主体作用发挥出来,切实解决市场主体开展双向投资、双向经贸的发展需求。把握远近结合、滚动推进。充分对接国家"一带一路"建设的新要求和高峰论坛成果清单,聚焦 2017—2020 年重点领域专项行动,与各方共同推进,共建共享,防控风险,为更长远的发展夯实基础。

二、贸易投资便利化专项行动

对接国家自由贸易区战略,构建多层次贸易和投资合作网络,促进贸易和投资自由化便利化。

(一)以上海自贸试验区为载体,加强与"一带一路"沿线国家(地区)制度和规则对接。系统梳理上海自贸试验区的制度创新经验,积极对接"一带一路"沿线国家(地区)[以下简称"沿线国家(地区)"]自由贸易协定谈判,与沿线国家(地区)开展上海自贸试验区相关制度创新合作,提升上海自贸试验区的国际影响力。(责任部门:市发展改革委、市商务委、上海自贸试验区管委会)

(二)加快推进上海自由贸易港区建设。以"区港一体、一线放开、二线安全高效管住"为核心,把货物进出、国际贸易、航运物流、金融服务等相关领域改革结合起来,实现开展国际业务的最大便利。(责任部门:市发展改革委、市商务委、市交通委、市金融办、市财政局、上海自贸试验区管委会、上海海关、上海出入境检验检疫局)

(三)争取进一步放宽境外投资备案权限。(责任部门:市发展改革委、市商务委、上海自贸试验区管委会)

(四)建设"一带一路"进口商品保税展示中心。依托上海自贸试验区,打造酒类、汽车、医药、化妆品、钻石珠宝等专业化的外贸直通平台,建设沿线国家(地区)常年商品展示平台,加快设立若干全球商品直销中心,为与沿线国家(地区)商品双向直通创造更多便利渠道。(责任部门:市商务委、上海自贸试验区管委会)

(五)提升上海自贸试验区文化服务贸易基地功能。依托国家对外文化贸易基地(上海),加强与沿线国家(地区)开展文化服务贸易,推动文化创意产业交流。发挥上海文化出口重点企业、重点项目优势,建设"一带一路"文化贸易海外促进中心。(责任部门:市文广影视局、市商务委、上海自贸试验区管委会)

(六)推动"一带一路"跨境电子商务发展。鼓励跨境电商在沿线国家(地区)扩大规模,支持跨境电商拓展产业链、生态链,共同推进电子商务国际规则制定,推动上海成为沿线国家(地区)"买全球、卖全球"的重要节点。支持重点互联网企业在沿线国家(地区)建立国际物流中心、结算中心、跨境电商平台等。(责任部门:市发展改革委、市商务委)

(七)促进"一带一路"服务贸易创新发展。制定上海跨境服务贸易负面清单,逐步取消或放宽对跨境交付、自然人移动等模式的服务贸易限制措施。在风险可控前提下,加快推进金融保险、文化、旅游、教育、医疗等高端服务领域的贸易便利化。在软件、通信、外包等重点领域打造国际合作交流网络,开拓"一带一路"服务外包与技术贸易市场。打造"海上中医"品牌,加快在沿线国家(地区)建立中医药海外中心,提升中医药国际服务贸易平台能级。(责任部门:市商务委、市金融办、市文广影视局、市旅游局、市教育局、市卫生计生委)

(八)加强"一带一路"国际产能和装备制造合作。重点在火电、核电、风电、太阳能等能源装备,智能制造装备,生物医药与医疗器械,特种设备装备制造等领域加强合作。深化跨境经贸合作区发展,发挥重点企业龙头作用,搭建国际产能合作平台,与沿线国家(地区)在园区规划、设计、运营、管理模式等方面实现合作共享。(责任部门:市商务委、市发展改革委、市经济信息化委、市国资委、市质量技监局)

(九)加强"一带一路"检验检测认证认可和标准计量合作。依托"一带一路"技术贸易措施企业服务中心,促进与沿线国家(地区)在检验检测认证认可和标准计量等方面的合作。(责任部门:市质量技监局、上海自贸试验区管委会)

(十)提升上海国际会展平台服务"一带一路"建设功能。拓展中国(上海)国际技术进出口交易会、华东进出口商品交易会、中国国际工业博览会等品牌展会的规模和水平,为沿线国家(地区)的商品、技术、服务等提供国际化、专业化、便利化的功能平台,完善上海企业与沿线国家(地区)企业双向参展的促进机制。(责任部门:市商务委)

(十一)建立"一带一路"综合性经贸投资促进服务平台。依托上海市对外投资促进中心等拓展海外网络、提升服务功能,建设综合性专业服务平台,为市场主体提供沿线国家(地区)发展规划、政策法规、法律查明、投资项目、风险提示等专业服务,为中小企业更好地"走出去""引进来"提供支撑,促进双向经贸投资发展。(责任部门:市商务委、上海市贸促会、上海自贸试验区管委会)

(十二)建设"一带一路"国际仲裁中心。依托上海国际经济贸易仲裁委员会、上海仲裁委员会、中国海事仲裁委员会上海分会,推进实施国际通行争议解决方式,探索境外仲裁机构与上海仲裁机构的多元化合作模式,打造国际化仲裁服务品牌,为沿线国家(地区)提供专业化的商事、海事仲裁服务。(责任部门:市司法局、市政府法制办、市商务委)

(十三)与香港、澳门共同探索"一带一路"框架下的合作新模式。加强与香港在金融、贸易、航运、文化、专业服务等的全面合作,鼓励上海企业在香港设立分支机构,共同开发沿线市场。积极对接澳门,共同开辟葡语国家市场。(责任单位:市政府港澳办、市金融办、市商务委、市国资委)

(十四)服务兄弟省市参与"一带一路"建设。支持和参与新疆、云南、大连等对口支援地区和对口合作地区有关保税区、开发区等建设,与长三角地区和长江经济带沿线省市共同参与"一带一路"建设。(责任部门:市政府合作交流办)

(十五)为国内外企业总部、功能性行业协会、国际机构(组织)落户上海发展,提供更为便利的服务和配套解决方案。(责任部门:市商务委、市经济信息化委、市国资委、市工商联等)

三、金融开放合作专项行动

把握国家金融开放和人民币国际化机遇,对接"一带一路"金融服务需求,在风险可控前提下,依托上海自贸试验区金融改革创新,加强与上海国际金融中心建设联动,把上海建成"一带一路"投融资中心和全球人民币金融服务中心。

(十六)打造人民币跨境支付和清算中心。推动人民币在沿线国家(地区)的贸易、实业投资与金融投资中的广泛运用。加强与境外人民币离岸市场合作,吸引沿线国家(地区)央行、主权财富基金和投资者投资境内人民币资产。加快推进人民币跨境支付系统(CIPS)二期建设,与沿线国家(地区)清算机构建立货币联动清算机制。大力支持银联国际等非银行支付机构提供跨境金融服务,推动互联网、电信支付为代表的普惠金融走进沿线国家(地区)。(责任部门:市金融办、人民银行上海总部、上海银监局)

(十七)拓展上海自贸试验区自由贸易账户功能。支持全国其他自贸试验区和沿线国家(地区)运用上海自贸试验区自由贸易账户,为参与"一带一路"建设的企业和员工提供相关跨境金融服务。对开立自由贸易账户的各类主体提供跨境资金的结算便利和可兑换服务。(责任部门:市金融办、上海自贸试验区管委会、人民银行上海总部、上海银监局)

(十八)完善面向"一带一路"的投融资服务体系。支持沿线国家(地区)在上海发行熊猫债等人民币证券产品,支持境内外优质企业利用上海资本市场发展。发挥中国保险投资基金作用,拓展保险资金服务"一带一路"建设的范围和形式。(责任部门:市金融办、人民银行上海总部、上海银监局、上海证监局、上海保监局、上海证券交易所)

(十九)加强上海金融市场与"一带一路"沿线国家(地区)双边和多边合作。支持在沪金融市场与沿线国家(地区)交易所、登记结算机构间的双边业务和股权合作。深化黄金国际板建设和"上海金"定价机制,推动与沿线国家(地区)的业务对接和产业合作,提升人民币黄金定价影响力。建设上海保险交易所再保险平台,探索设立"一带一路"再保险共同体。支持设立中央结算公司上海总部,建设人民币债券跨境发行平台。支持上海期货交易所在境外设立交割仓库。支持上海清算所与境外清算机构开展业务合作和交流。(责任部门:市金融办、人民银行上海总部、上海证监局、上海保监局、中国外汇交易中心、上海证券交易所、中国金融期货交易所、上海期货交易所、上海黄金交易所、上海保险交易所、上海清算所)

(二十)建设上海"一带一路"能源和碳交易市场。依托上海国际能源交易中心、上海石油天然气交易中心等平台,尽快推出原油期货,促进能源现货与期货交易、碳交易、技术交易等市场领域与沿线国家(地区)对接,提升国际影响力。(责任部门:市金融办、上海期货交易所、市发展改革委、市商务委)

(二十一)加大开发性金融和政策性金融支持力度。争取国家开发银行加大对通过上海参与沿线国家(地区)的基础设施、金融合作、产能合作等项目的专项贷款支持力度,扩大"一带一路"专项债券发行规模。争取中国进出口银行加大对通过上海开展沿线国家(地区)项目的贷款支持,增加优惠性贷款投放规模。(责任部门:市金融办、国家开发银行上海分行、中国进出口银行上海分行)

(二十二)提升保险服务"一带一路"建设能力。争取中国出口信用保险公司对通过上海"走出去"的项目扩大信用保险覆盖面,实现重点领域融资应保尽保。大力发展海外保险、货物运输保险、工程建设保险等业务,为"一带一路"建设提供全方位的保险保障。(责任部门:市金融办、市财政局、市商务委、上海保监局、中国出口信用保险公司上海分公司)

(二十三)推动设立"一带一路"金融资产管理公司。支持符合条件的金融机构在上海自贸试验区设立金融资产管理公司,优化"一带一路"金融资产配置。探索境外信贷资产证券化试点,吸引境内外金融机构和机构投资者共同参与。(责任部门:市金融办、上海自贸试验区管委会、人民银行上海总部、上海银监局、上海保监局、国家开发银行上海分行、中国进出口银行上海分行、中国出口信用保险公司上海分公司)

(二十四)吸引集聚"一带一路"单边和多边金融机构。吸引"一带一路"相关国际开发性金融机构、沿线国家(地区)商业性金融机构等到上海设立机构。支持设立"一带一路"股权投资基金和创业投资基金。支持中国进出口银行在沪设立功能性机构。(责任部门:市金融办、市财政局、人民银行上海总部、上海银监局、上海证监局、上海保监局、中国进出口银行上海分行)

(二十五)培育和发展"一带一路"信用评级机构。推动符合条件的企业面向沿线国家(地区)开展信用评级,逐步培育和建立具有国际影响力的信用评级机构和体系。(责任部门:人民银行上海总部、市金融办)

四、增强互联互通功能专项行动

加强与上海国际航运中心建设联动,畅通内外连接通道、拓展综合服务功能,提升上海全球城市门户枢纽地位。

(二十六)打造海上丝绸之路港航合作机制。依托中远海运集团和上港集团,发起并举办"21世纪海上丝绸之路港航合作会议",与沿线国家(地区)港口建立长期、稳定的沟通协调和战略发展合作机制，以共同开发、业务合作等方式，提高资本运作和项目开发水平，加大沿线港口投资力度，拓展延伸对物流园区、铁路、公路等基础设施的投资。（责任部门：市交通委、中远海运集团、上港集团）

（二十七）进一步拓展完善航线航班网络布局。加快打造高效通畅的全球集装箱海上运营网络，开辟上海至非洲、美洲、南亚、加勒比等区域，打通经印度洋、非洲东部到欧洲的新主干航线。提升上海航空枢纽航线网络覆盖面和通达性，争取在空域管理、航权分配、时刻资源市场化配置方面进行试点。支持基地航空公司优先发展面向"一带一路"区域的国际航线。（责任部门：市交通委、上港集团、机场集团）

（二十八）加快构建全方位多式联运综合体系。加快海铁、空铁建设衔接，积极发展海铁联运，加强上海铁路网与中欧、中亚铁路网的衔接，以信息化提升海港、空港、铁路等交通枢纽服务能级。（责任部门：市交通委、上海铁路局、上港集团、机场集团）

（二十九）提升"一带一路"上海航贸指数影响力。深化"一带一路"贸易额指数、"一带一路"货运量指数、"海上丝绸之路"运价指数的内涵，拓展应用范围，提升影响力和话语权。（责任部门：市交通委）

（三十）提升国际海事组织亚洲技术合作中心服务功能。推动与"一带一路"沿线国家（地区）在海事技术、管理和服务等方面协作协同，构建国际海事合作网络，发起横向技术合作，开展海事专业培训，引领全球海事技术标准制定。（责任部门：市交通委、市教委、上海海事大学）

（三十一）组建国际海事校企联盟。依托上海海事大学，牵头组建国际海事校企联盟，加强"一带一路"沿线区域海事院校和企业之间的合作交流。（责任部门：市交通委、市教委、上海海事大学）

五、科技创新合作专项行动

全面对接国家"一带一路"科技创新行动计划，加强与建设具有全球影响力的科技创新中心联动，依托功能性平台和项目，利用优势科技资源，促进科技联合攻关和成果转化。

（三十二）建设"一带一路"技术转移中心。在上海自贸试验区建设"一带一路"产权交易中心与技术转移平台，推动国家技术转移东部中心进一步在沿线国家设点布局，与沿线国家（地区）拓展技术转移协作网络，搭建技术转移信息平台，共建技术转移中心，促进绿色技术等转移转化。（责任部门：市科委）

（三十三）加强与沿线国家（地区）科技园区合作。以张江自主创新示范区为载体，分享上海高新技术产业园区经验，探索与沿线国家（地区）共建科技园区。鼓励漕河泾、临港等园区企业和科研机构参与沿线国家（地区）科技园区合作，支持有条件的企业到沿线国家（地区）设立海外研发中心。（责任部门：市科委、市张江高新区管委会）

（三十四）与沿线国家（地区）共建联合实验室或联合研究中心。与沿线国家（地区）相关机构联合推进高水平科学研究，加强技术联合攻关，共建一批联合实验室、技术创新中心、工程技术研究中心，争取 5 年内投入运行的联合实验室或联合研究中心达到 20 家左右。（责任部门：市科委、市发展改革委）

（三十五）推进大科学设施向沿线国家（地区）开放。依托张江综合性国家科学中心建设，推进上海大科学设施、国家实验室、上海市研发公共服务平台，以及各类研发与转化功能平台向沿线国家开放共享，鼓励和支持沿线国家（地区）一流科研机构和科学家来沪参与国际科研大设施和大科学工程建设与合作应用。（责任部门：市发展改革委、市科委、张江国家科学中心办公室）

（三十六）与沿线国家（地区）深化海洋科学研究与技术合作。构建与沿线国家（地区）海洋科技创新合作伙伴关系，深化在海洋资源勘探开发、高端装备制造、可再生能源、海洋新材料、海洋生物制药等领域合作，探索成立国际区域海洋科技产业联盟。加强与沿线国家（地区）在海洋生态环境修复、生物多样性保护、预警预报、气候变化、防灾减灾等方面的海洋公共服务合作，共建共享海洋观测监测网、以北斗通信为主的海洋多模通信网、海洋环境综合调查监测网。（责任部门：市海洋局、市科委）

（三十七）与沿线国家（地区）深化科技交流。实施优秀青年科学家交流计划，5 年内资助沿线国家（地区）400 人次以上，来沪进行为期 6—12 个月的科研工作。充分利用上海国际科技节、浦江创新论坛等平台完善合作机制，促进与沿线国家科技创新政策及管理经验的交流。鼓励上海科技馆、上海自然博物馆、上海天文馆等科普场馆与沿线国家（地区）开展民间交流。推动政府间科技合作支持向沿线国家（地区）倾斜。积极承办科技部"发展中国家培训"项目，举办各类适用技术及科技管理培训。鼓励和支持上海交通大学为主发起的"一带一路"科技创新联盟建设。（责任部门：市科委）

六、人文合作交流专项行动

按照将"一带一路"建成文明之路的要求，依托上海国际文化大都市建设，发挥好重大"节、赛、会"作用，搭建更多文化艺术、教育培训、卫生医疗、旅游体育等交流机制和平台，全面提升与沿线国家（地区）的人文合作交流水平。

（三十八）成立国家级"丝绸之路国际艺术节联盟"。依托中国上海国际艺术节，整合现有平台资源，加强与沿线国家（地区）文化交流与合作机制化发展，成立国家级"丝绸之路国际艺术节联盟"。（责任部门：市文广影视局）

（三十九）加强上海国际电影节、美术馆、博物馆、音乐创演等与沿线国家（地区）交流互动。深化上海国际电影节、美术馆、博物馆、音乐创演等与沿线国家（地区）的合作机制，进一步丰富和拓展文化交流合作内容。（责任部门：市文广影视局）

（四十）升级打造公务人员培训工程。依托中国—上海合作组织国际司法交流合作培训基地（上海政法学院）、上海外国语大学、中国浦东干部学院等平台，为沿线国家（地区）培养政府精英。扩大深化上海友城公务员培训项目。（责任部门：市教委、市委组织部、市政府外办、上海政法学院、上海外国语大学、中国浦东干部学院）

（四十一）升级打造沿线国家（地区）青年留学上海及能力提升培训工程。依托每年举办的上海国际友好城市青少年夏令营、上海暑期学校、国际青少年互动友谊营、中国上海教育展、上海高校"一带一路"教育研修等，为沿线国家（地区）的青年人才提供教育培训平台。（责任部门：市教委、市政府外办）

（四十二）升级打造走出去跨国经营人才培训工程。开展本土跨国经营人才培训，每年为本土企业培训跨国经营人才超过5000人次。实施"一带一路"经贸人才千人培训计划，承办更多援外培训项目，帮助沿线国家加强能力建设，5年内为沿线国家培训人员1000人次以上。（责任部门：市商务委）

（四十三）积极筹建联合国教科文组织"二类机构"教师教育中心。依托上海师范大学,整合中外教师教育资源,面向亚非及"一带一路"沿线国家(地区)培训教师及教育管理人员。(责任部门:市教委、上海师范大学)

（四十四）在沿线国家(地区)传播推广中医药应用。积极推广中医药科研成果和技术标准,推动我国中医药文化与沿线国家(地区)的共享共用。促进"中国—捷克中医中心"功能提升,建设"非洲中医中心"。(责任部门:市卫生计生委)

（四十五）加强与沿线国家(地区)传染病防控、卫生应急、妇幼卫生、卫生援外等领域交流合作。承接国家卫生计生委行动,积极防控传染病输入,完善沿线国家(地区)重大项目公共卫生保障措施,开展卫生应急培训演练、探索航空救援合作交流。(责任部门:市卫生计生委)

（四十六）加强与沿线国家(地区)旅游交流合作。办好 2018 年中国国际旅游交易会,打造和推介上海旅游品牌。发挥好上海旅游节、上海世界旅游资源博览会、上海(中国)邮轮旅游发展实验区等平台功能,打造跨区域旅游新产品与新线路。与沿线国家(地区)联合举办"丝绸之路国际邮轮旅游节"等大型推广活动。(责任部门:市旅游局、市商务委)

（四十七）积极申办 2019 年世界武术锦标赛。(责任部门:市体育局)

七、智库建设专项行动

充分发挥上海各类智库研究优势、网络优势和资源优势,加强对沿线国家(地区)全方位、多层次研究,通过优势互补、资源互利、信息互通,大力推动成果共享,为"一带一路"建设提供专业智力支撑。

（四十八）探索建设国家级丝路信息数据库。依托中国国际经济交流中心和上海社科院建立的"丝路信息网",进一步提升功能,建成面向不同国家、城市和企业的国家级大型综合数据库。(责任部门:市委宣传部、上海社科院)

（四十九）深化完善"一带一路"智库合作联盟。依托中联部、中国社科院、复旦大学共同成立的"一带一路"智库合作联盟和国务院发展研究中心发起成立的丝路国际智库网络,为加强相关沿线国家(地区)智库资源整合、政策沟通、人才交流搭建平台。(责任部门:市教委、市政府发展研究中心、复旦大学、

上海社科院、上海国际问题研究院）

（五十）建立上海全球治理与区域国别研究院。依托上海外国语大学，筹建上海全球治理与区域国别研究院，打造全球治理与区域国别研究的数据库和人才培训体系。（责任部门：市教委、上海外国语大学）

（五十一）打造中国城市治理模式研究智库平台。依托上海交通大学中国城市治理研究院，加强对上海、北京、深圳等城市治理模式、经验的案例库建设，面向"一带一路"沿线城市开展合作交流。（责任部门：市教委、上海交通大学）

（五十二）提升中国—阿拉伯改革与发展研究中心服务功能。依托上海外国语大学，加强面向阿拉伯国家的国情研究，开展面向高级别官员的研修和培训，推动中阿治国理政经验交流和深层次合作。（责任部门：市教委、上海外国语大学、市政府外办）

（五十三）提升"一带一路"贸易投资规则研究服务能力。依托上海对外经贸大学、华东政法大学，加强与沿线国家（地区）贸易投资机构交流互动，共同研究探讨商事与贸易投资规则设计。（责任单位：市教委、上海对外经贸大学、上海WTO事务咨询中心、华东政法大学）

（五十四）发挥好上海市市长国际企业家咨询会作用。（责任单位：市政府外办、市发展改革委、市政府研究室）

八、强化体制机制和政策保障

强化体制保障，整合政策资源，加强监测预警，强化推进落实机制，调动各方力量参与"一带一路"建设，形成服务国家"一带一路"建设发挥桥头堡作用的强大合力。

（五十五）优化完善上海推进"一带一路"建设工作机制。进一步完善上海推进"一带一路"建设工作领导小组工作机制，强化责任落实和督查考核。加强与国家推进"一带一路"建设工作领导小组办公室的协调沟通，研究解决"一带一路"桥头堡建设相关重大问题。（责任部门：市发展改革委）

（五十六）加强与国家"一带一路"重大项目库对接。（责任部门：市发展改革委、市商务委、国家开发银行上海分行、中国进出口银行上海分行、中国出口

信用保险公司上海分公司）

（五十七）进一步加大上海对推进"一带一路"建设工作的资金支持力度。（责任部门：市财政局、市发展改革委等）

（五十八）建立完善上海推进"一带一路"建设统计体系。（责任部门：市统计局、市发展改革委、市商务委、市金融办、市旅游局、外汇管理局上海市分局等）

（五十九）拓展上海与"一带一路"友城合作网络。统筹全市资源，拓展友城网络、深化合作内涵，扩大上海与"一带一路"友城在文化交流、城市形象宣传、媒体互动、青年交流等方面的深度合作。（责任部门：市政府外办）

（六十）建立完善上海境外投资安全保障机制。建立"一带一路"境外投资预警监测服务平台。建立境外企业和对外投资安全保护体系。（责任部门：市金融办、中国出口信用保险公司上海分公司、市政府外办、市公安局、市商务委）

附录6 国内外文化遗产保护的经验

一、国内城市文化遗产保护和利用的经验

(一)苏州文化遗产保护与利用

苏州享有悠久的历史文化,在历史上的各个关键时期都曾作为重要的经济、政治、文化中心。苏州有十分优越的地理位置,地处长江三角洲地区的地理中心,太湖之滨,长江南岸的入海口处,有京杭大运河、京沪铁路以及多条铁路干线和高速公路贯穿全境。苏州是中华文明的重要发源地,是历史底蕴深厚、风景秀美如画的历史古城。

悠久的历史和有利的地理位置使苏州文化多姿多彩。其中具有代表性的如苏州古城、苏州园林、昆曲、苏剧、苏绣等。

苏州古城,从狭义上来说仅指苏州古城区,建城至今 2500 多年。目前城区仍保持着古代"水路并行,河街相邻"的布局。但古城风貌地保护却令人担忧,古建筑保护措施没有落实。因此在保护方面,需要落实优秀历史文化保护的重点,把保护古城风貌作为当务之急;对将修复的城墙地段划定规划控制区域,并列入城市建设中去;对城墙遗址进行保护性修复;对于要改造的旧址,需经过实地考察调研,多方意见、审慎规划;对于极具有古城特色的地方,需要精心规划,全面保护;分层次保护古建筑,对于古建筑的保护需要分轻重缓急、分层次处理;对于文物价值高、危险程度大、街坊改造中已涉及的,需要先抢救。有的可以原样修复,有的可以在布局上面做调整;对于现存的或已被拆除的名人故居和古街、古巷、古桥、古城门等,可以在原地立碑,使后人了解苏州原有风貌。

苏州园林,作为世界文化遗产之一,享今中外。其运用了独特的造园法,在有限的空间里,形成具有诗情画意的园林艺术。近几年来,苏州依据国际公约和地方条例保护园林。实现了恢复性保护、挖掘性保护、建设性保护、接轨性保护;开办花会、庙会、水乡游等特色旅游活动。

昆曲,是中国最古老的剧种之一,也是中国传统文化艺术中的珍品。其方

式为唱念做打,结合舞蹈和武术,以典雅的曲词、婉转的行腔、细腻的表演为基调。在昆曲的保护方面,加大对苏昆剧团的扶持力度,构建剧团、研究所、博物馆、学校"四位一体"的昆曲基地。对全国中老年艺术家的拿手剧目进行录音录像。对珍贵的昆曲文献、演出脚本、曲谱和图片进行搜集整理。同时加配现代化的舞台处理,达到在原著的基础上收获好的市场效果。在文化部方面成立昆曲演员培训中心,为昆剧院团输送表演人才。采取扎实措施,保护濒临失传的传统文化。

苏绣,是中国的四大名绣之一,在 2006 年凭借其精美的图案,细巧的构思,精致的绣工与变幻莫测的针法纳入第一批国家级非物质文化遗产名录。近年来苏绣的发展存在以下问题:依存环境恶劣;传承乏力与受众萎缩;重"物态"轻"活态";刺绣人才断层等。面对苏绣发展存在的问题,需要完善苏绣文化保护与传承机制,构建政府主导的苏绣文化保护与传承体系;完善苏绣文化保护与传承的社会参与机制;巩固以人为本的苏绣文化传承机制。通过寻找该文化遗产项目代表性传承人来延续手艺。通过司法保护来解决刺绣艺术面临的知识产权问题。建立苏绣文化生态保护区:明确苏绣文化生态保护区范围;编制苏绣文化生态保护区发展规划;构建苏绣文化"活态"保护体系,逐步完善生产性保护;积极推进生活性保护。推进苏绣文化的综合创新:推动苏绣技艺创新;创新开发苏绣旅游资源;创新苏绣文化传播;创新苏绣文化教育路径。

苏州评弹,是将苏州评话和苏州弹词相结合的方言表演,是苏州传统文化的杰出代表。但目前存在的问题是:演员后继乏人,评弹团的优秀演员在逐年减少;听众群体老化;演出场所逐年萎缩;演出书目陈旧等。对此,政府资助福利书场或由个体老板出资举办社区书场,让书场成为社区老百姓有所乐的娱乐阵地;重视基础教育,评弹艺术不仅仅可以放在音乐课程中,还可以放在其他的教材中。同时也组织相关专家,编写适合基础教育选用的"评弹"教材,并在基础教育中开设一定量的课程兼顾社会艺术教育;借助地方高校学科综合力量;加大力度,促进苏州方言逐渐回归。

苏州对文化遗产保护和利用经验可概括为以下三点:

一是苏州通过设立文化名城保护区域,将文化区域进行统一的规划管理。

二是苏州加强社会宣传,将旅游开发与产业升级相结合,将文化品位融入旅游发展中去。

三是苏州增强民众自觉、自发、自信参与文化保护意识,从了解文化、认识文化到宣传、弘扬文化。

(二)杭州文化遗产保护与利用

杭州是著名的风景旅游胜地和历史文化古城。有"上有天堂,下有苏杭"的美称。从新时期后期开始,出现了独具地方特色的文化,如吴越文化、南宋文化、明清文化等,在历史的长河中形成了一个完整的文化发展体系。

对于西湖的保护措施,杭州建立了西湖博物馆,制定了相应的西湖文化景观保护管理条例。以承载遗产突出普遍价值的载体为重点,其中包括西湖自然山水景观、空间格局特征、题名景观、文化史迹、民间传说以及遗产的审美特征与精神价值,划分对象管理保护。在保护好的基础上,吸引游客驻足观赏美丽的自然景观与了解、传承文化。与此同时,举办西湖狂欢节,在文化遗产保护方面注入现代化元素。

中国有几千年的茶文化,其中西湖龙井是中国十大名茶之一。每年都会在西湖龙井茶乡举行开茶节,既宣扬了传统的茶文化,打造杭州茶都,又起到了对茶文化更好的保护和传承作用。

同样作为世界文化遗产之一的京杭大运河,以杭州为终点,加深了文化交融,促进了中原文化和南方文化相融合。杭州在运河文化保护上主要从水环境、沿途景观、城乡建设以及区域内旅游等问题提出相应的措施。包括推进运河水环境工程建设,构建水质监测网络,以信息化、数字化方式建立运河"水眼"系统;在管理好河道的基础上,对沿线的自然资源和文化资源进行及时保护,形成以河段划分环境景观从而进行点段式管理;明确城市用地,留足运河生态保护绿地,挖掘运河文化资源,以真实性、完整性打造运河水上展示特色。

在非物质文化遗产方面,杭州重视申遗工作,建立非物质文化遗产保护体系,制定专门的非物质文化遗产保护政策,成立专门的非物质文化遗产保护机构。如成立专门的传统手工艺当代衍生品企业,包括手工技艺类、民间美术类、医药炮制类等,如王星记扇业、张小泉剪刀、西湖绸伞、杭州丝绸、西湖龙井等。与此同时组织活动,宣传与销售民间手工艺产品。举办非物质文化遗产日,开展各区级非物质文化遗产大比拼活动。在展览方式上推陈出新,将非物质文化遗产传承人请进博物馆,进行活态展示。如手工艺活态展示馆,请传承人活态展示传统手工艺制扇、制剪、制伞工艺,演示剪纸、紫砂、陶艺、手工旗袍等制作,让观众能现场学习并且亲自动手体验,并售卖DIY作品。

在文化设施方面,杭州加强文化名城建设,进一步繁荣文化事业。重点保护、建设好一批有历史文化价值的保护区。如五代吴越文化保护区、南宋皇城遗址保护区、孤山清行宫保护区、鼓楼明末清初民居保护区等。建立全国重点文物保护单位、国家级博物馆。如建设杭州大剧院、科技馆文化馆、公共图书馆、剧场、群艺馆、音乐厅等。继续兴建一批历史名人纪念馆和专题博物馆,使杭州在基本实现现代化的同时,仍保留完整的历史文化名城的风貌,同时使市民有更多的机会感受文化氛围。

杭州对文化遗产保护和利用经验可概括为以下三点:

一是以创新的方式活跃文化气氛,吸引更多群众参与到文化遗产保护中去,以开放的视角充分发挥文化传播的作用,以共同参与的形式使杭州文化遗产得到更好的保护和利用。

二是划定文化保护区域、建立文物保护场所,进行对象化分层管理,并设立详细的管理条例。

三是重视申遗工作,打造地方文化遗产特色并走向世界。

(三)泉州文化遗产保护与利用

泉州位于福建省东南沿海,南临台湾海峡。是国务院首批公布的24个历史文化名城之一,唐朝时为世界四大口岸之一,宋元时期的"东方第一的大港",被马可波罗誉为"光明之城"。同时也是"海上丝绸之路的起点",首个东亚文化之都。拥有著名的"泉州十八景",联合国教科文组织将全球第一个"世界多元文化展示中心"定址泉州。同时泉州也是闽南文化的源头,是闽南文化生态保护的实验区。

泉州最特殊的文化就是它的戏曲,主要有"南音"、梨园戏、高甲戏、提线木偶、布袋戏等。戏曲保护和利用,泉州重视戏曲剧院的建设,培养优秀的戏曲演员,给戏曲艺术家及剧团团体提供表演舞台;将剧种进行分门别类后进行研究分析,制定对应的保护措施;将地方方言、地方音乐强调融入戏曲表演中,尊重戏曲本身的民间和地方本位;同时在尊重与坚守文化古典规律的基础上,泉州结合当代人的文化情怀,鼓励艺术家大胆创新,营造出不同于当代艺术形式的特殊品种;与台湾地区加强文化交流,相互推进,在相同的闽台文化区域理念下形成独具特色的泉州戏曲文化。

作为海上丝绸之路的起点,泉州拥有真实性、完整性与多样性的海丝遗址,见证了海洋贸易活动与文化的繁荣发展。目前海丝史记主要分为"港口和航海设施""城市建设与外销生产基地""多元文化史记",其中有代表性的如古航标塔、万寿塔、六胜塔,石湖码头、江口码头等古港码头,是现存的泉州古港的重要见证物。泉州重视海丝文化的保护,形成自发自觉保护管理文化遗产机制;创建海外交通史博物馆,加强对可移动文物的收藏、保护和研究;成立关于参与海丝文化遗产挖掘、复原保护和研究的学术性社团,并创办了学术性期刊;将其"海丝"史记加入了立法保护,同时重视古港文化的宣传,使其得以延续;对海丝文化遗产点周边环境进行整治,对海丝文化遗产进行全面的调研,掌握海丝文化遗产的分布情况及特点。

优越的海陆位置促使泉州对外贸易发达。当地人们普遍信仰宗教,各种宗教的雕像、寺院、教堂林立。各宗教既在泉州建了精致独特的宗教活动场所,也造就了许多闻名海外的宗教人士,也留下了众多珍贵的文物胜迹,有"世界宗教博物馆"之称。在文物古迹的保护方面,泉州设立了国家级的文物保护单位20多处,省级保护单位40多处,相当重视文物保护。

泉州对文化保护和利用经验可概括为以下三点:一是自发自觉保护海丝遗产。二是将海丝文化遗产研究上升为学术性研究。三是加强相关立法工作及设立海丝遗址管理条例。

(四)西安文化遗产保护与利用

西安是中国的四大古都之一,中华文明的重要发祥地。西安重视文化遗产的保护,目前已有六处遗产被列入《世界遗产名录》,对历史文物设立文保单位。同时西安有丰富的旅游资源,游客在旅游观光的同时,可以对沿线历史文化进行详细了解。流行于陕西及西北的秦腔是中国戏曲四大声腔最古老、丰富、庞大的声腔体系,当地重视非物质文化遗产的保护,在2006年成功入首批国家级非物质文化遗产名录。西安利用悠久而又丰富的历史,利用科学技术的发展,打造成现代化的历史古都。

每座城市都有代表本座城市历史文化的名片,抑或是一个城市符号或者是一个纪念品,让每个人在了解城市文化的基础上起到更好地保护文化和传承文化的作用。只有在保护好的基础上,才能让文化延续,得以更好地利用。利用要在保护的基础上进行,只有文化得到充分保护,才能最大化发挥其社会效益和经济效益,更好地服务于社会文化发展和经济建设。同时文化的保护要与现代化的发展方向相融合,发掘优秀的文化载体及文化形态。

二、国外先进国家文化遗产保护与利用的经验借鉴

(一)日本文化遗产保护与利用

文化遗产的有效保护和合理利用,目前成为我国社会尤其是相关学界及各级地方政府的一个重要议题。而东亚的邻国日本,是世界上较早意识到文化遗产保护的重要性并以国家立法的形式将保护工作加以制度化和体系化的国家。日本在文化遗产保护与利用方面的有些做法值得我们学习、借鉴。

日本文化遗产,日语为"文化财",是日本为保护文化遗产、自然遗产所建立的标准,其资格依日本《文化财保护法》订立。"文化遗产"在此为对应转译,直译为"文化财富",实际上不仅涵盖了文化、历史、学术等人文领域,也包含了动物、植物、景观等"自然遗产",日语为"天然纪念物"。日本的文化遗产由日本《文化财保护法》进行规范,它规定了对日本文化遗产认定、管理、保护的方法。该法还对日本文化遗产进行划分与界定,包括八个方面:物质文化遗产、非物质文化遗产、民俗文化遗产、风景名胜、文化景观、古建筑群、文化遗产保护技术和地下遗产。

日本文化遗产保护发展历程悠久且成功经验值得学习。首先,日本文化遗产保护立法完善。日本对文化遗产的保护始于 19 世纪的明治初年。日本的传统文化遗产直到江户幕府时代,几乎保护得完整无缺。明治维新以后,资本主义的发展使日本传统文化受到了强烈冲击,但是日本在发展经济的同时,没有忘记对传统文化的保护工作。1871 年 5 月,日本政宫颁布了保护工艺美术品的《古器物保存法》,这是日本政府第一次以政府令的形式颁布的文化遗产保护法。后来又陆续颁布了《古社寺保护法》(1897 年)、《古迹名胜天然纪念

物保护法》(1919年)、《国宝保存法》(1929年)和《重要美术片保存法》(1933年)等文化遗产保护法规。第二次世界大战使日本文化遗产遭到惨重破坏。1945年后,日本在废墟上重建国家、复兴民族的最初阶段,政府广泛采纳了社会开明人士和学术界的强烈呼吁,实施了复兴日本民族文化的战略方针。1949年1月26日,发生在奈良法隆寺金堂的火灾,将日本最古老的描绘在木结构建筑上的壁画毁于一旦,这件事唤起了人们对文化遗产的保护意识,由此催生了日本在1950年颁布并实施了《文化财保护法》。1954年,又进行了重大修改,并确立了重要无形文化财富的指定制度,增加了如《重要无形文化财指定基准》《重要无形文化财保持者认定基准》等法规,目前这部保护法已经成为一部十分完善的民族文化保护法典。《文化财保护法》明令规定由国家保护有形和无形的文化遗产,由国家设立文化财产保护委员会,保护传统文化艺术,这些举措表现了日本对本民族传统文化的尊重和爱护。值得一提的是,日本于1974年颁布实施的《传统手工艺品产业振兴法》,是日本政府为进一步振兴传统手工艺而制定的一部法律,也是继《文化财保护法》后,一部对工艺美术及相关传统的继承与发展具有重要意义的法律。根据这一法律,由日本工业技术联络会、工业技术院制品科学研究所和传统工艺品产业振兴协会组成的传统工艺技术调查实行委员会,于1975年先后两次进行了全国性的工艺品产业调查,并于1976年出版了调查报告,对指导和推动各地工艺美术的发展起到了重要作用。此外,法律还明确规定,文化财产持有者同时也应该是文化财产的传承人。如果文化财产的持有者将自己的技艺密不传人,那么,无论他的技术有多高,都不会被政府指定为"人间国宝"或"重要无形文化财产的持有人"。这一系列具有较强操作性措施的颁布,对无形文化财产的保护起到了良好的促进作用。

其次,在保护文化遗产的过程中,除给予必要的物质奖励和精神奖励外,国家还十分强调各级地方政府、民间组织甚至个人的参与,并明确规定出各方的权利与义务。比如,日本建立了从县市到乡村覆盖全国的保护重要无形文化财产的专业协会,凝聚了成千上万的民俗文化艺术的传人,从事传承活动,对于这种无形民俗文化财产的传承工作,除国家给予必要的资助外,社会团体、地方政府也都给予一定程度的赞助。这样强调社会群体在保护文化财产过程中的重要性,提高了日本国民的全民保护意识,培养了文化财保护方面的人才。

再次,注重对"人"的关注和保护。日本在对文化遗产进行保护的过程中,看到了传统文化持有者的重要性,注重对"人"的关注和保护。日本对于"人间国宝"的认定是非常典型的例子。"人间国宝"主要指的是重要无形文化财产的保持者,他们或者是在工艺技术上有绝技,或者是在表演艺术上有绝艺。他们的精湛技艺一旦赢得政府的正式肯定,即会列为传承保护的对象,国家会拨出可观的专项资金保存其作品,资助其传习技艺、培养传人,改善其生活和从艺条件。

最后,日本还强调对文化遗产的利用,对文化遗产并非仅停留在简单的"保护"上,而是要充分发挥出文化遗产的作用,即在妥善保管的同时,还要努力利用这些文化财富。比如,日本人十分珍视传统的手工业,在国内外不断举办工艺大展,在公开展示的过程中,最大限度地发挥这些文化遗产的认知作用和教育作用,使人们通过文化遗产的活用,了解自己的历史和文化。

了解或参考日本文化遗产保护与利用的相关经验,对于宁波"海丝"文化遗产保护与利用有重要的启示。

第一,处理好法律和教育的关系,立法与教育并重。立法是文化遗产保护的基本保障。日本政府十分重视法律的规范管理作用,制定出全面、系统的《文化财保护法》。在用法律进行约束的同时,日本政府也十分重视对国民文化遗产保护意识的培养和教育。除了在各种宣传日集中举办活动,政府更是下大力气重点对青少年进行教育,从小抓起、从学校抓起,将日本历史文化遗产介绍和保护的内容纳入中、小学课程。每年的修学旅行,学校都会组织学生参观文化遗产,让学生们实地感受。代表团每到一地都会遇到学生参观团,从幼儿园的孩子到小学及初、高中学生,确确实实感受到了日本政府"从孩子抓起"的教育理念。我国目前实施的主要相关法律是《中华人民共和国文物保护法》和不久前颁布实施的《非物质文化遗产法》,两法为我国的文化遗产保护提供了法律保障。但是,仅仅国家的两部法律条文不足以对宁波"海丝"文化遗产有针对性的保护。宁波政府部门应该针对"海丝"文化遗产的特殊性,在原有《宁波市文物市场管理办法》《宁波市文物保护管理条例》的基础上制定宁波

"海丝"文化遗产保护管理条例等,真正做到有法可依、有法必依。此外,仍应通过多种方式进一步加大对宁波"海丝"文化遗产教育和宣传的力度,提高民众素质,从小抓起,使保护宁波"海丝"文化遗产的理念深入人心,成为一种自然而然的意识和行为。

第二,处理好文化遗产保护和利用的关系。日本政府对于文化遗产并非仅停留在简单的"保护"上,保护是基础,在此基础上也对其进行开发和利用。而这种利用更倾向于挖掘其文化价值以及对民众的教育,经济色彩较淡,当保护和利用发生矛盾时,天平就会倾向于保护。目前日本正在进行的富士山申报世界文化遗产介绍中有一段话给大家留下深刻印象:"成功申报世界遗产并非目的。将富士山作为人类共有财产,传承后世并完好保存,这才是我们的职责,也是我们的目的。"中华民族五千年文明史留下了极为丰富的文化遗产,保护文化遗产是保护中华民族赖以生存、发展和走向未来的文化根基。宁波作为海上丝绸之路重要节点城市,其"海丝"文化遗产是宁波文化基因重要的组成部分,对文化遗产的合理开发和利用有利于弘扬宁波文化和发展经济。然而目前宁波许多地方存在重经济效益、重眼前利益、轻整体保护、轻文化内涵挖掘的现象,实在令人担忧。宁波市政府也应切实提高对各地主要负责人"海丝"文化遗产保护意识方面的要求,落实责任,加强法律和舆论监督,对于造成严重后果的要依法追究其法律责任。

第三,处理好有形文化遗产和无形文化遗产的关系。日本在文化遗产保护方面起步早,除了对有形文化遗产保护的重视,还在 1950 年颁布的《文化财保护法》中提出了无形文化遗产即非物质文化财的概念和许多具体保护措施。对于国家指定的非物质文化遗产传承人,政府不仅每年给予其一定的经济补贴,还出资收购作品,拍摄宣传片、在国内外举办展览,并帮助其培养传承人。更重要的是,一旦被认定为"人间国宝",艺人们会得到国家、民众和社会的极大尊重。日本政府正是通过法律和这些无形的激励机制,鼓励和挽救了大批优秀的技艺,大大促进了文化的传承。我国以前对非物质文化遗产的保护重视不够,2011 年颁布实施《非物质文化遗产法》,情况开始改善。宁波对于文化遗产保护与利用方面亦是如此,目前还存在相关措施跟不上、市政府对此重视不够等问题。宁波市文化遗产保护与利用方面的相关部门应尽快完善认定、登记和保护等相关措施,从上至下提高对非物质文化遗产保护的认识,切实采取措施为非物质文化遗产传承人在资金、宣传以及培养传承人等方面给予支持,真正实现文化遗产保护的可持续发展。

另外,在历史遗迹保护方面,在城市景观问题上,日本起步早、重视程度高、规划控制严格、法律法规体系齐全。以京都为例,京都坚持不建高楼,严格规定城内的建筑一律不得超过45米。尽可能地不拆民居,对住老民居有困难的家庭,政府给予经济上的补助。虽然不少街道十分狭窄,但从来没有随意扩大加宽过。而且日本不仅重视古建筑物的空间,还特别重视城市周边自然山水、生态环境的保护,把山体景观作为城市建筑物、城市美的背景地图。对山林植被及地形地貌的保护极其严格。在奈良,从奈良地铁站沿登大路前行,仿佛穿越时空隧道,渐渐进入方圆数平方公里的"春日原始森林",林木茂盛,草地辽阔,东大寺、法隆寺、春日大社等历史遗产分布其间,曾被当作神祇来供养的鹿,闲散于林中和寺庙前后,或悠闲地吃草,或与游人玩耍。同时日本强调对非物质文化遗产的保护要重视原生态。例如,德岛县的"阿波舞蹈"、富山县的"刮风盂兰盆节舞蹈"、冲绳县的"埃萨舞蹈"、北海道的民歌"江差追分"等民间歌舞享有盛名。政府予以财力和人力的大力支持,使得其传承发展。

日本文化遗产保护与利用方面的成功,在相当程度上除了其文化遗产相关的法律法规和制度健全、国民法制意识和保护意识较强等方面的原因外,还得益于日本各界相互配合连携的传统。

(二)美国文化遗产保护与利用

如果说欧洲等地区的现代遗产保护起源于对古迹的鉴赏,那么美国的遗产保护则起源于保存和建立一个新民族的历史。一方面美国由于其历史过于短暂引发过是否有必要保存的质疑,另一方面近乎疯狂的发展又不断破坏历史景观,这些都促使了美国的遗产保护制度的建立和完善,并具有了与欧洲等其他地区不同的特征。美国文化遗产保护与利用有以下几大特点:

全民参与。美国的历史文化遗产保护,肇始于民众自发的保护运动。美国的文化遗产保护来自民众的自觉意识并有民间社团的促动,有着广泛的群众基础,这使得这项工作容易形成社会共识,有力保证了文保工作的开展。

机构健全。美国的文化遗产保护机构也是在发展中逐步完善的。从政府到各个州，再到各个市县，各地民间的文化遗产管理团体，形成了纵横交错、责权分明、相互配合的国家文化遗产保护系统。

法律完备。美国政府注重用法律的手段保护历史文化遗产。从最初的仅限于保护国有土地上的独立战争纪念物、南北战争的战场遗迹等政府所拥有的历史文化遗产，到私人拥有的历史文化遗产，都逐步列入了法律保护的范围。

自然人文兼顾。美国历史文化遗产保护的一个显著特点就是把自然遗产与历史遗产融合在一起，从一开始就树立起建设供人游览的生态公园的理念，保护这些文化遗产都是为了利用，而绝不是单纯为了保护。

美国文化遗产保护与利用的经验对于宁波"海丝"文化遗产保护与利用的启示具体来讲，包括如下几个方面：

第一，提高宁波公众参与文化遗产保护的内驱力和技能。对此，宁波可以借鉴美国等城市推广普及遗产知识的经验，开展多种形式的文化遗产社会教育。例如，通过博物馆教育、公众考古、遗产旅游等方式，改变人们的价值观和思维方式，提高民众的遗产保护意识和技能。但民众遗产保护意识和技能的提高，只是增加了民众对遗产保护的关注，要将这种潜在的状态转化为现实的遗产保护行为，最有效的办法是为民众提供现实的激励。宁波可借鉴美国的历史保护所得税抵扣的政策，制定科学合理的抵扣和退税标准，从而激励民众积极参与遗产保护。

第二，加大民众参与遗产保护的法律制度供给。新制度经济学认为，法律制度的制定，可以为现实的经济系统提供正式和非正式的规则约束，保证经济主体之间的分工协作和正当竞争，激励各经济主体的积极性，减少经济运行中的摩擦行为。据此，宁波政府应该加大公众参与遗产保护的法律制度供给力度，有效规范民众参与遗产活动的行为。宁波可以借鉴美国在制定遗产法律方面的经验，通过完善现有文物立法，明确公众参与遗产保护的途径和具体形式，解决民众参与遗产保护法律的可操作性问题。同时，要建立文物专业执法队伍，加大打击文物违法和犯罪行为的力度，确保民众的参与行为依法受到保护。

第三，降低民众参与遗产保护的成本。提高遗产信息的公开程度，可以有效地降低公众参与遗产保护的成本。为此,借鉴美国IVPS及时公开遗产管理信息的做法,宁波政府遗产管理机构应当做到两点:进一步拓展遗产信息公开的广度和深度,及时将遗产的"建设性破坏""过度商业化""擅自改变遗产管理体制"等信息通过媒体公布于众,接受社会公众的监督;重视公众对文物违法案件的举报,并及时将处理结果反馈给举报者。

第四,拓展宁波公众参与遗产保护的渠道。目前,宁波公众参与遗产保护主要有三个渠道:一是官方组织的遗产保护活动;二是民间社团组织的保护活动;三是公众个人的遗产保护行为。由宁波乃至我国的文化遗产管理一直由政府主导,文化遗产领域的民间组织发育机制还不完善,国情市情的不同使我们不能简单模仿美国由民间组织引领、"自下而上"的公众参与经验,而要结合国情市情的实际情况构建"政府主导,社会参与"的体制,并从法律、制度、参与程序等方面进行具体的管理。鉴于目前宁波乃至我国的民间组织发育与美国存在巨大差异,建议宁波政府重视社区组织在遗产保护和管理中的作用,从社区参与的角度来考虑构建相应的参与渠道,这是符合国情市情的一条现实的选择。

(三)意大利文化遗产保护与利用

意大利是一个历史悠久的文明古国,它是古罗马帝国的中心,也是欧洲文艺复兴的故乡,有着极为丰富的历史文化遗产。据不完全统计,意大利目前有3200多座博物馆,10万座教堂和5万座历史建筑物,收藏着510多万件文物和200多万件艺术品,其中有近40处古迹和景观被联合国教科文组织列入《世界遗产名录》,位于罗马古城的帝国元老院、凯旋门、记功柱、万神庙和大竞技场等历史古迹更是闻名世界。多年来,意大利政府在文化遗产保护与利用方面投入了大量的精力,并摸索出一套行之有效的保护方式。

对物质文化遗产进行保护与利用,首先需要投入大量的资金。在这方面,意大利有着自己独特的做法。

第一,政府加大公共财政投入。意大利政府高度重视保护本国的物质文化遗产,每年对文物保护的财政投入约占当年税收的千分之八,款额达数亿欧元。提高税收,可以保证公共财政投入的增加。因此,意大利政府除改革征税方法,加强监管和采取措施防止偷漏税外,还非常注意对文化遗产进行开发和利用,并通过对文化遗产的开发利用,加大旅游的吸引力,通过旅游业拉动其他产业(如交通、餐饮、住宿和相应的服务业,以及旅游纪念品、服装、首饰、箱包、皮革、皮鞋、艺术品、化妆品、当地土特产产品和百货业等)的发展和繁荣,既提高了当地居民收入,也促进了国家税收的增加。

第二,鼓励企业和私人进行投资。二战结束后,意大利政府更迭频繁,持左中右不同政见的政党轮流上台执政。然而,无论是哪派政党执政,政治倾向如何,都对文物保护给予高度重视。长此以往,爱惜文物、保护文物、尊重文物保护工作者在全社会蔚然成风。因此,企业舍得投入,私人也经常慷慨解囊,因为这不失为一条博得公众好感、树立企业和个人良好形象的捷径。意大利政府鼓励企业尤其是私人企业家投资保护文化遗产,同时对投资文物保护和文物修复的企业和个人给予税收优惠。

第三,注意发挥宗教组织的力量。教堂是意大利文化遗产的重要组成部分。意大利的教堂很多,许多教堂建造于16世纪文艺复兴时期,建筑的造型设计以及里面的壁画、雕塑、装饰,大多出自名家之手,加之历年收藏的名家绘画、人体塑像和其他一些艺术品,可以说,一座教堂本身就是一座艺术殿堂。对这些教堂的修缮,以及对里面的艺术品和收藏品的保存和维护,主要依靠教堂自己的资金和力量进行。

第四,依靠使用单位进行保护。意大利文化遗产中有一部分建筑至今被政府或议会使用着,对这些建筑的日常维修和保护,主要靠使用单位进行。如意大利财政部大楼,建造于17世纪,至今已历时两三百年,加之里面的收藏品,在意大利历史文化遗产中已占据相当的分量。它的绘有大型古典壁画的会议厅,黄金打造的天花板,皮革装饰的房间,造型别致的巨型吊灯,随处可见的精美装饰和雕塑,绘有珐琅虽历时百年但仍然色彩绚烂的玻璃窗以及各种古朴典雅的家具和大量的艺术品,都保护得很好,有些仍然在继续使用。像意大利第一任财政部部长使用过的一个橡木写字台,建造于17世纪初,历时几百年,至今仍然完好如初,并被后任的各位部长(包括现任部长)继续使用着。

在对文化遗产特别是对历史遗址的保护与利用方式上,意大利政府也有与众不同的一些做法。

第一,经济建设、城市发展要服从于文物保护需要。意大利环境保护法规定,任何建设(不论是否公共设施)都要进行环境评估,同时还有一个机构专门评估建设项目是否对自然景观造成破坏。通不过评估,任何建设都不能进行。此外,城市建设、城市发展,都要为文物保护让路。以首都罗马为例,为了保护罗马城内的文物古迹,早在20世纪二三十年代,意大利政府就决定在老的罗马城外,建设一座新的罗马城,使城市的建设、城市的发展,尽量远离文物古迹。这不能不说是具有远见之举。它最大限度地减少了对古罗马遗址的破坏,保护了这些珍贵的文物古迹。

第二,对历史文物尤其是历史遗址的保护,比较讲究原汁原味,尤其是一些著名的历史遗址,不搞大规模修复,更不去重建。像罗马著名的大竞技场(角斗场),就不急于将它恢复成原样,观众到那里参观,看见的虽是一片残垣断壁,感受到的却是几千年历史留下的沧桑。为了使观众对古老的角斗场有些直观的感受,只在很小的一片区域,修复了一部分的看台,而角斗场的舞台地也只是修复一部分,让参观者知道原有的角斗场大致功能和模样即可。类似的景观,在罗马城内还有许多,像"罗马市苑"庞大的遗址群、"帕拉蒂诺宫殿"遗址、黄金宫殿遗址等等。

第三,加强综合治理,为保护遗址提供一个良好的环境。一是规范参观路线。意大利所有的露天遗址和一些大型博物馆,都为游人设有专门的参观路线,并设有各种提示和标志,以免游人越轨,对文物造成损害。在有些露天遗址上,为了避免游人踩踏磨损文物,干脆建起铁梯或栈道,行人只能在规定的路线上边走边看,不能进到遗址里面。二是加强绿化。在许多露天遗址周边,绿树成荫,景色宜人。这些树的形态很美,树干很高很直,树冠繁茂硕大,远看像一朵朵蘑菇,近看则像一把把撑开的大伞,烈日之下,硕大的树冠撑出一片阴凉,既为遗址提供了天然的保护屏障,也为游人提供了良好的参观环境。三是控制污染。为了减少汽车尾气对文物古迹的破坏,意大利政府在1997年就提出了有关城市交通管理的改革方案,方案的核心是尽量减少一人一车现象,避免车辆过多排放的尾气污染损坏文物。

保护文物古迹的目的,是要利用文化遗产促进旅游业的发展,拉动经济的增长。为了吸引更多的游客,意大利政府也采取了一些措施。

第一,重视申报世界遗产。最近10年,意大利加大了申报世界遗产的力度,其世界文化遗产数量已从 1996 年的 9 处增加至如今的 40 处。意大利政府还计划将其余数十处文化和自然景观遗产申报为"世界遗产",并将申报对象扩大到艺术品、民间传统和地方风味美食等领域。申报世界遗产,无疑可以提升本国文化遗产的知名度,不仅有利于扩大影响,吸引世界各地的游客,还可以吸引更多的企业、基金会和其他组织对历史遗产保护进行投资或资助。

第二,实行免费参观。意大利所有的文物古迹,除了少数博物馆,都可以免费参观。有些博物馆虽然收费,但每周或者每月,都有免费开放日。从 1997 年开始,意大利每年 5 月都要举行"文化遗产周"活动,活动期间,所有国家文化和自然遗产全部免费开放。这与我们国内旅游景点的高收费、门票涨价形成鲜明对照。免费开放吸引了世界各地大量的游客,游客的消费又带动了其他相关产业的发展,增进了当地就业,提高了居民的收入,也增加了国家的税收。"失之东隅,收之桑榆",意大利的做法不可谓不精明。

第三,完善配套服务。旅游参观,交通便捷非常重要。在罗马,由于政府采取行动振兴公共交通,因此游客只要花 1 欧元,就可以在 75 分钟内,随意换乘任何一路公共汽车,或地铁花 4 欧元,则可以全天乘坐任何线路的公共汽车或地铁游遍整个罗马。此外,所有的旅游景点都有公共饮水点,造型别致的出水口,不停地涌流着可以直接饮用的自来水,如果一时找不到,凡有小学生聚集的地方,就一定能见到。因为意大利的中小学生的艺术课和历史课,一般都到教堂或遗址去实地观摩,他们出游一般不带水壶,渴了,老师就将他们带到公共饮水点旁,让他们对着水龙头喝个够。因此,哪里有小学生聚集,哪里就能找到饮水点。

意大利文化遗产保护与利用给宁波"海丝"文化遗产保护的启示总结来说,有如下几点:

第一,在文化遗产资金投入方面。依靠政府、企业、私人、使用单位等多方来保障文化遗产多渠道筹措文化遗产保护所需的资金。

第二,在文化遗产遗址的保护方面。城市的发展要以文化遗产保护为前提,综合治理。

第三,在文化遗产保护与利用的措施方面。保护文化遗产与利用并举,做到可持续发展。

（四）法国文化遗产保护与利用

除了，日本、美国以及意大利之外，法国文化遗产保护方面也值得我们学习和思考。

宣传教育和文化推介密切结合，文化遗产保护意识深入人心。第一，采取多种措施和手段，营造文化遗产保护良好氛围。在法国，每个城市都有由当地居民义务担任的文化遗产"宣传员"，他们协助学校进行保护文化遗产的教育，通过组织参观、讲解和发放宣传材料等手段引导人们树立起保护遗产的意识。此外，为了让更多的人走近和享受文化遗产，1984年，法国率先推出了"文化遗产日"活动。在这一天里，法国的博物馆、艺术馆、总统府、市政厅和城堡等免费向游客开放，法国民众以各种方式举办各种丰富多彩、富于创意的活动，大大提高了对文化遗产的关注与自觉保护。在这种潜移默化的熏陶下，遗产保护意识深入人心，已成为一种民族自觉和文化素养。

第二，积极申报世界遗产，提升本国文化遗产的知名度。法国拥有丰富的文化遗产，截至2013年6月，法国列入联合国教科文组织世界遗产名录的共有38处，列为国家文化遗产的共有约4.4万处。这些散布在法国各地的名胜古迹、历史建筑是法国人的骄傲，也与法国政府不遗余力地保护文化遗产、重视文化遗产推介密切相关。

政府主导和社会参与有机统一，文化遗产保护体系完备详尽。第一，在管理模式方面，逐步建立了以国家保护为主、动员全社会共同参与的文化遗产保护体制。在法国，主要是通过中央、大区、省三级管理机构实现对文化遗产的保护。文化遗产保护工作由文化部统一管理，文化部下设遗产司，遗产司下设高级考古研究部、遗产调查总部和历史纪念物、纪念地资金公共管理部等部门。除了国家和各城市设立有专门管理历史文化遗产的机构外，各类受保护的历史文化遗产所在地也分别设有专门的管理机构。在法国还有200个具有文物建筑工程资质的国家建筑规划师，专门代表国家部门负责管理文物古迹和历史建筑的保护修缮工程和处理相关事务。此外，由于受保护的建筑物半数属于私人所有，因此，私人业主联合组织社团和协会，为保护他们所拥有的文化遗产而积极活动。

第二，在资金保障方面，主要是政府、非政府组织、社会团体、慈善机构和个人(志愿者)多方参与的运作机制。在法国,国家和地方政府的财政拨款通常是保护资金最主要的来源,款项数额巨大;同时,以国家投资带动地方政府、社会团体、慈善机构及个人的多方合作投资的方式也存在;各类相关政策的制定也为文化保护提供了多渠道、多层次的资金筹措方式,如减免税收、贷款、公用事业拨款、发行奖券等,使资金得到有效保障。据不完全统计,法国民间每年用于文物保护的资金达100亿美元之多,相当于政府财政的拨款总额。

法律体系和制度日益完善,文化遗产保护机制合理全面。法国向来重视文化遗产的保护工作,从大革命时期的初创阶段发展至今,先后颁布了一百多部相关的法律法规,并在不断发展之中确立了明确的法律理念,构建起日益完善的体系和制度,涉及古迹、建筑等大型有形文化遗产,考古文物、图书档案等小型有形文化遗产以及自然遗产之使用、保护、监管、维修、补偿、税收,文化遗产保护组织(委员会、基金会、信托)的行为规范等。早在1887年,法国就通过法律保护具有国家历史及艺术价值的纪念性建筑和艺术品,成为世界上第一个立法保护文化遗产的国家。1913年,法国立法设立了专门负责对历史古迹分类的机构,成为世界上第一部保护文化遗产的现代法律。1943年,法国立法通过的《纪念物周边环境法》明确规定:一旦一座建筑根据《历史纪念物法》列级或登录保护,对其周边范围的保护规定即刻生效,即在其半径500米范围内的建设都将受到一定的制约。1962年,法国又制定了"历史性街区保存法",亦称"马尔罗法"。如今,法国已形成以《遗产法典》为核心,以物质文化遗产保护为主体与《城市规划法》《环境法》《商法》《税法》《刑法》等相互配合有机协调的完整的法律保护体系。

法国文化遗产保护与利用给宁波"海丝"文化遗产保护的启示总结来说,有如下几点:

第一,加大宣传教育力度,营造全社会参与文化遗产保护的良好氛围。

第二,发挥政府主导作用,建立协调有效的文化遗产保护工作机制。

第三,加强法律法规建设,推进文化遗产保护制度化、规范化、程序化。

第四,坚持全面协调发展,正确处理文化遗产保护与经济社会发展的关系。

图书在版编目(CIP)数据

海上丝绸之路:宁波的历史与未来 / 张明华著.
—杭州:浙江大学出版社,2018.12(2019.10 重印)
ISBN 978-7-308-18366-6

Ⅰ.①海… Ⅱ.①张… Ⅲ.①海上运输—丝绸之路—
历史—宁波 Ⅳ.①K295.53

中国版本图书馆 CIP 数据核字(2018)第 137269 号

海上丝绸之路:宁波的历史与未来

张明华 著

责任编辑	陈佩钰(yukin_chen@zju.edu.cn)
责任校对	牟杨茜
封面设计	黄晓意
出版发行	浙江大学出版社
	(杭州市天目山路 148 号 邮政编码 310007)
	(网址:http://www.zjupress.com)
排 版	杭州隆盛图文制作有限公司
印 刷	虎彩印艺股份有限公司
开 本	710mm×1000mm 1/16
印 张	14
字 数	200 千
版 印 次	2018 年 12 月第 1 版 2019 年 10 月第 3 次印刷
书 号	ISBN 978-7-308-18366-6
定 价	49.00 元